一輩子只懂儲蓄的66歲林女士，
靠股票賺大錢！

韓國身價 60 億股市專家寫給媽媽的 10 堂投資課

姜桓國 —— 著　蔡佩君 —— 譯

> 前言
>
> ## 教完全不懂股票的媽媽
> ## 什麼是量化投資

「兒子,教我投資股票。」

2022 年夏天,媽媽突如其來的一句話,為本書的企劃拉開了序幕。一名 60 幾歲的女子,為什麼會突然對股票和量化投資感興趣?開始上課之前,我必須先聊聊我的媽媽。

我的父母早婚,他們一起走上學者一途,途中他們得到機會,獲得可以遠赴德國的獎學金,於是我們一家三口便前往德國。我的父母分別於 1998 年與 1999 年拿到博士學位後回到韓國,爾後,我一個人獨自留在德國,完成高中與大學的學業。父母結束留學生涯回到韓國的時候,他

們身邊的財產並不多,幾乎是在 40 歲出頭、身無分文的狀態下重新開始。他們當年的處境,相比我這個 30 歲末段班就退休的兒子,可謂是大相逕庭。

聽到這裡,狀況真是令人感到十分絕望啊,不過情況很快就出現了轉機。我剛踏入社會的時候,也很擅長「節儉」,其實這是我從媽媽身上學到的。媽媽比我更加省吃儉用,雖然我們家是雙薪家庭,但是父母從事的工作並非隸屬於賺錢的產業,所以他們的年薪並不高。不過父母非常勤儉持家,他們把存到的錢都拿去投資房地產,終於在 2022 年,他們得以享受不需要為錢煩惱的退休生活。看著媽媽,我才知道所得不高的普通人,也能獲得財務自由,這個過程對於我達成 FIRE* 帶來諸多影響,只不過媽媽的 FIRE 計畫 40 歲才開始,而我則是在 20 歲出頭就開始著手了。

> **FIRE***
> 達到財富自由,提早退休,是「financial independence, retire early」的縮寫。

媽媽知道我在做「**量化投資**」**,但是她從沒想過要向我學習這個投資方法,我也覺得她好像很會理財,沒必要告訴她怎麼做量化投資。那麼,她怎麼會突然想要學做股票?

> **量化投資****
> 只仰賴「數字」做決定的投資方式。基於客觀的數值指標制訂交易策略進行投資。

前言 教完全不懂股票的媽媽什麼是量化投資

當我這樣問她的時候，她的回答是：「房地產以後應該很難再快速成長了。房租聞風不動，但是從2013年開始，首爾的房地產價格已經大幅上漲，租金報酬率只剩下1%而已。」

舉例來說，A大樓2014年的交易價格是1億5,000萬韓元（編按：約355萬新台幣。2024年新台幣與韓元的匯率約為1：0.024），每個月租金是60萬韓元，所以當時租金的報酬率是4.8%（720萬／1億5,000萬 X 100）。但是2022年大樓交易價格漲到6億韓元，房租卻沒有跟漲，所以租金報酬率下滑至1.2%（720萬／6億 X 100）。房地產價格迄今已漲了許多，所以媽媽對此沒有不滿，但房地產短時間內價格難以再度上漲，因此媽媽的獲利只剩下房租，也就是說，她不能只做著報酬率只有1.2%的投資。

2014年與2022年房地產租金收益

年度	價格	租金收（月）	租金收（年）	租金報酬率
2014年	15,000	60	720	4.8%
2022年	60,000	60	720	1.2%

單位：萬元

聽到媽媽這席話，我的腦海裡浮現各式各樣的想法。

「如果媽媽可以透過量化投資賺大錢,那我以後就不用給他們很多孝親費了吧?」與其抓魚給他們吃,不如教他們如何釣魚,這才是真正的盡孝道吧?

我在判斷投資人的資質時,首先會考量「這個人能否做到『停損』*?」簡單來說,能夠停損的投資人,才具備成為優秀投資人的資質,我很篤定不能停損的投資人,這輩子都無法賺到錢(原因我會在後續的章節娓娓道來)。但是媽媽過去停損過好幾次賠了10%、20%的股票,我認為她若是學習股票投資,充分具備能夠賺大錢的資質。如果媽媽能夠按照我教她的方式投資,就非常有可能賺大錢,我還可以把這些內容寫成一本書耶?太讚了吧!

> 停損*
> 「停止虧損」的縮寫,指投資時就算發生虧損,也得以在適當的時機收手。

再加上韓國是OECD(經濟合作暨發展組織)國家中退休規劃做得最差的國家,在Google上搜尋關鍵字「退休規劃」,就會發現韓國50歲以上的人口中,80%的人的退休規劃非常匱乏。針對「你有在為退休做準備嗎?」回答「沒有」的人壓倒性多過於回答「有」的人。韓國2020年的老年貧困比率為39%,所以說,跟媽媽年紀相仿的這些人,應該會很需要這本書。

除此之外，目前 30 ～ 50 歲，還在從事經濟活動，擁有所得的族群中，也有許多人沒有在為退休做打算。這堂課會從頭開始教大家如何進行量化投資，只要是初學者，誰都可以成為這本書的讀者。太好了！需求夠了！

我決定盡全力提供給媽媽一堂最好的投資教育和實習課程，各位也可以一起參與其中。

在課程之前，我必須先思考「投資股票必備的基礎知識」是什麼？後來我得出了結論，只要教會各位下述這些要點，任何人都可以著手開始投資。

投資股票不能不懂的重點

1. **目標**：了解自己想賺多少、可以承擔多少風險，才可以擬出適合的投資策略。
2. **資產配置**：投資的基礎，建立不虧損投資策略時最重要的元素。
3. **市場時機**：比起單純採用投資組合進行資產分配，透過近期的價格走勢和季度變化，利用市場時機進行投資，會取得更高的報酬率。

4. **個股投資**：利用量化投資法,找到報酬率大幅高於市場的股票。
5. **建立投資組合**：結合 1 到 4 點,建立一組長期維持高收益、低風險的投資組合。
6. **投資心態**：就算知識充足,我們的心態依然會持續介入投資,引誘我們脫離正確的道路。我們必須先了解,投資的時候,我們的心態會如何運作,才能夠成功投資。

上面 6 個要點,各位應該有聽過一部分的說法,還有一些用語是第一次聽聞,但不用擔心,我們接下來會一個一個慢慢探索。

上述這些知識,我認為只要上十堂課就夠了。十堂課結束之後,包含媽媽在內,所有的讀者都可以學到量化投資必備的知識,一輩子受用。其餘我們要做的,就是花一輩子的時間去實踐和檢討改善。我想像著 20 年後,媽媽的投資組合將會突破 1,000 億韓元,帶著愉快的心情開始制定起課程。

CONTENTS

前言 教完全不懂股票的媽媽，什麼是量化投資 → 2

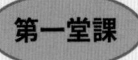

第一堂課

「投資要從什麼開始做起？」

投資的目標與資產配置的基礎

投資最重要的是設定目標	→ 19
年均複合成長率與 72 法則	→ 20
我可以承受的最大虧損──MDD	→ 24
利用資產配置控制虧損	→ 26
股票的走勢與歷史	→ 29
股市為什麼存在？	→ 30
為了借錢而誕生的債券	→ 32
債券價格如何波動？	→ 36
利率什麼時候漲？什麼時候跌？	→ 38
實質資產如何交易？	→ 39
ETF 的五個優點	→ 40
韓國投資人的祕密武器：美元	→ 43
景氣也有四季	→ 45
資產配置的結論	→ 51

第二堂課

「不想賠錢就分散投資？」

降低虧損的資產配置策略

科斯托蘭尼的雞蛋理論與經濟	→ 55
靜態資產配置的歷史	→ 60
靜態資產配置 vs. 動態資產配置	→ 60
最簡單的資產配置策略，60/40 的投資組合	→ 62
靜態資產配置的再平衡	→ 65
簡單又有效的永久投資組合	→ 72
永久投資組合的各方面	→ 79
永久投資組合真的出自於哈利・布朗之手嗎？	→ 81
資產配置的終結者，韓國型全天候投資組合	→ 83
韓國型全天候投資組合的特殊優點	→ 92
股票市場究竟公不公平？	→ 101
重新再複習資產配置	→ 103

第三堂課

「股票原來也是強者恆強？」

把握動向的趨勢追蹤

你不得不了解趨勢追蹤的理由	→ 111
賣空為什麼會被指責？	→ 112
絕對動能 vs. 相對動能	→ 115
區分風險資產與安全資產的標準	→ 116
有錢人的投資法、散戶的投資法	→ 117
趨勢追蹤策略的種類	→ 120
為什麼我們必須無條件遵循已經選擇的策略	→ 127
為什麼投資人到現在都還不採用量化投資？	→ 131

第四堂課

「你現在用的是什麼投資策略？」

姜桓國所採用的趨勢追蹤策略

姜桓國的舊版趨勢追蹤策略	→ 141
快策略與慢策略	→ 150
姜桓國的新趨勢追蹤策略：1. 債券動態資產配置	→ 153
姜桓國的新追蹤策略：2. 變形雙動能（慢策略）	→ 161
姜桓國的新追蹤策略：3. BAA 策略（快策略）	→ 171
BAA 策略各方面改善後的成果	→ 177
姜桓國的新版三項混合策略	→ 183
建立媽媽的資產配置策略	→ 186

第五堂課

「這不是迷信,是一場機率的遊戲!」

提高勝率的季節性

媽媽的投資策略,回測結果如何呢?	→ 193
降低 MDD 比你想像中更簡單	→ 200
初試量化投資的人,為什麼會半途而廢呢?	→ 203
市場時機與季節性	→ 206
尾數 2 或 3 的年份會出現低點	→ 209
期中選舉當年度會出現低點	→ 211
十一四天國,五十是地獄	→ 213
三大宇宙之力匯聚之際	→ 223
季節性是迷信嗎?	→ 227

第六堂課

「所以要買哪一檔股票?」

個股投資以小型股為主

先了解財務報表的基本知識	→ 231
該買什麼樣的個股?	→ 234
驚人的小型股效應	→ 235
<u>論個股投資流程與量化投資軟體的必要性</u>	→ 239
十分位數測試自己來	→ 243
挑出壞公司的方法	→ 253
投資人為什麼排斥小型股?	→ 257
小型股的三大偏見	→ 260
沒有機構投資人的小型股投資聯盟	→ 268

第七堂課

「要怎麼知道這間公司經營狀況好不好？」

找出正在
成長的企業

成長股在成長什麼？	→ 275
成長指標十分位數測試	→ 280
公司的成長已經反映在財務報表上了，但為什麼後續股價卻依然持續上漲呢？	→ 288
建立個股投資策略，執行回測	→ 290
當初學者放棄量化投資的時候	→ 302
尋找策略適合的投資標的＆再平衡	→ 308

第八堂課

「如何找出不為人知的地下強者？」

被低估的股票與績優股

被低估的股票有什麼特徵	→ 317
低 PER 公司 vs. 高 PER 公司，要投資哪一個？	→ 321
十分位數測試的重要性	→ 326
混合各種指標，建立投資策略的方法	→ 328
低 PER 就是好股票嗎？	→ 338
讓回測成為生活的一部分， *對於所有事情保持懷疑、進行驗證*	→ 342
如果你的目標是賺錢，看不懂績優股也沒關係	→ 346
姜桓國眼中，價值投資的問題	→ 353

第九堂課

「我學會怎麼找出好股票了！」

**完成個股
實戰策略**

新建立的投資策略，成果如何？ → 359
林喜淑策略韓國回測結果 → 362
林喜淑策略美國回測結果 → 366
量化投資高手與菜鳥的差別 → 372

第十堂課

「課程結束！照著這樣投資就行了！」

非量化投資與建立投資組合

如果你還想做非量化投資	→ 379
非量化投資最重要的風險管理	→ 381
為什麼要把虧損控制在 2%以內	→ 385
為什麼人們無法停損？	→ 391
終於！媽媽的投資組合誕生了！	→ 394
執行投資策略最重要的事	→ 402
最終給媽媽的投資組合建議	→ 404
量化投資的報酬率，未來還能繼續保持嗎？	→ 406
課堂後記 從兒子身上學習量化投資的新世界	→ 412

第一堂課

「投資要從什麼開始做起？」

投資的目標與資產配置的基礎

QUANT

投資最重要的就是設定目標

這句話或許聽起來有些老套,但投資最重要的就是設定目標。大部分的職場上,我們都必須要好好遵守**目標管理(MBO)***,但是我們卻沒有屬於自己財務方面的MBO,這一點總是令我深感惋惜。公司普遍會要求員工建立年度銷售和營業利益目標。大部分的上班族,剛聽到消息的時候都是怨聲載道,但年底的時候,還是能夠想辦法達成目標。

> **MBO** *
> 「management by objectives」的縮寫。設定好欲達成的目標,付出努力以達成目標,把成果和目標相比對,利用結果來判斷業績好壞。

不過大多數人都不知道過上舒適的退休生活,或者是想實現財富自由,需要多少報酬率。我們得先知道這個數字,才能夠決定要以什麼方式進行投資。

以我媽媽的情況來說,幸好她已經退休了,也已經達成財富自由了,所以沒有一個非達成不可的目標。但是為了要了解媽媽期待透過投資獲得什麼,我還是先提出了這個問題。

當我問媽媽投資的目標是什麼,她的回答是「賺錢」。首先,這是非常棒的答案。大家可能會想:「投資股票不賺錢不然要幹嘛?」但事實上,投資人主要的投資目的千

差萬別。最常見的目的有以下三種：

1. **興趣**：為了滿足賭博的慾望，享受樂趣與刺激。
2. **想炫耀**：想向別人炫耀自己知識淵博，裝作很了不起的樣子，想向這個世界證明，我的想法跟理論是對的。
3. **群眾心理**：別人都在做，好像我也得跟著做，想跟有在投資的朋友或認識的人拉近關係。

我認為以賺錢為目的投資的人意外地不多，而且有很多人的主要目標明明是賭博或獲得認同，但他們卻誤以為自己是想賺錢。總之，我對媽媽的回答很滿意，我必須要教她「會賺錢的投資方法」。

年均複合成長率與 72 法則

當我問媽媽她想賺多少錢的時候，她說：「現在存款利率是 3～4%（編按：2024 年台灣定存利率，一年期約為 1.7%），應該要賺個 10% 左右吧？」媽媽期望的報酬率並不是太高，我認為課程內容應該不會太難。我應該先向媽媽解釋「複利」的概念，再接著往下講。

也許媽媽所說的 10%，指的**是年均複合成長率***。複利跟單利不同，單利報酬率的 10%，指的是 100 元以 110、120、130 的級距成長，但錢往往是以複利的形式在運作，100 元加上 10%雖然也是 110 元，但是如果 110 元再加上 10%複利的話，就會變成 121 元（110×1.1），如果 121 元再加上複利 10%的話，會變成 133 元（121×1.1）。

> **年均複合成長率***
> 以「本金＋收益」再繼續獲利，每年透過複利的方式成長的報酬率。

我把複利定義為「本金翻倍所花費的時間」。根據愛因斯坦所發明的 72 法則，如果把 72 除以年均複合成長率，就可以得知價格翻倍需要花費的時間。假如年均複合成長率是 9%的話，本金要花 8 年的時間才能翻倍（72/9=8）；假如年均複合成長率是 12%，本金只要 6 年就可以翻倍（72/12=6）。資產的增加會隨著年均複合成長率的不同而改變，如下頁圖表。

假如我們代入實際數值進行計算，計算出來的值會非常接近 72 法則。舉例來說，年均複合成長率 8%的話，9 年後的資產是「1.08^9=1.999005」也就是說本金已經增加了 99.9%，72 法則計算出來的結果是兩倍，兩者之間數值非常接近。所以說，與其直接透過複利計算本金翻倍的時

72法則，本金增值所需時間

年均複合成長率	翻2倍的時間	翻4倍的時間	翻8倍的時間	翻16倍的時間
4%	18	36	54	72
6%	12	24	36	40
8%	9	18	27	36
10%	7.2	14.4	21.6	28.8
12%	6	12	18	24
14.4%	5	10	15	20
18%	4	8	12	16

單位：年

間，使用 72 法則計算會更快。

為了確認媽媽理解的程度，我試圖向媽媽提問。

「假如年均複合成長率是 10%，本金要花幾年的時間才能**翻倍**？」媽媽回答我：「7.2 年」。

「那 14.4 年之後呢？」我又接著問，結果媽媽準確地說出是**翻** 4 倍。

「21.6 年後呢？」第三個問題，媽媽回答我：「6 倍？」錯了，答案是 4 倍的 2 倍，所以是 8 倍。

從這裡我們可以一窺複利的效果。資產會在 7 年左右增加 2 倍，代表說我們的資產會以 1、2、4、8、16、32、

64、128、256、512、1024……的級距快速放大。

總之，如果可以達到10％年均複合成長率，只要花7.2年的時間就可以讓本金翻倍，這是一個可行的目標。我又問了媽媽，有沒有其他目標想達成，她的回答讓我有些驚訝。

「我覺得投資是一種修身養性的方法，我可以藉由投資來調整自己。上了年紀之後，會覺得所有的事都很傷神，漸漸就開始只做自己覺得舒服的事。但投資是一種新鮮的刺激，除了新穎以外，還帶有一點壓力，我覺得這會為我帶來活力。有些人會藉由欣賞藝術作品或是運動來取得活力，而我則是經由數字來獲得。我覺得數字具有誠實又神祕的力量，投資成果會以數字呈現，毫無虛假。有些事情，用說的可以敷衍過去，也可以自我合理化，但是投資不行。市場會親自告訴我，我究竟是對是錯。」

我從來沒有往這方面思考過，但「投資是一種修養」這句話好像挺有道理的。我也常說，投資能否成功，80～90％取決於心態，10～20％取決於技術。所謂的「心態」就是自己與自己的戰爭，唯有透過修養，我們才能從中取勝，不是嗎？

我可以承受的最大虧損──MDD

還有最後一個目標,我再度向媽媽提問。

「目標報酬率所有人都會在意,但『培養修養和獲得新鮮刺激』這種目標,我還是第一次聽到。不過投資的時候,我們一般都要定義出風險管理目標,也就是最大虧損額。最大虧損又被稱為 **MDD**＊,意指你能夠承受的最大虧損額是多少。你一直以來,主要投資房地產,幾乎沒有虧損 10％ 以上過吧?再者,我們不會每天去搜尋房價,就算找到了房價,價格也不準確。所以說,你還沒有大幅虧損過的經驗。但是股票是以天,不對,是以秒為單位計價,經常會有一天內漲跌好幾％的情況發生,所以股票所帶來的虧損很可能大幅高於房地產,這就是報酬率的一體兩面。」

媽媽表示,開始投資的時候,她會先定義好最大可虧損的金額,假如虧損達到該額度,她就會停損。雖然停損可以限制虧損的幅度,但是連續數次停損,會連帶造成高額虧損的風險。假如停損一檔走跌 10％ 的股票,雖然當下只會虧損 10％,不過若連續 5 次停損 10％,投資組合的

> **MDD**＊
> 「maximum drawdown」的縮寫,投資時能夠承受的最大虧損幅度。

本金可能會被攔腰砍半。屢次停損，會讓虧損越積越多。

因此，我們首先要決定好自己能夠承擔的最大虧損範圍，再利用各種方法，找出能把虧損控制在範圍內的方式。

媽媽說，她是用閒錢投資，所以最高可以承受 30％的虧損。雖然我並不打算教她潛在虧損風險高達 30％的投資技法，但我還是先讓她知道，我明白她的 MDD 了。

目標建立好了。

年均複合成長率 10％、MDD（最大虧損）30％、修養身心！

此時，媽媽又補充說，她現在投資拿的是閒錢，所以可以最高承擔 30％的虧損，但如果不是閒錢，她就不能承受如此高額的虧損，我同意這段話。閒錢，有當然是最好，但即使沒有閒錢，運用不會立刻對生活品質造成影響的資金來投資，也可以承擔稍微更高一點的風險。

在媽媽開始學習股票投資之前，她提出了下述的意見，我們日後再來驗證這段預測正不正確吧。

「2023 年股市表現得很不錯，以此做為前提，我認為我應該可以承擔更高一點的風險。2022 年股票不是跌了很多嗎？我聽別人說，股票跌了這麼多，應該不久之後就會

漲回來了吧。」

「確實是。股市大跌的時候，比起維持在 L 形，更多情況下會出現 U 形或 V 形反彈。」我附和著媽媽的話。

媽媽又補充說道：「人類的制度是由人類共同制定而成的。我覺得股票不斷走跌的時候，不會有那種『我們一起同歸於盡吧！』的情況發生，一定會有強勁的力量再重新帶動股市。所以我覺得明年市場表現會不錯，我想把風險值再拉高一點。」

從某方面來說，這段話是對的。股市持續走跌的話，中央銀行往往會釋放資金，假如股票價格大幅走跌，認為股價『很便宜』進而買進股票的價值投資人和大戶也會增加。

利用資產配置控制虧損

目標已經決定好了，是時候該進入正題了。**資產配置** * 不就是投資的一切根本與基礎嗎？所以我

資產配置 *
把資金按比例投資至股票、債券等各種投資標的。

委婉地提出了這樣的問題:「如果只投資股票的話,虧損能夠限制在 30%以內嗎?」媽媽一臉不確定地回答:「應該很難吧?」

股票市場經常會被攔腰砍半,也就是會出現 50%以上的跌幅。在大跌的市場上,不管我們的投資策略再聰明,如果只投資股票,必然免不了鉅額虧損。我們當然不希望股市攔腰砍半,但希望就僅止於希望而已,攔腰砍半的情況每幾年必定會發生一次,任誰都無法避免這場災難。

控制虧損的方法,除了前面提到的停損以外,還有「資產配置」。資產配置顧名思義是「分配資產」的行為,重點是「把資產分配到不會大幅受股市影響的其他資產上」。

資產的種類繁多有股市、房地產、債券、黃金、原物料⋯⋯。除此之外,還有加密貨幣、藝術品等。也有人會投資紅酒、手錶、威士忌、郵票等特殊資產,把投資和興趣結合。

我們可以把資產分配到各種資產類別上,以減少虧損。但是,為什麼把資產分配到不同的資產類別上,可以減少投資組合的虧損呢?

媽媽讀過我的前作《穩穩賺ETF，10年投資配置布局》和《無腦量化投資》（暫譯，台灣未出版），她說：「因為當某樣資產類別走跌的時候，其他資產類別就會上漲，歷史上很少出現所有資產同步崩跌的情況。倘若某一方虧損，另一方賺錢，就可以降低對整體投資組合的衝擊，減少最大虧損，不是嗎？」

沒有錯。股票走跌的時候，假如其他資產類別上漲或盤整，便能對整體投資組合帶來偌大的幫助。

媽媽有些得意地又賣弄了一句，這是她多年來的體悟：「人生也一樣，如果你只有一個朋友，結果他背叛了你，那你就完蛋了。但如果你有五個朋友，就算被一個人背叛，衝擊也相對比較小。」

很好的比喻。就算股票這位朋友背叛了我，但不太可能連債券、實質資產、美元也一鼓作氣一起背叛我。

我又拋出了一個問題：「但我們真的有必要分散投資在不同的資產類別上嗎？那我把資產分散投資在20檔個股上不行嗎？」媽媽回答我說：「那可不行。雖然每檔股票的收益都不一樣，但假如股市整體走勢不佳，所有股票幾乎都會走跌。」

哇喔！不愧是投資作家的媽媽。股市上漲的時候，幾乎所有股票都會上漲，下跌的時候，幾乎所有股票都會走跌，只有漲跌幅的差異，基本上是大家一起賺、一起賠。熊市來臨的時候，20 檔個股裡有 18 檔會走跌，所以我們必須把資產分配在各個不同的資產類別上。

股票的走勢與歷史

　　是時候來具體了解一下，哪些資產類別在什麼時候收益較高、什麼時候收益較低了。

　　我問媽媽，她覺得股票什麼時候收益較高，媽媽回答我說：「景氣好股市才會好。」這是理所當然的，因為景氣好，企業才能賣出更多的東西，賺到錢，獲利才會帶動股價。反過來說，景氣不好的時候，股票報酬率就不太好。

景氣好的時候，股票收益良好；
景氣不好的時候，股價收益欠佳。

股市為什麼存在？

　　針對這個基本問題，媽媽的回答是：「是不是有錢人太無聊，想透過下賭注獲得刺激感，才會成立股市？」這段話的意思就是：「股票不就是一種賭博嗎？」原來媽媽連股市為什麼會存在都不知道。

　　股票公司和股票市場之所以會誕生，肯定有經濟方面的考量。股票市場是 16 世紀由荷蘭東印度公司所創立。東印度公司的創始人，從事的是風險投資事業。他派遣船隻前往印度帶回胡椒，以此做為生意，雖然利潤高，但風險也高，只仰賴他一個人負擔所有的資金，頗為困難。因為貿易的過程中，他很可能一口氣失去所有的資本。對於銀行來說，船一旦沉沒就等同於失去所有資金，所以向銀行貸款也是件難事。因此，東印度公司把公司的持股拆分成股份，透過股票市場銷售給不特定多數的人士，藉此募資，派遣船隻前往印度。

　　假如船隻沉沒，股東們投資的資金雖然會血本無歸，但倘若船隻能夠平安抵達，股東們就可以分享銷售胡椒所帶來的鉅額利潤。利用股東們的資金嘗試進行「高風險、高報酬」的事業。

這套股票公司的體系，使荷蘭成為了當時世界最強大的國家，因為這套系統，讓荷蘭可以嘗試高風險、高報酬的事業，包含有新技術在內的創意事業。

除了募資變得容易以外，股票市場的另一個重點是一「股東隨時可以交易手上的持股」。得益於此，股東實際上不需要一直長抱股票，直到船隻回到荷蘭為止。如果需要資金，只要將股票直接變現即可。所以說，投資人可以放心地加入股票市場，向有資金缺口的企業提供資金。假如說，投資之後要套住資金10年才能變現，那麼投資人肯定會猶豫不決的吧？

所以說，股票市場的主要參與者可以分為三大類：

1. 想籌資的公司
2. 想買賣股票，藉此獲利的投資人
3. 想透過下注，享受刺激感的賭徒

隨著時間流逝，在一定程度上考量過機率的理性投資人，便會從那些只追求「刺激」，未經過審慎思考的賭徒身上，奪走他們的資金。

為了借錢而誕生的債券

接下來，我問媽媽什麼是「債券」，但卻獲得了意外的答覆。媽媽說：「我經常聽到債券這兩個字，但我不知道那是什麼東西！」

呃，竟然有人不知道什麼是債券？這真是令我驚訝。但再仔細想想，也就可以理解了。對於不曾發行過債券，也沒有學習過股票投資的人來說，這輩子可能都不會接觸到債券。在教育初學者的過程中，這讓我覺得這本書真是寫對了。我這才了解到，對我而言理所當然的東西，對別人來說卻並非如此。

我相信不只有媽媽不知道債券是什麼，現在就讓我們來了解一下股票與債券的差異吧。成立公司，有兩種方法能籌措營運所需的事業資金。剛開始做生意的時候，我們用的當然是自己手邊的資金，或是家人、朋友、熟人的資金，但是事業若要持續經營，就會需要愈來愈多的資金。這種時候，第一種方式是借貸，第二種方式是銷售公司股份。

想借錢就發行債券，
想銷售股份就發行股票。

我們雖然可以向銀行貸款，但假如沒有抵押品，銀行往往不太願意出借。在這種情況下，若想以不特定多數人做為對象進行籌資，就可以發行債券。舉例來說，假如公司有100億的資金缺口，我可以發行100張債券，銷售給100位陌生的人，就能夠分別從他們身上拿到1億元。買方以1億元買下債券，賣方會承諾買方，給付本金與利息，例如「每年給付5%利息，10年後償還本金」等諸如此類的承諾。假如賣方違約，發行債券的企業便會破產。

對於投資人來說，債券最大的優點與股票相同，投資人不一定要持有債券直到期滿。當然，以上述的債券來說，若連續持有10年，每年都可以獲得5%的利息，10年滿期後還可以取回本金。但是投資人也可以在債券期滿之前，在債券市場上轉賣給他人。

媽媽問道：「假如發行債券的公司倒閉，買債券的人就會賠錢嗎？」沒錯，假如公司倒閉的話，公司剩餘的資產會遭到清算，並分配給債權人。不過倒閉的公司，資產肯定不多，所以債權人只能回收部分的投資金，所以才產生了債券信用評等制度。為了方便說明，我雖然以公司來舉例，但是債券的發行人其實不只有公司，還有國家、企業、地方政府、金融機構等，而債權發行人大部分都要接

受信用評等。信用評等是用來評估發行人償還債務的可能性高低，信用評等由穆迪公司（Moody's）、標準普爾（S&P，Standard & Poor's）、惠譽國際（Fitch）等專業信用評等機構執行與評估。

最高等級是 AAA，最低等級是 D，世界各國主要的信用評等如下頁表格。補充說明一下，D 級表示該國家已經處於破產階段了；BBB 以上的等級是「投資等級」；BB 以下的等級是「投機等級」，這表示處於 BB 等級以下的國家有很高的可能性會破產。

其實我也是第一次搜尋國家信用評等，過去我從來不曉得澳洲、加拿大、德國、紐西蘭、挪威、新加坡、瑞典、瑞士，這八個國家獲得了 AAA 最高等級，也不知道韓國的信用評等原來媲美歐盟、美國、英國、法國，更不知道韓國原來比中國和日本更高一等！

信用評等高低對於債券投資人而言究竟有什麼差別呢？投資人當然會要求信用評等較低的債券支付較高額的利息。投資人購買破產可能性微乎其微的 AAA、AA 級債券時，只要能拿到 3～4% 的利息就已經心滿意足，但假如是當年度很可能直接破產的 C 級債券，至少要拿個

S&P主要國家信用評等

信用評等	國家
AAA	澳洲、加拿大、德國、紐西蘭、挪威、新加坡、瑞典、瑞士……
AA	韓國、歐盟、法國、香港、以色列、紐西蘭、台灣、阿拉伯聯合大公國、英國、美國……
A	中國、日本、沙烏地阿拉伯、西班牙……
BBB	印度、印尼、義大利、泰國……
BB	巴西、越南……
B	土耳其、奈及利亞……
CCC	阿根廷、迦納……
CC	暫時從缺
C	暫時從缺
D	黎巴嫩、波多黎各……

截至 2022 年 11 月

15～20%的利息才能滿意吧？

上述是有關債券的概念和特性,不過我們還有一個不能不知道的重點。

資產配置的原則是購買「高信用評等的債券」。

信用評等過低的話,我們還得分析破產的風險,事情

會變得過於複雜。除此之外，低信用評等的債券，在全球景氣良好的時候雖然價格走勢或許不錯，但全球經濟蕭條的情況下，破產的可能性就會增加，這樣的走勢幾乎與股票如出一轍，所以不能算是獨立的資產類別。

債券價格如何波動？

我們接著來探討一下，高信用評等的債券價格會在什麼情況下發生漲跌吧。債券有趣的地方在於，利息與本金雖然在債券發行的當下就已確定，但是發行時原本價值1億元的債券，後續在債券市場上卻可能以7,000萬或1.3億的價格交易。即使是信用評等不變，幾乎不可能破產的債券，價格也會發生波動，為什麼會這樣呢？

媽媽問道：「假如公司賺很多錢的話，對債權人有好處嗎？」哈哈，看來媽媽還搞不清楚股票和債券的概念。

以股票來說，假如公司大舉獲利，就會提高發放給股東的股息。但是債券不管公司賺錢不賺錢，都只會按照原來約定的金額支付利息，所以對於投資人來說，債券可以領取的金額是「固定的」，因此英文裡又把債券稱為「fixed income security」（固定收益證券）。這筆金額，在 10 年的期限裡都不會改變。就像是我們以 4% 的利息向銀行申請房屋抵押貸款，達成 10 年之間固定利率的協議一樣，就算所得發生變化，這 10 年內我們都只需要支付 4% 的利息。

債券的價格與利率有著密切的關係，結論如下：

利率下跌的時候，債券價格會上漲，
利率上漲的時候，債券價格會下跌。

舉例來說，假如我在 2022 年發行了一張每年會支付 5% 利息，10 年到期的債券，不過 2025 年的時候，由於市場利率大幅上漲，倘若我要發行相同信用評等的債券，就必須要支付 8% 的利息。那麼我在 2022 年發行的債券，價格會上漲還是下跌呢？

當然是下跌。如果購買類似信用評等的債券，卻可以獲得 8% 利息，那誰還會想要買我那張只會給 5% 利息的債券呢？所以說，我在 2022 年發行的債券吸引力將會下降。

反過來說，假如我在 2022 年發行了會支付 5% 利息的債券，但是 2025 年基礎利率下調，類似信用評等的債券只需要給付 2% 就能夠順利借款，那麼我在 2022 年發行的 5% 利息債券將會變成非常具吸引力的債券，價格自然會上漲。

利率什麼時候漲？什麼時候跌？

利率會決定債券的價格，重點是利率什麼時候漲？什麼時候跌？

媽媽的回答是：「嗯……看景氣？」大致上來說是這樣沒錯。景氣好，消費增加，薪資也會上漲。由於消費增加，商品和服務的需求也會增加，價格上漲就會使物價跟著上漲。中央銀行為了控制物價上漲，就會調漲利率。

「但2022年明明不景氣，利率還是上漲了啊。」媽媽反駁著。我引用了一段作家吳建泳在《通膨求生》裡的內容回答。

「2022年的通膨不是因為景氣好，需求增加所導致，應該說是各種事件交織而成。俄烏戰爭使原物料和糧食價格上漲，新冠肺炎導致產業價值鏈崩潰，物流費用上漲。再加上各國為了對付新冠肺炎，推出經濟振興政策，使得全球央行和政府在2020～2021年過度撒幣。」

我們能夠確定的是，經濟不景氣的情況下，物價仍有可能上漲。不管出於什麼原因，物價絕對不能上漲太多，所以央行會在通膨加劇的時候調漲利率。

一般來說景氣表現良好會隨之出現高物價，但某些情況下，不景氣也會伴隨著高物價。中央銀行必須維持貨幣的價值，所以央行比起「經濟」更重視「物價」。總而言之，結論如下：

物價上漲，央行會調漲利率（債券價格走跌）。
物價下跌，央行會調降利率（債券價格上漲）。

實質資產如何交易？

截至目前，我們已經分析過了股票和債券，還剩下另一種資產類別，是哪一種呢？

媽媽回答：「黃金嗎？」要說錯也不是，不過正確來說應該是「實質資產」。

實質資產包含黃金、原物料、房地產等，甚至有些人會投資紅酒、藝術品、郵票、古董、樂高、威士忌、精品包、手錶等實質資產。

媽媽問我，原物料包含哪些種類。原物料包含能源、農產品、貴金屬、工業金屬等。「那我能交易像原油這類

的東西嗎？」媽媽問道。我們很難直接交易原油，買了原油之後，我們要放在哪裡保存？但是期貨市場上，人們會以原油的價格進行交易，還有交易多種期貨的 ETF*。由於一般人很難實際交易原物料，我們通常經由 ETF 做交易（雖然還可以用期貨或選擇權進行交易，但這兩種方式不適合初學者，就不多說明了）。

> ETF*
> 交易方式如同股票，報酬率會按照特定股價指數波動的基金。

ETF 的五個優點

ETF（指數股票型基金）普遍來說，是一種按照特定股價指數波動的金融商品。股價指數用來呈現股票行情的整體走勢，是把一定時期的股價設定為 100 後所製成的指數，可以展現出特定股票市場的行情。韓國具代表性的指數是韓國綜合股價指數（KOSPI），美國則是標準普爾 500 指數（S&P500）（編按：台灣代表性指數為加權指數）。

ETF 跟股票一樣，可以在交易所被交易，投資者隨時都可以輕鬆買賣。舉例來說，假如 S&P500 指數上漲 1%，追蹤 S&P500 的 ETF 價格也會上漲 1%。

由於 ETF 可以像股票一樣被交易，是一個具有多方優點的金融商品。

ETF 相較於其他投資產品的優勢如下：

1. **分散投資**：投資人可以透過 ETF，輕鬆分散投資不同的股票、產業和資產類別。
2. **流動性**：ETF 的流動性高，可以像股票一樣隨時交易，投資人任何時候都能輕鬆買賣。
3. **費用便宜**：ETF 的手續費一般來說都比其他投資商品更便宜。
4. **透明**：ETF 必須定期公開資產規模，所以非常透明。
5. **靈活性**：ETF 可以透過證券帳戶交易，即使是沒有經驗或專業知識的投資人也能輕鬆入門。

舉例來說，PDBC（編按：Invesco 最佳收益多樣商品策略 No K-1 主動型 ETF）是在美國上市的原物料 ETF，成分股如下。除了 PDBC 以外，雖然還有其他原物料 ETF，但是成分股和比重會與 PDBC 有所出入。

原物料ETF之PDBC的組成

大類別	比重（%）	原物料	比重（%）
能源	63.87	原油	42.78
		汽油	13.20
		天然氣	7.9
農產品	20.05	玉米	5.41
		大豆	5.31
		小麥	5.04
		糖	4.30
貴金屬	7.09	黃金	5.75
		銀	1.33
工業金屬	8.98	鋅	3.09
		鋁	3.07
		銅	2.81

基準日：2022年11月7日

重點在於：「原物料的價格什麼時候會發生漲跌？」媽媽的預測是：「假如物價上漲債券的表現會不好，物價上漲的時候原物料表現應該會不錯吧？」

答對了。一般來說，物價漲幅高的時候，黃金、原物料等實質資產的價格便會上漲。舉例來說，當油價和農產品價格上漲的時候，油資、運輸費用和伙食費都會上漲，物價當然也會上漲。所以說原物料的走勢，當然跟物價下跌才會處

於強勢狀態的債券正好相反。倘若物價漲幅低，原物料也會相對弱勢，但當央行為了振興經濟，開始朝市場投放資金，黃金和原物料的價格通常會和股票同步上漲。因此結論如下：

物價上漲，實質資產價格也會上漲。
物價走跌，實質資產的價格也會下跌。

韓國投資人的祕密武器：美元

除了股票、債券、實質資產以外，最後還有一個很重要的資產。身為韓國投資人的我們，還可以投資「美元」這項資產，這點非常重要。近 20 年來，韓元兌美元的平均匯率雖然是 1,130 韓元，但是 2008 年金融危機的時候，匯率曾經上漲到 1,600～1,700 韓元；1997 年 IMF 危機（編按：1997 年亞洲金融風暴，韓國經濟遭受重創，於是向國際貨幣組織〔IMF〕求助，被韓國民眾視為國恥）時期，更是幾乎上漲到了 2,000 韓元。當金融市場面臨巨大危機時，有時會發生股票、債券、實質資產，全數同步走跌的現象。然而這種時候，美元兌韓元的匯率將會上漲，因為美元是人們恐懼時的最後一道安全資產。

因此當市場遭遇 IMF、金融危機、新冠肺炎等，使經濟陷入極度不穩的狀態時，美元毫無意外地會走強。2022 年俄烏戰爭和美國通膨引發利率飆漲，使全球經濟動盪，韓元兌美元的匯率也隨之大幅上漲。2021 年 1,100 韓元左右的匯率，大幅上漲到 1,450 韓元。2022 年市場疲弱的狀態下，美元是除了原物料以外唯一上漲的資產。

韓元／美元匯率（1997～2022）

平均1,130元

　　但是我不太推薦買進美元長期持有的策略，因為美元兌韓元不會無止盡上漲或下跌，總有一天會回歸平均水準。反之，如果分散投資美國股票、債券等美元資產，就可以達到持有美元的效果。美元在景氣極為不佳的時候雖然相對強勢，但是景氣繁榮的時候也會相對疲弱，原因在於投資人較偏好投資風險資產，例如開發中國家等海外投資。由此得出的結論如下：

韓國景氣不佳的時候，韓元兌美元的匯率會上漲。
韓國景氣良好的時候，韓元兌美元的匯率會下跌。

景氣也有四季

讓我們來統整一下截至目前為止我們學習到的內容吧。分析經濟時，「經濟成長」與「物價」是核心關鍵字，把這兩個條件結合起來，我們可以把景氣劃分成四季，每一季會上漲的資產都不一樣。

- 季節一（物價上漲＋景氣繁榮）：物價上漲，景氣表現良好。
- 季節二（停滯性通貨膨脹）：物價上漲，景氣不佳。
- 季節三（金髮姑娘）：物價下跌，景氣表現良好。
- 季節四（通貨緊縮）：物價下跌，景氣不佳。

所謂的「金髮姑娘」（goldilocks）指的是通膨沒有過熱的疑慮，經濟緩緩成長的經濟現象，我們多半用「不熱也不冷的好景氣」來形容它。

這裡所謂「高、低」的標準是什麼呢？也許各位看新聞的時候，會看到「預估今年經濟成長將達到3%」等諸如此類的經濟成長和物價成長的預估數值。這個數字是

景氣的四季

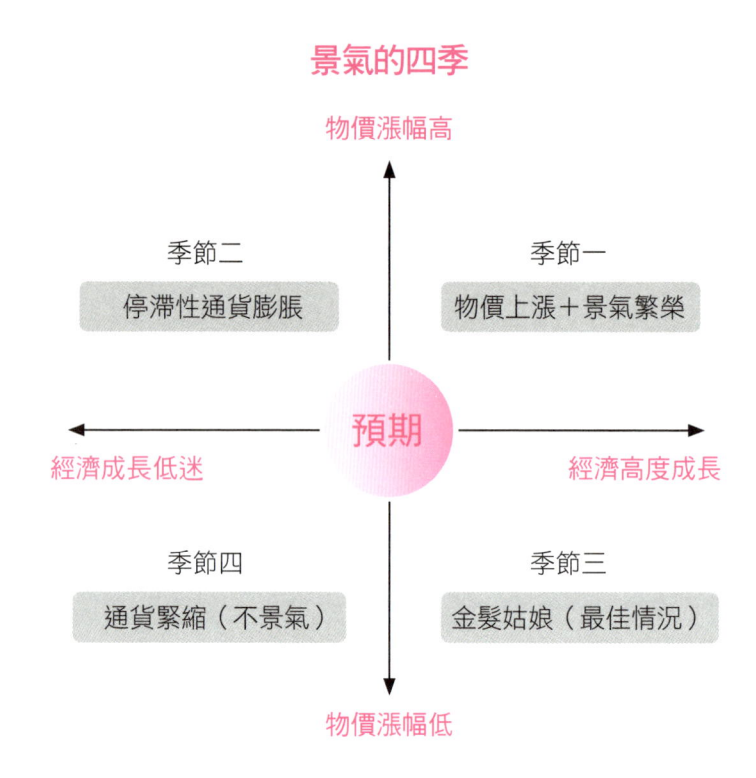

```
                  物價漲幅高
                       ↑
    季節二            |            季節一
  ┌─────────┐        |        ┌──────────────┐
  │停滯性通貨膨脹│    |        │物價上漲＋景氣繁榮│
  └─────────┘        |        └──────────────┘
                     (預期)
經濟成長低迷 ←───────────────────→ 經濟高度成長
                     |
    季節四            |            季節三
  ┌──────────┐       |        ┌──────────────┐
  │通貨緊縮（不景氣）│  |        │金髮姑娘（最佳情況）│
  └──────────┘       |        └──────────────┘
                       ↓
                  物價漲幅低
```

將多位經濟學者的預估值，平均下來所得出的，當實際數值高於預估值的時候就是「高」，如果低於預估值就是「低」。舉例來說，經濟學者們預估今年韓國經濟成長率為3％時，倘若實際成長率為4％的話，代表經濟成長偏高；假如實際成長率是2％，代表經濟成長偏低。物價方面也是一樣，當通貨膨脹率預估數值為2％，但實際通貨膨脹率為3％的話，表示通貨膨脹高；倘若通貨膨脹率實際為1％，那就是低。

想要準確猜中經濟或通貨膨脹的實際數值，幾乎是不可能的任務。身為普通人的我們，預估的數值有可能比考慮過各種變數的經濟學者來得更準嗎？

接著我們來探討，各個資產類別在不同情況下的收益高低吧。

1 股票在哪個季節的收益較高？

媽媽說，她推測季節一和季節三的股票收益較高。「景氣好的話，股票就會好。反過來說，第二季跟第四季的經濟成長率低，股票收益應該也比較低吧。」

一百分。再補充一點，季節一，也就是在景氣好、物價漲的情況下，開發中國家的股票表現會更優於已開發國家的股票。一般來說，這種時候原物料的價格會上漲，全球經濟體系的結構是——開發中國家銷售原物料，已開發國家進口原物料製作成產品，所以原物料出口比重較高的開發中國家企業，獲利不但會增加，股票收益也會提高。季節二會更有利於已開發國家的股票，這是因為已開發國家的角色是進口原物料，物價漲幅低、原物料價格穩定時較有利。

普遍來說，季節二與季節四經濟成長低迷，對於股票

較不利。但是 2008 年以後，出現了一種趨勢，就是當景氣處於季節四，也就是物價穩定但是經濟成長疲弱的情況下，中央政府會為了振興經濟而撒幣，原因在於物價成長率低，即使稍微釋放資金，也不會引發通貨膨脹，還可以挽救經濟。由於這些資金流入股市，現在的股票在第四季也經常出現不錯的表現，尤其是在 2008 年以後，股票上漲來自於金錢的力量。

2 債券在哪個季節的收益較高？

那麼債券什麼時候的收益較高？這次媽媽也答對了，答案是季節三和季節四。反之，債券在季節一和季節二的時候表現較差。我們先前已經分析過，像季節一和季節二物價上漲的時候，央行必須調漲利率控制物價，所以利率與債券的價格會成反比。但是當景氣不佳的時候，為了振興經濟，央行會調降利率，債券價格便會隨之上漲。

升息是雙面刃，高利率雖然可以抑制物價，但同時也會扼殺經濟。景氣要好就必須要有錢流，但是高利率會造成貸款利息的負擔增加，人們會減少貸款、減少消費，景氣便會衰退。當然，利用這種方式降低人們消費的慾望，景氣衰退會放緩勞動者的薪資成長，就會帶來抑制物價上漲的效果。

3 哪個季節,股票和債券會同時處於低檔?

還有一個問題!什麼時候會發生債券和股票收益同時處於低檔的情況?媽媽說:「季節二吧,景氣不好、物價又漲的時候。」

沒錯。2022年就屬於這類情況。當時美國股價指數 S&P 500 自相對高點跌了 27.5%;那斯達克則跌了 37.8%;美國長期債券 ETF——TLT(編按:iShares 20 年期以上美國公債 ETF),甚至跌了 40.8%。

以季節二來說,如果只投資股票和債券,我們就會無計可施,由此可知,若想進行資產配置,只投資這兩種資產類別是不夠的,所以我們必須得要投資實質資產和美元。

上述所有內容的統整如下頁圖:

景氣四季裡股票與債券的報酬率

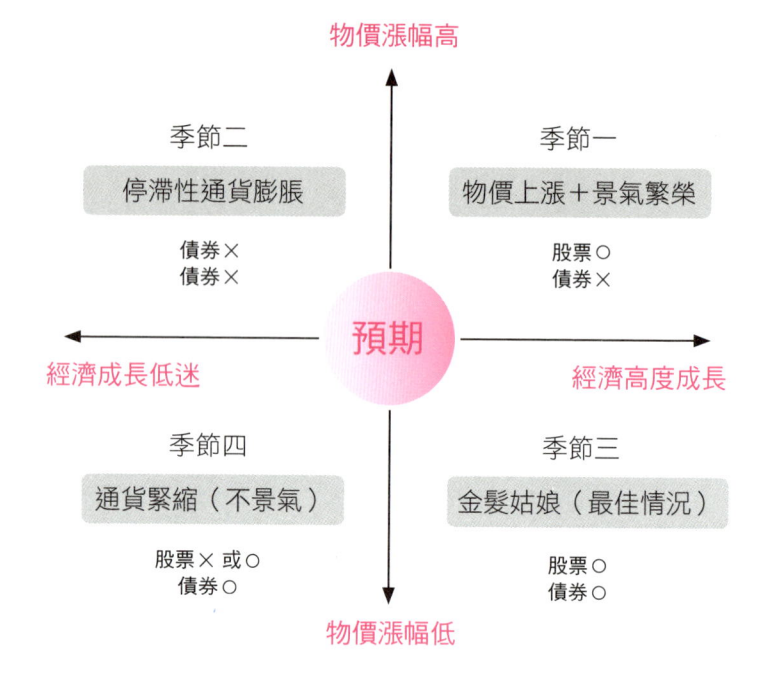

物價漲幅高 ↑

季節二
停滯性通貨膨脹
債券×
債券×

季節一
物價上漲＋景氣繁榮
股票○
債券×

← **經濟成長低迷**　　**預期**　　**經濟高度成長** →

季節四
通貨緊縮（不景氣）
股票× 或 ○
債券○

季節三
金髮姑娘（最佳情況）
股票○
債券○

↓ **物價漲幅低**

景氣四季裡股票、債券、實質資產、美元的報酬率

類別	季節一	季節二	季節三	季節四
特徵	物價漲幅高 經濟高度成長	物價漲幅高 經濟成長低迷	物價漲幅低 經濟高度成長	物價漲幅低 經濟成長低迷
股票	○	×	○	×（○）
債券	×	×	○	○
實質資產	○	○	×	×（○）
美元	×	○	×	○

括號：當中央銀行以經濟振興政策為名大量釋放資金的情況

資產配置的結論

到目前為止，我們花了很多時間在講解景氣四季與股票、債券、實質資產、美元的報酬率。四種不同類型的資產，有報酬率較高的季節，也有表現較差的季節，我們某個程度上雖然可以掌握目前所處的季節，但問題在於我們無從得知未來會迎來哪一個季節。

舉例來說，2022年屬於季節二，長時間處於通貨膨脹率高，經濟成長低迷的情況。倘若我們可以準確預測2023年開始會進入季節三，那我們只要提高股票和債券的投資比例，等著賺錢就行了。又或者，假如我們預測2023年會進入季節一，那就只要投資股票和實質資產就好。不過包含我在內的多數人，都不可能作出準確的預測。我對宏觀市場的了解有多少？我能猜對真實經濟成長與物價上漲率會高於還是低於經濟學者們的平均預估值嗎？雖然不能武斷地說，完全沒有人能預測到未來，但是能夠連續猜對未來走勢的人，確實是少之又少。

另一個要注意的是，我們雖然能夠大略知道每個季節裡，哪個資產類別的報酬率較高，但還是會有例外發生。舉例來說，大致上而言，季節三時股票和債券會上漲，實

質資產會疲弱，但這也不代表股票和債券會每天、每月、每年都在漲。就算是牛市，還是可能會出現價格修正（編按：意指漲多拉回）的情況，有時候修正的幅度可能還不小。

所以結論是，我們無法得知未來會處於哪個季節，也不可能準確預測資產類別的走勢，所以我們必須同時擁有股票、債券、實質資產和美元。

聽到這裡，媽媽說：「**我們沒必要為了猶豫要買哪一種資產而戰戰兢兢，把這四種資產類別全買下來，讓投資組合整體一起上漲就可以了吧？**」

沒錯！這就是正確答案！資產配置的結論如下：

1. **景氣也有四季。**
2. **我們無法預測未來會是哪個季節，會依照什麼順序發展。**
3. **幸好不管經濟處在哪一種情況下，都有可以獲利的資產類別。**
4. **所以不論股票、債券、實質資產還是美元，只要全部都買進，不管現在處於哪一個季節，我們的整體投資組合都不會大幅崩潰。**

來到第一堂課的尾聲了。截至目前為止,我們已經對股票、債券、實質資產、美元等投資標的有所了解。第二堂課,我們會以目前所學的內容為基礎,具體探究如何建立資產分配的投資組合。

我要求媽媽在上下一堂課之前,要先複習第一堂課的內容,然後出了作業給她,要求她閱讀《穩穩賺ETF,10年投資配置布局》與《史景仁親切的投資家教課》(暫譯,台灣未出版),第一堂課就到此結束了。

預習・複習

第一堂課的作業

▶ **複習第一堂課的內容**
 — 了解投資所需的基本概念
 — 了解景氣四季裡分別會上漲和下跌的資產

▶ **閱讀書籍,為第二堂課預習**
 — 《穩穩賺ETF,10年投資配置布局》(姜桓國,方言文化)
 — 《史景仁親切的投資家教課》(史景仁、李志榮[音譯],Page 2 Books)

第二堂課

「不想賠錢就要分散投資？」

降低虧損的資產配置策略

QUANT

科斯托蘭尼的雞蛋理論與經濟

　　第一堂課，我們決定好了投資的目標，也探究了資產分配的基礎。特別是，我們了解到景氣也有四季，觀察過股票、債券、實質資產與美元在不同情況下會出現什麼走勢。上述內容統整後的圖表如下：

景氣四季裡股票、債券、實質資產、美元的報酬率

類別	季節一	季節二	季節三	季節四
特徵	物價漲幅高 經濟高度成長	物價漲幅高 經濟成長低迷	物價漲幅低 經濟高度成長	物價漲幅低 經濟成長低迷
股票	○	×	○	×（○）
債券	×	×	○	○
實質資產	○	○	×	×（○）
美元	×	○	×	○

括號：當中央銀行以經濟振興政策為名大量釋放資金的情況

　　讀完作業《史景仁親切的投資家教課》後，媽媽強調史景仁會計師書裡提到的安德烈・科斯托蘭尼（Andre Kostolany）雞蛋理論，對她非常有幫助。科斯托蘭尼的雞蛋理論是以利率做為基準，用雞蛋來比喻存款、股票、債券、不動產的投資時機。

科斯托蘭尼的雞蛋理論

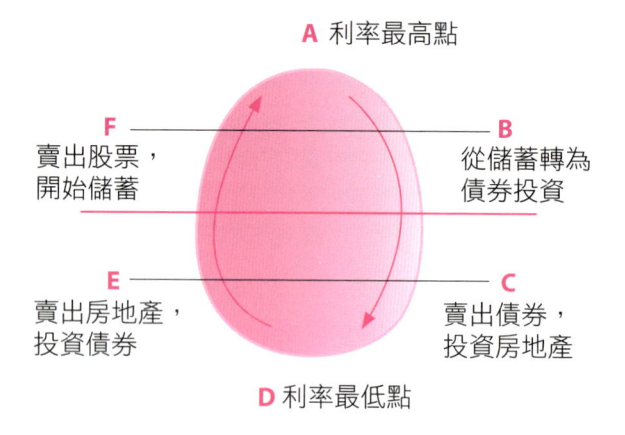

A 利率最高點

F 賣出股票，開始儲蓄

B 從儲蓄轉為債券投資

E 賣出房地產，投資債券

C 賣出債券，投資房地產

D 利率最低點

　　讓我們搭配雞蛋圖來觀察各個時期吧。A 是利率達到頂點的時候，大部分的資本都會選擇銀行儲蓄，所以市場處於資金不足的狀態。B 階段利率開始下滑，存款利率逐漸降低，所以相對安全的債券投資會增加，債券價格也會隨之開始上漲。C 階段利率加速下跌，接近最低點。由於此時的利率較低，債券價格較高，景氣衰退使房地產價格走跌，相對使租金的報酬率上漲，於是資金便流入房地產，房地產價格因此開始走揚。

　　D 是利率的最低點，由於貸款利息變低，貸款增加，市場流入大量資金。大量資金流入資產市場，會使整體價格上漲。E 階段房地產價格已經大幅上漲，人們開始賣出

房地產，從中賺取市價利差。從房地產裡撤退的資金，會流向股票市場。F是景氣過熱的狀態，通膨成為社會問題，政府為了解決通膨開始升息。股票市場急劇上漲，泡沫隨之誕生，資本家們開始賣出已經上漲的股票，轉為選擇安全的儲蓄。

我才簡述到這裡，媽媽就開始發動問題攻勢了。

問題1. 利率和物價會一起上漲嗎？

物價上漲的話，央行就會調漲利率，一般來說會是一起上漲。

問題2. 存款利息和貸款利息會一起波動嗎？

銀行是利用存款來放貸，所以貸款的利息永遠都是「存款利息＋Alpha（編按：超額報酬）」。因此普遍來說，存款利息上漲的時候，貸款利息也會同步上漲。

問題3. 經濟成長和物價上漲的「高低」是相對於經濟學者們的預估值，那麼「物價漲幅高」就是通膨；「物價漲幅低」就是通貨緊縮嗎？

是的。最近幾十年來，除了日本以外，幾乎沒有國家有發生長期性的通貨緊縮。

問題 4. 物價像最近（2022 年）這樣高度上漲的情況經常發生嗎？

已開發國家從 1970 年代以來，幾乎沒有發生過如此高水準的通膨。當時美國因為越戰而大量印刷鈔票，加上石油生產國之間彼此串通，哄抬石油價格。當物價因油價變高而上漲的時候，就只能提升薪資，所以才出現長時間通膨的現象。1980 年代初期，**聯準會** * 主席保羅・沃克（Paul Volcker）採取極度強烈的手段，升息至 20％，才穩定住物價。

> **聯準會** *
> 「聯邦準備理事會」的縮寫，是決定美國基本利率的機構。

吳建泳作家在著作《通膨求生》中提到，近期因新冠肺炎爆發，美國政府與聯準會撒出天文數字的貨幣，直接把這筆錢分發給市民們使用，過度強勁的振興政策，導致消費需求爆發。當然不只有美國，大部分的國家都經由類似的景氣振興政策，救助因新冠肺炎而陷入困境的市民。供應鏈方面，新冠肺炎導致供應網紊亂，使物流費用增加；俄烏戰爭又引發原物料和糧食價格上漲；恰巧油價又在此時上漲。除此之外，還有因為新冠肺炎導致身體健康出問題的人、提早退休的人、因資產價格上漲大撈一筆而不打算回歸勞動市場的人。像我不也是在新冠肺炎爆發後，因為資產大幅增加而離開職場的人之一嗎？

所以我們可以說，2022年的大通膨，是因為過度強勁的振興政策，使消費需求爆發、供應鏈紊亂、原物料價格上漲、勞動力不足等原因交互導致而成。

問題 5. 高物價的狀態下，實質資產是好的投資方式嗎？

沒有錯。以1970年代來看，股價與債券兩種資產的收益都不佳，但是黃金、原物料、房地產、古董、藝術品等實質資產的價格卻大幅上漲。

但我們無法預測2020年後發生的通膨是否會像1970年代一樣長時間延燒。我個人認為，有鑑於1970年代的通膨，這次的通膨應該不會持續太久。大幅度升息會對經濟造成負擔，負責人無法輕易下達決策，才會使1970年代的通膨很長時間無法被控制下來。但是我們有了過去的教訓，應該可以更快穩定通膨吧？事實上，2022年聯準會的升息速度就非常快。

但是也有看法認為，美國與中國的關係從合作轉為對立，已開發國家減少在中國的廉價生產，開始轉為在自家國內進行高價生產，會驅使通膨長期化。

靜態資產配置的歷史

問完問題的媽媽，接著發表了她看完作業後的感想：「我讀完你說的那些書，發現資產配置也有不同的種類，靜態資產配置好像在歷史上已經發展了一段時間。」

靜態資產配置 vs. 動態資產配置

資產配置可以分為靜態資產配置和動態資產配置。靜態資產配置是設定好股票、債券、實質資產的比重，持續維持該比重的「靜態」資產配置法。一般來說，當我們提到「資產配置」的時候，都是在說靜態資產配置。

動態資產配置則是考量近期金融市場的環境，隨時改變投資比重，是「動態」的資產配置法。主要會去提升近期獲利較高的資產比重，降低近期獲利較低的資產比重。動態資產配置也被稱為「趨勢追蹤」。

靜態資產配置一路從過去發展至今，首先是猶太人的策略誕生，後來依序發展出 60/40 投資組合、永久投資組

合、全天候投資組合（我們接下來會探討這些投資策略）。跟其他領域一樣，在基本策略中逐漸加入新的想法，不斷發展。

媽媽問道：「雖然我們有必要學習歷史，但是歸根究柢，我們只要在實戰投資的時候使用最新版本的投資組合，不就好了嗎？」

說得不錯。我本來想在第二堂課上面講這件事，但結論卻已經被媽媽給導出來了。電腦 CPU 也是從 286、386、486、奔騰、i5、i7⋯⋯持續推陳出新，如果要選一個我現在要用的 CPU，那當然要選最新的版本。當然，如果去了解歷史，我們可以得知目前最新版本的誕生歷程，以及發明這個版本的人有著什麼樣的背景與想法。除此之外，我們還可以了解為什麼新版本比舊版本好，所以最好還是了解一下歷史的發展過程。

我在投資的時候，經常使用「Allocate Smartly（https://allocatesmartly.com）」這個收費網站。這個網站裡，列出了 70 多種靜態資產配置與動態資產配置的策略收益。網站上會顯示出各個策略的績效與 50 年的**回測***結果，點出符合目前策略的股票有哪些，以及假設綜合各種策略

> 回測（Backtest）*
> 驗證過去若按照特定策略進行投資，會取得怎麼樣的成果。

第二堂課　降低虧損的資產配置策略

的話,會有什麼樣的成效。

最簡單的資產配置策略,60/40 的投資組合

我們先從靜態資產配置裡最基本的 60/40 投資組合開始看起吧。60/40 投資組合是把資產的 60% 投資在美股,40% 投資在美債,是一種非常簡單的資產配置策略。在這裡,我們只需要購買美股 SPY 和美債 IEF,這兩檔 ETF。

SPY 和 IEF 是**股票代號***,在股票名稱太長或太複雜的情況下,可以便於標記。SPY 的正式名稱是「SPDR S&P 500 Trust ETF」,IEF 則是「iShares 7-10 Year Treasury Bond ETF」,因為很容易搞混,所以搜尋這兩檔 ETF 的時候,請利用股票代號搜尋。補充說明一下,韓國股票的代號是由六位數字組合而成,舉例來說,三星電子的股票代號是 005930,Kakao 的股票代號是 035720(編按:台灣股市的股票代號通常為四位數字,如台積電為 2330;ETF 的股票代號則為四至六位數字)。

> **股票代號***
> Ticker,該公司在證券市場上登記的簡稱。

> 投資策略

60/40 投資組合

▶ **買進策略**：美股（SPY）60%、美國公債（IEF）40%
▶ **閱賣出策略**：每年進行一次再平衡

閱讀投資策略的回測結果時，我們應該要注意哪些地方呢？讓我們一邊觀察這個策略的回測結果，一起來探討答案吧。

1 收益是否有長期成長？

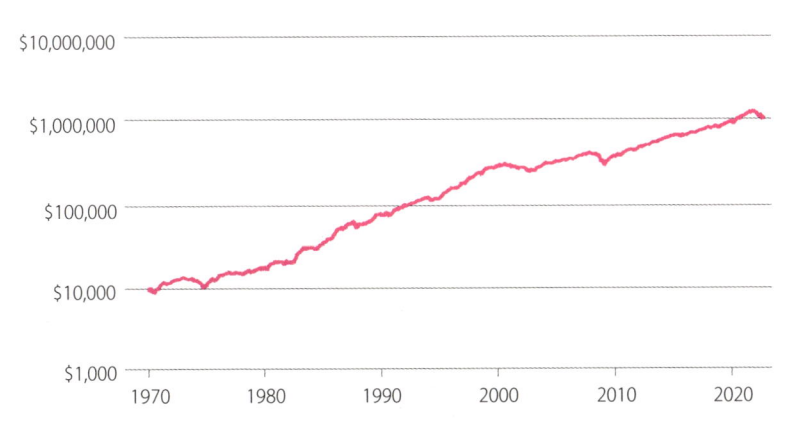

首先，放眼望去結果確實如此，任誰來看資產都在向上攀升。

2 基本統計數據表現如何？

年均複合成長率（％）	MDD（％）	最長下跌期（月）	月勝率（％）	週轉率（％）
9.2	-29.5	40	64.2	12.1

❶ **年均複合成長率**：靜態資產配置通常伴隨著較高的個位數年均複合成長率，60/40策略的報酬率也有達到這個水準，算是令人心滿意足。

這裡我們稍微複習一下。年均複合成長率9.2％的話，本金大概要花多少時間才能翻倍呢？利用72法則計算的話，大概需要8年（72/9=8）。

❷ **MDD**：雖然低於我們設定的30％目標值，但依然算高，不太滿意。

❸ **最長下跌期（Longest Drawdown）**：指投資組合走跌到回升所花費的最長週期。60/40策略要花上40個月（3年4個月）左右。等待3年以上，這容易嗎？這點也令人不太滿意。

❹ **月勝率（Profitable Months）**：月勝率指的是一年內有獲利的期間。月勝率64.2％代表投資一年左右的時間，有大約7～8個月會賺錢，剩餘的4～

5 個月則處於虧損狀態。

❺ **週轉率（Annual Turnover）**：指「一年內的交易均價 ÷ 資產總額」。這個統計數字會告訴我們，應該要多常進行交易。靜態資產配置雖然不用頻繁交易，但一年至少要調整一次資產類別的投資比重（我們稱之為**再平衡** *），所以還是要做點交易。週轉率 12％ 屬於非常低的類型，也就代表交易費用低廉，這點算是不錯。

> **再平衡**
> 重新調整資產配置上資產比重的運用。

結論是，我對於 MDD 和最長下跌期不太滿意。

靜態資產配置的再平衡

60/40 投資組合的起點是股票 60％、債券 40％，但是，投資比重經過一段時間後，情況會發生變化。例如說，假如這一年來，股票大漲，債券持平，比重就可能會變成股票 70％、債券 30％。但是我們希望的是 60/40 投資組合，並不是 70/30，所以一年之後我們必須把一部分的股票賣掉，再把這筆錢拿來買進債

券，重新把比重調整回 60 比 40。這種調整比重的行為，被稱為再平衡（re-balancing）。

③ 虧損的時期與幅度有多大？

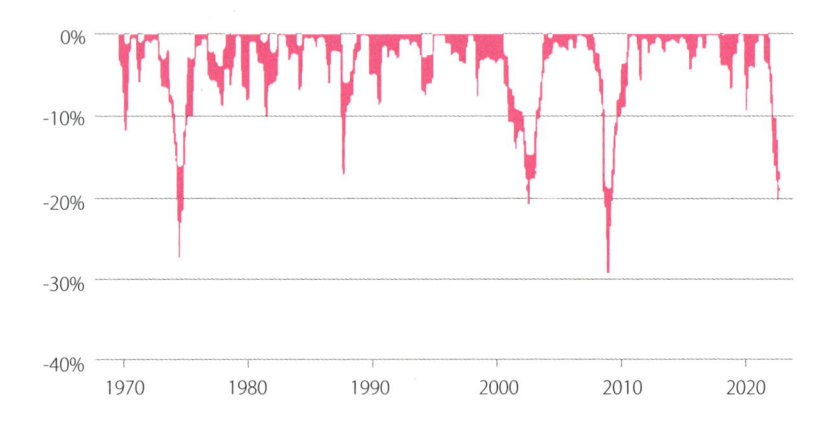

上方這張圖表，代表使用 60/40 投資策略進行投資，會發生的虧損情形。

最近 50 年來，有過 4 次下跌 20％以上的情況，這點讓我不太滿意。雖然 MDD 是 29.5％，略低於媽媽所設定的目標值，不過 MDD 不是絕對值，一段時間過後很有可能再更新。即便某些策略 52 年來最大虧損是 10％，第 53 年也可能突然出現 15％的虧損。事實上，隨著 2022 年市

場走跌，好幾個資產配置策略的 MDD 都創了新高。

④ 1970～2022 年之間，虧損幅度較大的時期，股價下跌了多少？

回測期間的長期報酬率雖然看似十分美妙，但我們是活在當下的人類，不管 5 年來報酬率再怎麼長期上漲，只要當下股票發生虧損，我們就必定會承受壓力。所以我們必須分析短期間內，可能會發生多大程度的虧損，藉此我們才能得知，這個投資策略會為自己帶來多大的壓力。

讓我們一起回顧一下，這個策略發生虧損的時期吧。

60/40投資組合的收益（1972.12～1976.1）

60/40投資組合的月收益（1973.1～1974.9）

期間	報酬率	期間	報酬率
1973年1月	-1.10%	1973年12月	0.80%
1973年2月	-2.20%	1974年1月	-0.50%
1973年3月	0.00%	1974年2月	0.10%
1973年4月	-2.00%	1974年3月	-2.10%
1973年5月	-1.40%	1974年4月	-2.60%
1973年6月	0.00%	1974年5月	-1.20%
1973年7月	1.30%	1974年6月	-0.80%
1973年8月	-1.30%	1974年7月	-4.90%
1973年9月	3.80%	1974年8月	-5.50%
1973年10月	0.90%	1974年9月	-6.20%
1973年11月	-6.40%	-	-

　　從上方圖表上，我們可以看到60/40投資組合發生大幅虧損的時期。從1973年1月開始到1974年9月為止，60/40投資組合連續走跌了21個月，累積虧損高達-27.54%，直到1976年1月才回到原本的水位。開始走跌後，花了3年的時間才得以回本。

60/40投資組合的收益（2007.10～2010.10）

60/40投資組合的月收益（2007.11～2009.2）

期間	報酬率	期間	報酬率
2007年11月	-0.70%	2008年7月	-0.30%
2007年12月	-0.70%	2008年8月	1.50%
2008年1月	-2.30%	2008年9月	-5.70%
2008年2月	-1.10%	2008年10月	-10.30%
2008年3月	0.00%	2008年11月	-1.10%
2008年4月	1.90%	2008年12月	2.60%
2008年5月	0.20%	2009年1月	-6.50%
2008年6月	-4.60%	2009年2月	-6.70%

第二堂課　降低虧損的資產配置策略

2007～2008 年的表現也是相當乏善可陳。2007 年 10 月到 2009 年 2 月歷經了金融危機，60/40 投資組合相較於最高點，下跌了 -29.7％，從股票開始走跌，這次同樣也是花了 3 年，直到 2010 年 10 才回漲到起跌的價格。在 2008 年 10 月，甚至還出現過單月 -10％以上的虧損。

60/40投資組合的收益（2021.12～2022.10）

60/40投資組合的月收益（2022.1～10）

期間	報酬率	期間	報酬率
2022年1月	-4.00%	2022年6月	-5.30%
2022年2月	-1.90%	2022年7月	6.70%
2022年3月	0.60%	2022年8月	-4.00%
2022年4月	-7.00%	2022年9月	-7.40%
2022年5月	0.40%	2022年10月	4.30%

在最近的 2022 年，60/40 投資組合的收益表現萎靡不振。9 個月內發生了 20.5％的虧損，甚至在 4 月和 9 月的時候，還出現單月 7％的跌幅。

如果在 2022 年的時候使用 60/40 投資組合進行投資，會相當難以堅持下去，甚至可能會讓人萌生想立刻放棄這個投資策略的想法。但是如果投資人事先已經知道：「1974 年和 2008 年還發生過更高幅度的虧損！這個策略本來偶爾就會出現這種程度的跌幅。」那麼要堅持執行下去，可能會更容易一些。所以說，分析這檔策略在虧損的期間裡，會嚴重「暴跌」到哪個程度，非常重要。

就好比我們前面看到的資料一樣，這檔策略的月勝率雖為 64％左右，但是我們必須知道，收益和虧損絕對不會按照「收益—收益—虧損—收益—收益—虧損」的形式，有規律地發生。舉例來說，2022 年從 1 月到 10 月為止，60/40 投資組合只有在 3、5、7、10 月有獲利（月勝率 40％），其中 3、5 月的收益甚至是微乎其微。

此時，媽媽提問了。「60/40 已經行之有年，是經典的策略，看來現在應該還有人在用這個策略吧？」

沒錯。有一檔 ETF 名為 AOR（編按：iShares 核心成長配

置 ETF（iShares Core Growth Allocation ETF），以組合式基金的方式，進行全球股票、債券配置），只要購買這檔 ETF 就能輕鬆實現 60/40 投資組合，不需要購買多檔股票，投資非常方便。所以討厭繁瑣，想要用最簡單的方式做資產配置的投資人，也會選擇這種投資方式。

> **基準***
> bench-mark，評估投資成效的基準點。

除了上述的原因以外，60/40 投資組合可以說是所有資產配置的**基準***。這是最基本的資產配置策略，不管是誰都能輕鬆達成，所以在建立新的資產配置時，我們有必要去評估它的績效是否能優於 60/40 投資組合。

簡單又有效的永久投資組合

下一個策略是永久投資組合（Permanent Portfolio）。我個人非常喜歡這個策略，很適合拿來解釋資產配置的概念。這個策略使用的是最基本的資產配置，把資產分成股票、債券、黃金、現金，分別為四等分，只要每年進行一次再平衡即可。這個策略會分別投資股票、債券和實質資產，如果運用美國 ETF 進行投資的話，自然也會投資到美元，是非常經典的策略。我們來分析一下這個策略的投資

成效吧。

> **投資策略**
>
> ## 永久投資組合
>
> ▶ **買進策略**：分別投資 25％至美股（SPY）、美國長期公債（TLT）、黃金（GLD，編按：SPDR Gold Shares，世界規模最大的黃金 ETF 之一）與現金
> ▶ **賣出策略**：每年一次再平衡

1 收益是否有長期成長？

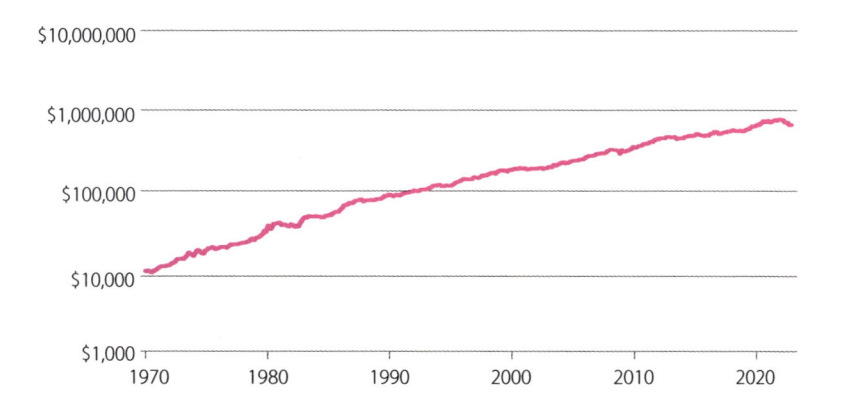

從 1970 年代到現在的報酬率圖表上，可以看出收益確實有長期成長。

2 基本統計數據表現如何？

年均複合成長率（％）	MDD（％）	最長下跌期（月）	月勝率（％）	週轉率（％）
8.3	-15.6	20	64.5	6.4

❶ **年均複合成長率**：靜態資產配置通常伴隨著較高的個位數年均複合成長率，而這種策略的報酬率也有達到這個水準，算是令人心滿意足。

❷ **MDD**：大幅低於我們的 30％ 目標值，是 60/40 投資組合的將近一半。我很滿意。

❸ **最長下跌期**：投資組合從走跌到漲回起跌點，最長花費 20 個月（1 年 8 個月）。雖然 20 個月也是很長的一段時間，不過也是 60/40 投資組合的一半左右，還算滿意。

❹ **月勝率**：64.5％，大部分的策略勝率都落在 60～70％，所以也算滿意。

❺ **週轉率**：非常低，只有 6.4％，很滿意。

結論是，永久投資組合看來大幅優於 60/40 投資組合。

③ 虧損的時期與幅度有多大？

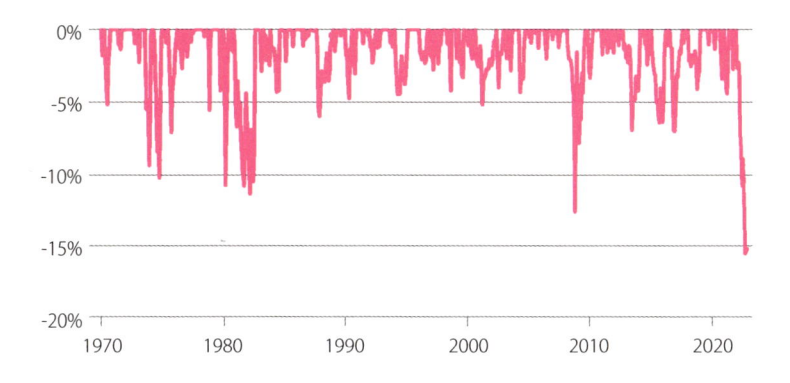

60/40 投資組合在近 50 年來出現過 4 次跌幅高達 20%以上的時期，但是永久投資組合卻一次都沒有，甚至連跌幅超過 10%以上的情況，也只發生過 4 次。可惜之處在於，因為 2022 年股債雙跌，導致 MDD 創了新高。

④ 1970～2022 年之間，虧損幅度較大的時期，股價下跌了多少？

承先前所見，永久投資組合長時間以來的報酬率都很優秀。但我們還是要分析短期內這個策略會帶給我們多少壓力，可能會發生多大額的虧損。

永久投資組合收益（1980.1～1982.8）

永久投資組合的月收益（1980.2～1981.8）

期間	報酬率	期間	報酬率
1980年2月	-2.30%	1980年12月	-1.10%
1980年3月	-8.70%	1981年1月	-4.60%
1980年4月	5.70%	1981年2月	-1.10%
1980年5月	3.70%	1981年3月	3.30%
1980年6月	7.50%	1981年4月	-3.10%
1980年7月	-1.40%	1981年5月	1.60%
1980年8月	0.50%	1981年6月	-2.30%
1980年9月	2.00%	1981年7月	-1.40%
1980年10月	-1.50%	1981年8月	-1.40%
1980年11月	2.80%	-	-

上頁圖表是 1980～1982 年永久投資組合的績效。1980 年 3 月曾經突然下跌至 -8.7%，雖然只花了 3 個月就回本了，不過到 1981 年 8 月為止，股價跟最高點相比，又再度下跌了 -10% 以上。

永久投資組合收益（2008.2～2009.9）

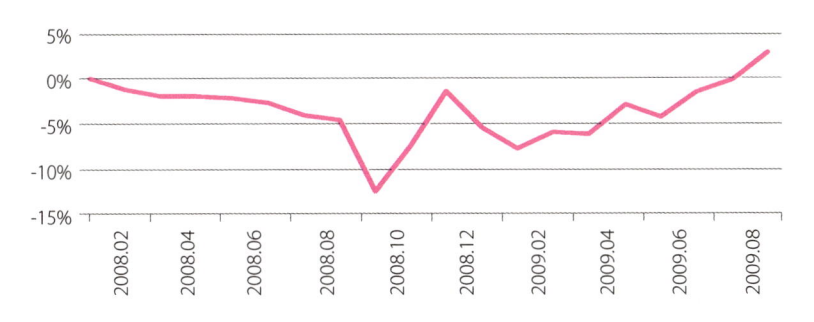

永久投資組合的月收益（2008.3～2008.10）

期間	報酬率	期間	報酬率
2008年3月	-1.3%	2008年7月	-0.60%
2008年4月	-0.70%	2008年8月	-1.40%
2008年5月	0.00%	2008年9月	-0.50%
2008年6月	-0.20%	2008年10月	-8.40%

永久投資組合也沒能躲過金融危機。直到 2008 年 9 月為止，永久投資組合都堅持苦撐，虧損幅度一直被壓在 -4.6% 左右，但是 2008 年 10 月，還是寫下了 8.4% 的虧

損,相較最高點下跌了 -12.6%。但這個程度的虧損,在金融危機下表現是相當不錯了。

永久投資組合收益(2021.12～2022.10)

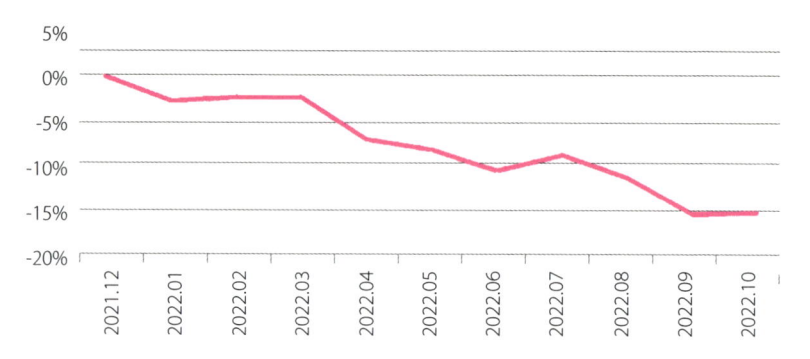

永久投資組合的月收益(2022.1～2022.10)

期間	報酬率	期間	報酬率
2022年1月	-2.7%	2022年6月	-2.60%
2022年2月	0.40%	2022年7月	1.90%
2022年3月	-0.10%	2022年8月	-2.70%
2022年4月	-4.80%	2022年9月	-4.60%
2022年5月	-1.30%	2022年10月	0.20%

最後,我們來看一下股債雙跌的 2022 年。52 年來永久投資組合的 MDD 一直維持在 -12.7% 左右,但股債雙跌卻對永久投資組合帶來了強烈的衝擊。2022 年的累計虧損高達 -15.5%。

但整體來說，永久投資組合的抗風險能力大幅優於 60/40 投資組合。虧損發生的時候 60/40 投資組合會跌破 -20％以上，但是永久投資組合的虧損則是停在 -10 〜 -15％左右。

永久投資組合的各方面

在講解永久投資組合的時候，媽媽向我提問了。

「我們是一開始拿一大筆錢進去投資，每年再做再平衡，對吧？但是如果這段期間內，突然有閒錢的話，那要怎麼投資？舉例來說，如果我本來投資了 1 億韓元，但我下個月手邊又多了 500 萬韓元，那這筆錢要怎麼投資？要一直持有到 1 年後再平衡的時候嗎？還是要馬上投進去？」

意外的是，我經常被問到這個問題。YouTube 的訂閱者、線上課程的學生好像都問過幾十次這個問題了。答案非常簡單，把多出來的資金，投入比重變低的資產類別上就好了。讓我們一起來看下面的例子吧。

永久投資組合的再平衡示例

資產類別	初始資金	1個月過後的資金		加碼投資的結果
股票	2,500	2,900	→	2,900
債券	2,500	2,400	取得500萬韓元追加資金！	2,700
黃金	2,500	2,500		2,600
現金	2,500	2,500		2,600
合計	10,000	10,300		10,800

單位：萬韓元

上述是用1億韓元開始執行永久投資組合的例子。起初在股票、債券、黃金、現金的部分分別投資了2,500萬韓元，1個月後股票上漲到2,900萬韓元，債券些微下跌，變成了2,400萬韓元，總資產來到了1億300萬韓元。倘若此時加碼投資500萬的資金，總資產則會變成1億800萬韓元，所以只要分別投資2,700萬韓元到每個資產類別就行了。

但我們沒有必要死守如此確切的金額。如果是我，在這種情況下，我不會硬把股票賣出，而是會從500萬中拿出300萬，投資比重下滑最多的債券，把債券加碼到2,700萬韓元，剩下的200萬韓元則會分配到現金和黃金上面，大略調整成相近的比重。

永久投資組合真的
出自於哈利・布朗之手嗎？

據悉，永久投資組合是哈利・布朗（Harry Browne，編按：知名財務顧問與投資作家）於1981年提出的策略。即便這個策略已經被提出了40幾年，投資績效依然非常穩定，表現令人印象深刻。

但是也有一說指出，這個策略其實出自於他人。先前我和媽媽一起去德國旅行的時候，曾經造訪16世紀由雅各布・富格爾（Jakob Fugger，編按：歐洲煤炭開採企業家和銀行家，是一位巨富商人，影響當時政經局勢甚大）所建造，一個名為福格社區（Fuggerei）的地方。

有歷史學家主張，當時富格爾的資產占全球GDP的2%（相當於現在的4,000億美元左右），他無疑是全球最有錢的富豪。做為慈善事業的一環，富格爾在1516年建造了100多棟出租宅，並將其命名為福格社區，目的是讓當時家境困難的人們，可以住在環境極優的房子裡。福格社區建立至今已經超過500年，目

前它還是租賃住宅，而且每個月的租金依然只要 0.88 歐元（1,200 元韓幣，編按：約 30 元新台幣）。

富格爾建造福格社區並不單純只是想幫助有經濟困難的人，他需要一個不是金錢的東西──「為我禱告」。他向租客收取非常低廉的租金，但條件是租客必須每天為他禱告一次。富格爾數百年來每天都會收到數百次的禱告，他可能是繼基督教史上的耶穌與聖母瑪利亞之後，收到最多禱告的人吧。

他雖然不確定有沒有死後的世界，但他的想法似乎是：「不知道死後的世界存不存在，但就買個保險吧，總不會把收到這麼多禱告的人送進地獄吧？」風險管理要做到這個程度，才能成為全球最有錢的富豪啊！

有傳聞說，永久投資組合的觀念其實出自於富格爾。據說，他曾說過：「把資產分成四等分，放在股票、債券、房地產與黃金上。投資的過程中，這四種資產裡，至少會有其中一種收益不佳。

物價上漲的話，債券價格會下跌，但是房地產價格就會上漲；物價下跌的話，房地產價格雖然會下跌，

但債券價格卻會上漲。股票不管是在通貨膨脹或通貨緊縮的狀態下都可以獲利，但是股票的波動非常大。」據說，富格爾利用這種資產配置，在 33 年的時間裡，創下了年均複合成長率 12％ 左右的績效。他的資產配置策略與永久投資組合非常相似，永久投資組合不也是投資股票、債券和黃金嗎？唯一的差異在於，富格爾用投資房地產取代了持有現金。

然而，富格爾於 1525 年離世，但阿姆斯特丹最早的股票市場始於 1611 年。那麼這是說，早在這之前，他就已經交易過非上市公司的股票（沒有在證券交易所上市的股票）了嗎？還是說，永久投資組合的觀點出自於他，其實是一個荒謬的傳聞呢？

資產配置的終結者，韓國型全天候投資組合

全天候投資組合是資產配置裡的最後一個策略。我問媽媽：「這個策略跟永久投資組合有什麼不一樣？」預習

過課程的媽媽回答我：「資產類別的比重不一樣吧？比重被劃分得更細了，而且還會側重在某一類型上。為什麼啊？」哎呀，竟然反問我問題。

全天候投資組合有很多種版本，這個投資組合之所以著名，是因為提出這個策略的瑞‧達利歐（Ray Dalio），在東尼‧羅賓斯（Tony Robbins）的著作《錢》一書中，公開了這個投資策略。書裡提出的策略比重如下：

《錢》一書中所提出的全天候投資組合比重

資產類別	比重（％）	ETF代號
美股	30	SPY
美國長期公債	40	TLT
美國中期公債	15	IEF
黃金	7.5	GLD
原物料	7.5	PDBC

媽媽的問題是，為什麼這個投資組合裡債券的比例偏高，黃金和原物料的比例相對較低？這個投資組合的投資方式是──大量投資波動性較低的資產，少量投資波動性較高的資產。為了幫助媽媽更易於理解這段話，我向她提問：

「假如你有 10 億元的資金，投資的方式只有房地產和比特幣，那麼你會用什麼方式進行資產配置？」

媽媽說：「房地產 70％、比特幣 30％。」老實說，我本來預期媽媽的答案是「房地產 90％、比特幣 10％」。過去我問過許多人相同的問題，雖然每個人的配比都不太一樣，但我從來沒有遇過房地產和比特幣比重各半，或是比特幣投資比重大於房地產的人。

潛意識中，人們都知道要提高波動性較低的房地產比例，降低波動性高的比特幣占比。10 億元的資金，如果各投資一半，投資在比特幣裡的 5 億元，很有可能在一年之內變成 1 億元，可以承受此等風險的投資人少之又少，所以波動性高的資產比重最好要少一些。

波動性如果是越低越好的話，投資的時候，毫無波動性的現金應該佔最大宗的比例。不過現金的比重太高，不但賺不到錢，而且也難以對抗通膨，所以我們必須合理投資股票、債券、黃金等風險資產。但是波動性高的資產比重不能多，應該把大部分比重設定在波動性較低的資產上。

媽媽問我，近年來全天候投資組合與永久投資組合中，哪一個比較受歡迎？為了分析這兩個策略的投資績

效,我們先看下表:

投資策略	年均複合成長率(%)	MDD(%)	最長下跌期(月)	月勝率(%)	週轉率(%)
永久投資組合	8.3	-15.6	20	64.5	6.4
全天候投資組合	9.0	-21.1	20	66.1	6.3

從績效分析上看來,兩者不分軒輊。這兩個投資策略的**相關性*** 是 0.85,因為投資組合相似,所以相關性也非常高。

> **相關性***
> 兩個概念之間,彼此相關的性質或特性。

不過我們剛剛介紹給各位認識的比重,是達利歐接受羅賓斯的訪問,向大眾分享資產配置理論時,因應羅賓斯的再三要求,他最後才不得不公開分享這個版本的資產配置方式。所以我們不能說,前述那種全天候投資組合的比重,是最優秀的版本。

由於我們無法得知最正確的版本,所以有許多人相繼投入研究並改進達利歐公開的全天候投資組合,製作出了許多個改良後的全天候投資組合。我認為其中最優秀的版本是作家金聖日(音譯,編按:被譽為韓國的資產配置大師)所提出的「韓國型全天候投資組合」,其策略如下:

> **投資策略**

韓國型全天候投資組合

▶ 買進策略：投資比重如下表
▶ 賣出策略：每年一次再平衡

韓國型全天候投資組合比重

類別		ETF商品（代碼）	比重（%）
風險資產	美股	TIGER美國S&P500（360750）	17.5
	韓股	TIGER 200（102110）	17.5
	黃金	ACE KRX黃金現貨（411060）	15
安全資產	韓國中期公債	KOSEF國庫券10年（148070）	25
	美國中期公債	TIGER美債10年期貨（305080）	25

我們只要按照上述表格的比重，投資各檔 ETF 商品就可以了（編按：此投資組合的商品均由韓國證券公司推出，台灣讀者如欲效仿，可自行選取台灣市場中對應的商品，再測試成效）。韓國型全天候投資組合名副其實，是由韓國 ETF 商品組合而成。

讓我們再度透過回測，來仔細驗證這個投資策略吧。

1 收益是否有長期成長？

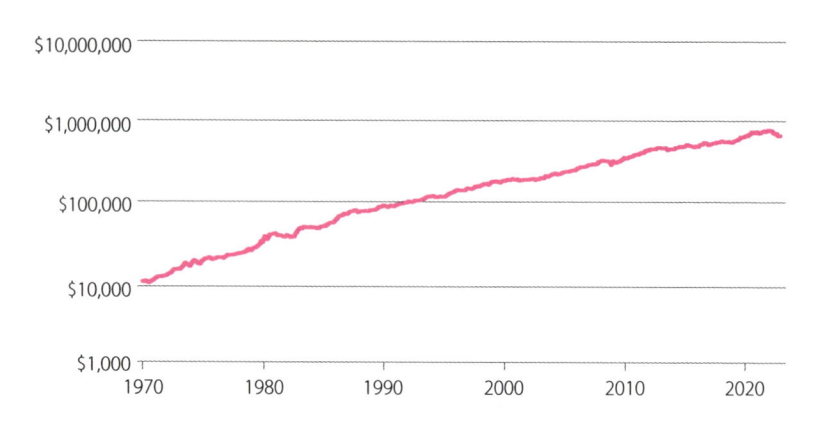

2022 年雖然收益疲弱，但確實有持續成長。

2 基本統計數據表現如何？

年均複合成長率（％）	MDD（％）	最長下跌期（月）	月勝率（％）	週轉率（％）
7.8	-9.9	16	66.3	6.4

❶ **年均複合成長率**：靜態資產配置通常伴隨著較高的個位數年均複合成長率，這個策略的報酬率也有達到水準，算是令人心滿意足。

❷ **MDD**：大幅低於我們的目標值 30％，甚至僅有個位數，超級滿意！

❸ **最長下跌期**：投資組合從走跌到漲回原先高點，最長花了 16 個月（1 年 4 個月）。雖然 16 個月也是很長的一段時間，但還是短於 60/40 投資組合與永久投資組合，還算滿意。

❹ **月勝率**：66.3％，大部分的策略勝率都落在 60～70％，所以也算滿意。

❺ **週轉率**：非常低，只有 6.4％，滿意。

結論是，這個投資組合看起來比永久投資組合和 60/40 投資組合更優異。

3 虧損的時期與幅度有多大？

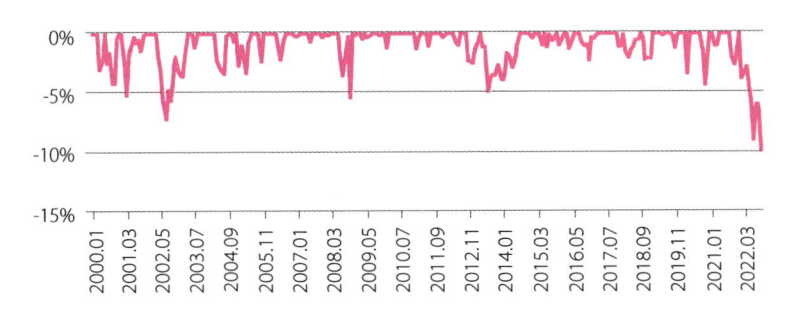

2022 年股債雙跌，導致 MDD 創下新高，有些可惜。但是 MDD 依然低於 10％，這代表最近 20 年來，這個投資組合都不曾出現超過二位數的虧損。

4 2000～2022 年之間，虧損幅度較大的時期，股價下跌了多少？

韓國型全天候策略雖然也有過收益欠佳的時期，但虧損幅度算是非常小。特別是 2008 年金融危機的時候，虧損竟然能壓在 5％邊緣，非常驚人。相形之下，2002 年的虧損額反而稍高了些，讓我們一起來看一下吧。

韓國型全天候的收益（2002.3～2003.4）

韓國型全天候的月收益（2002.4～7）

期間	報酬率
2002年4月	-1.98%
2002年5月	-1.21%
2002年6月	-2.57%
2002年7月	-1.66%

2002 年曾經連跌 4 個月，總共寫下 -7.2％的虧損，大約費時 9 個月，成功攀回最高點。

韓國型全天候的收益（2021.12～2022.10）

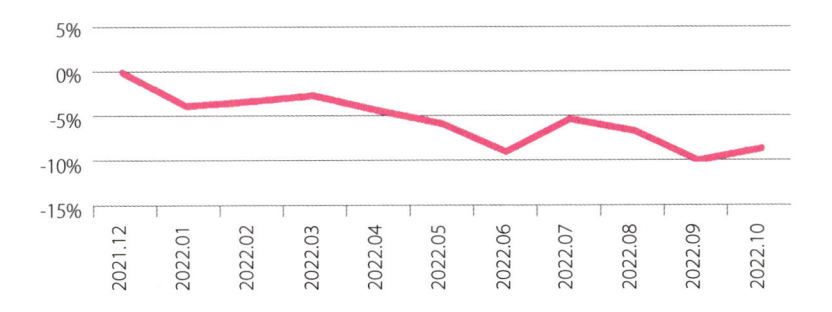

韓國型全天候的月收益（2022.1～10）

期間	報酬率	期間	報酬率
2022年1月	-3.82%	2022年6月	-3.42%
2022年2月	0.42%	2022年7月	3.93%
2022年3月	0.65%	2022年8月	-1.24%
2022年4月	-1.66%	2022年9月	-3.57%
2022年5月	-1.44%	2022年10月	1.34%

　　果不其然，2022年股債雙跌的情況下，韓國型全天候也飽受風霜。2022年MDD寫下-9.9%的新紀錄。但是從整體上可以看到，韓國型全天候的抗風險能力非常強。近20年來，我們經歷過網際網路泡沫化、金融危機、歐債危機、新冠肺炎、俄烏戰爭、通貨膨脹，但是韓國型全天候在最糟的情況下，虧損也沒有超過10%，這難道還不夠厲害嗎？

韓國型全天候投資組合的特殊優點

　　媽媽問說，為什麼要在前面加上「韓國型」這三個字。「裡面包含了韓國投資人的特殊性嗎？」沒錯。過去的全天候投資組合都只投資美國資產，但是在韓國境內投資的

我們，完全沒有必要只專注在美國資產上，我們可以針對韓國和美國進行分散投資。而且利用這種方式投資，績效還更勝過於達利歐的全天候投資組合。

偶爾金融危機來臨之際，股票、債券、實質資產可能會出現同步走跌的情況，雖然這種事不常發生，而且很快就會恢復，但這種情況是確實存在的，這種時候唯一會上漲的資產就是美元。原因在於，當全球狀況極度不穩定的時候，投資人就會逃往最安全的美元避險。所以當大型危機來臨之際，美元匯率總會上漲，美元會變得昂貴，韓元則會變得便宜。

韓國IMF事件：韓元兌美元匯率走勢（1997.10～12）

金融危機：韓元兌美元匯率走勢（2008.9～11）

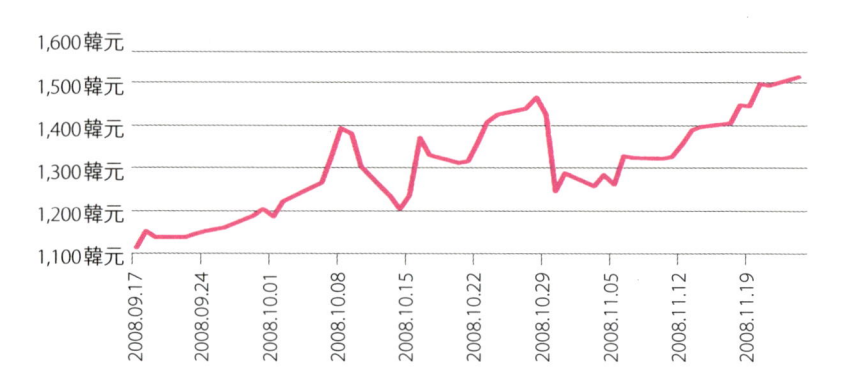

俄烏戰爭＋通貨膨脹：韓元兌美元匯率走勢（2021.1～2022.10）

　　以上這些圖表所呈現的是經濟衝擊發生時，美元價值上漲的狀況。

　　不過我們不需要刻意額外買進並持有美元，只要投資美股或債券，就能達到投資美元的效果。所以當金融危機

發生，股價、債券、實質資產同步走跌的時候，我們就能藉由美元的獲利，在一定程度上挽救虧損。

同時投資韓國與美國的第二個優點是，金融市場上，美國屬於已開發國家，韓國屬於開發中國家，兩者有所區分。已開發國家跟開發中國家的股票，短期內看起來雖然是同步波動，但長期來看，卻大有各自朝不同方向波動的傾向。所以說，個別投資已開發國家和開發中國家，投資效果會更好，因此最好方式是平均投資韓國與美國。

下頁的圖表示已開發國家的股票收益與開發中國家股票收益的比較。從中我們可以看到，1989～1994年，開發中國家的股票上漲幅度相對較高，但1994～2001年則是已開發國家的股票表現較好；2001～2011年的時候，開發中國家的股票再度走強，但2011～2022年優勢又回到已開發國家的股票，沒有哪一方可以永遠強勢。由此可知，當已開發國家強勢一段時間後，總有一天開發中國家又會回歸；開發中國家表現優異一段時日後，已開發國家又會再度開始上漲（編按：此圖表倍數是以開發中國家／已開發國家來計算，當走勢向上時，代表開發中國家與已開發國家的差距縮小，而走勢向下時則代表兩者之間差距放大，顯示出兩者之間的走勢並非完全同調，分散投資便能享有較好的收益）。

開發中國家 vs. 已開發國家股票報酬率比較
（1898～2022）

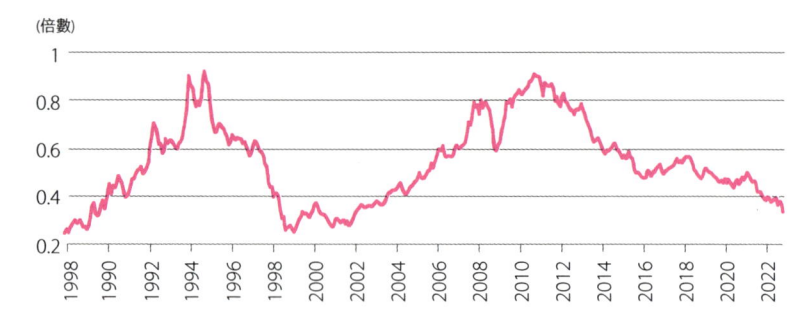

有很多人誤以為美股的收益比其他國家的股票高上許多，這並非事實。下圖是全球股票收益與美股收益的對照圖。美股確實從 2008 年至今，收益比其他國家高上許多，但是從圖上我們也可以看到，1971～1988 年和 2000～2008 年是其他國家的股票收益更高。只看近 5～10 年的結果，就誤以為趨勢會永遠不變，是非常危險的行為。

美國 vs. 全球股票的報酬率比較（1970～2022）

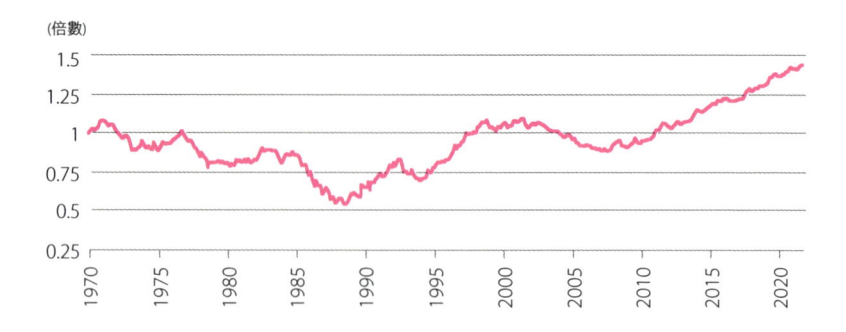

股市裡有著週期循環,會從能源、原物料轉移到技術、再從技術轉移到能源和原物料上。能源表現好的時候,開發中國家的報酬率表現會較好;重視技術的時候,已開發國家的報酬率表現會更好。1970 年代時,是由能源與原物料帶動世界運轉,1990 年代則是網路相關的技術股表現最好。2000 年代,隨著能源價格上漲,相關的國家與股票越來越受到關注,甚至流行起 BRICS(巴西、俄羅斯、印度、中國、南非共和國的縮寫)一詞。此後,2010 年代開始,Google、亞馬遜、微軟、Meta 等大數據企業再次掀起流行,然而近期又因為俄烏戰爭等因素,再次突顯出能源、食糧的重要性。

已開發國家的企業獲利能力更優,對股東更友好,但是股價高於開發中國家的股票。這裡所謂的「便宜」和「昂貴」指的是什麼意思呢?意思是,同樣能賺 1 億元的企業,開發中國家企業的總市值為 10 億,但是已開發國家企業的總市值卻是 20 億,價差高達 2 倍左右。這點程度的差距雖然看起來還行,但倘若已開發國家的股票又進一步上漲,開發中國家的股票持續盤整的話,價差可能就會放大到 5 倍、10 倍。

同樣獲利 1 億元的公司,企業總市值竟然相差 5 ～ 10

倍,真是令人費解。假如已開發國家企業的利潤成長速度特別快,那倒是還能理解,不過一般來說,兩者之間成長速度的差距並不大。所以說,相較於獲利,總市值的差距總有一天必定會再度縮小,屆時開發中國家的股票收益就會超越已開發國家。

「這種循環是自然發生的嗎?」媽媽問道。我也希望自己能夠知道週期會因為什麼原因、在什麼時間點左右發生,那我就只要依照循環的狀態,選擇要投資已開發國家或開發中國家的股票就行了。不過很可惜,我沒有這種本事。當然,有很多人針對這個問題,提出了各式各樣的理論,但是我還沒有從中看到,有誰能夠準確預測到轉捩點。

不過可以確定的是,從前文圖表看來,開發中國家的股票收益總有一天會再度超越已開發國家。全球股票贏過美股的那一天總會到來。但是我們無從得知這一天會發生在 2023 年、2025 年,還是 2030 年。總結來說,最好的方式就是切分為半,分散投資已開發國家和開發中國家。

聽完我的言論,媽媽沉思了一會,她提出了下述意見。「從結論看來,平均分散投資是最好的方法。如果選邊站的話,就很可能會變成『All or Nothing(不成功,便成仁)』。這麼說來,已開發國家的代表是美國,開發中國

家的代表是中國，平均分散投資這兩個國家可以嗎？」

媽媽的學習能力與應用能力非常卓越。倘若不分散投資，單壓某一方的話，若結果出現「All」當然是最好，不過若結果是「Nothing」，那就得喝西北風了。這種時候，大部分的投資人都會誤以為自己知道「All」會出現在哪裡。然而實質上，大部分的投資人都不具備這項能力（包括我在內，我也沒有預測的能力）。事實上，幾乎沒有人可以猜對「All」在哪，所以兩邊各投資一半是最好的。

除此之外，隨著韓國產業越來越先進，與美國的相關性越來越高，加上中國與美國股票的相關性也逐漸在降低。資產配置最重要的核心就是「投資相關性較低的資產」，因為唯有這麼做，當某種資產或策略發生虧損時，才能從另一處獲利。相關性高的話，不是齊漲就是齊跌，會降低分散投資的效果。低相關性有助於降低投資組合的波動性與 MDD。

這麼說來，大家可能會有些疑惑，那按照媽媽的意思：「與其投資韓美投資組合，不如投資韓中或美中投資組合不是更合理嗎？」我按照這個問題回測過後的結果指出，近 20 年來韓美、韓中、美中投資組合的績效（年均複合成長率、MDD）相差無幾。

但是出於其他因素，美中投資組合對我們來說並不是太好的選擇。因為我們是韓國投資人，在韓國交易股票的獲利（利差）不需要支付資本利得稅，但倘若是交易海外股票，就必須要支付資本利得稅。韓國針對海外股票的資本利得稅，是獲利的22％，基本免稅額為250萬韓元（譯註：韓國與台灣對於海外股票交易的稅制不同，台灣海外收入超過100萬，同時綜合所得逾670萬時才需繳納海外所得稅）。

不過以韓中投資組合代替韓美投資組合，是值得考慮的方案。首先，韓中投資組合最大的優點是相關性低。不過還有兩個缺點，第一是具有政治風險。由於中國是共產主義國家，扣押或控制海外資產的可能性比美國高出不少。

第二點，無法享有投資美元的優勢。倘若股票、債券、實質資產同時走跌，資金最終會湧向做為安全資產的美元。即便發生金融危機，投資美元的人虧損的幅度也比較小。但中國的人民幣尚未成為儲備貨幣，所以無法成為全球大型危機的防護牆。

所以說，如果要在韓美與韓中投資組合中選一個，我個人偏好韓美投資組合。

股票市場究竟公不公平?

股票市場很多方面都與賭博很相似。但是市場裡,肯定存在著在機率上對自己更有利的系統,只要能找到這套系統,並落實執行的人,就能從中獲利。

關於這一點,KBS 電視台曾經在採訪中詢問我:「股票究竟公不公平?」於是我反過來問對方:「圍棋公平嗎?」

單看過程,圍棋非常公平。兩名選手適用相同的規則,兩人分別輪流下棋即可。但圍棋的結果卻完全不公平,因為倘若兩者實力差距甚大,高手的勝率幾乎是 100%,比賽的獎金通常都由幾位高手獨吞。也就是說,圍棋的過程雖然公平,但結果卻不公平,而我認為股市也是同理。

但是股票危險的原因另有他處。圍棋程度只有五段的我,遇到像申真諝(編按:韓國棋士、韓國圍棋第五代掌門人)這種圍棋九段的超級高手,就算下一百次棋,我也會覺得自己一百次都會輸,根本不會覺得「搞不好」我可以贏一次。股票市場裡,高手同樣會贏走

菜鳥的錢，但是要花的時間更長，而這當中，菜鳥也的確會遇到可以賺錢的時期。特別是在牛市的時候，大部分的菜鳥也都能從中獲利。因此，菜鳥很可能會過度認可自己的實力，所以對菜鳥來說，股票市場比圍棋更加危險。

只要我沒瘋，跟申真諝這種九段高手下棋的時候，應該不可能會拿出1億元下賭注吧？我擺明沒有勝算。但是在股票市場上，當我買進1億元的股票，也就意味著我正在和某個人對賭。在股市裡，雖然我們看不見對方是誰，但對方也許就是巴菲特。我可能站在巴菲特的對立面，買進了他賣出的股票。我們不曉得對手是誰，而且憑感覺投資確實也可能在短期內嘗到獲利的滋味，所以說，股票市場比圍棋比賽更危險。

總而言之，我們應該要盡快找出一套系統，可以把虧損降到最低，穩定累積資產。不要怪罪於機構投資人、外資、主力、聯準會、政府，我們必須要自行學習，把自我提升到至少能夠在股市中求生的等級。

其實機構投資人和外資並不是存心要「掏空」散戶。機構投資人與外資一定程度上，遵循著一套驗證

過的規則和系統，讓他們可以在股票市場上獲利，並且把虧損降到最低，所以他們才能從中獲利。但是散戶並不知道有這麼一套的規則和系統的存在，就算知道也不去遵守，更不認為這有多重要。一般來說，散戶們都只是信任著自己的直覺和判斷，然後失敗後，再去怪罪別人。人類與生俱來就是這樣，這被稱為「自利偏誤」（self-serving bias），事情進展順利是因為自己優秀，但不順利就會出現責怪他人的傾向。

　　媽媽說：「投資股票，要先學會研究人類。李御寧教授（編按：韓國首任文化部長）說過，注意網路上的發言，就會看見前方的道路。人們的言語看似無稽之談，但在網路上，他們發表言論時，不需要看其他人的臉色，由衷展現了自己的情緒，所以我們可以從中看見這世界的趨勢。我偶爾也得來看看那些留言板了。」

重新再複習資產配置

　　到目前為止，我們已經了解過 60/40 投資組合、永久投資組合、全天候投資組合。這堂課結束之前，我們最後

再來複習一次資產配置的重點吧。

1 虧損的時期與幅度有多大？

會增值的資產大致上有股票、債券、實質資產（黃金、原物料、房地產）等。但是這些資產類型為什麼會增值？我們需要針對這方面再加以思考。

媽媽針對股票提出了意見，她說：「全球的生產系統，日以繼夜地在運轉。公司把從中得到的獲利分給股東，但生產活動有可能會停下來嗎？」我認為，地球 80 億人口中，有一半以上的人應該都在為企業工作。這些人每天至少要花 8 小時苦惱如何賺錢，又或是實際為此付出勞動，所以我相信，他們會讓企業提高產能，企業的獲利也會越來越多，資本也會持續增加。

聽完我的想法後，媽媽提出了反駁。她說：「就算 AI 持續發展，你也認為生產跟消費會不斷無限制的成長嗎？雖然這是一個未知的世界，但是 AI 如果真的改變世界，到時候會變成這麼樣呢？」這個議題我還沒深入思考過。

但是如果媽媽的假設真的實現，我們還是有辦法能夠避免發生大額的虧損。這個方法就是「趨勢追蹤」（動態資產配置），我們在第三堂課會談論。

接下來，債券為什麼會增值呢？當我們借別人100元，拿回來的時候，它的購買力應該要大於100元。舉例來說，在通貨膨脹是3％的情況下，倘若這一年內我借出了100元，那麼一年後我就應該至少要拿回103元。假如是這樣的話，比起通貨膨脹所導致的購買力喪失，通常債券投資人都可以取回高於這個金額的資金。反覆進行這種操作的話，資產就會增值，這也就是債券之所以會增值的原因。

媽媽擔心的是，把錢借出去但債務人無法償還的狀況。當然，這種情況有可能發生，所以才會有信用評等的存在。我們透過信用評等，去反應出「無法償還之機率」的風險。信用評等高的債務人可以支付較少的利息，信用評等低的債務人，必須支付更多利息，以此補償債權人的風險。

至於黃金和實質資產，原本就會維持實質資產本身的價值，貨幣量則會逐漸增加。所以說，黃金和實質資產的價格長期下來，會與貨幣量成等比例成長。舉例來說，1970年代美國貨幣量的成長落在年均複合成長率7％左右，黃金的長期報酬率也大概落在這個範圍裡。但是過去的物價，並沒有像貨幣成長量一樣，發生如此罕見的上漲。這也是一個值得研究的議題，這本書裡我不會多做著墨。

媽媽補充說道：「人們似乎對於黃金有深刻的需求。」甚至有一些人認為，人類對於黃金的執著是一種迷信。像華倫・巴菲特（Warren Buffett）這類的投資人，他們認為黃金並沒有太大的價值。但是人類幾千年以來，都把黃金尊奉為「真正的錢」，所以「黃金＝錢」的公式，並不會輕易消失在人類集體的無意識思維之中。媽媽還舉例說，鑽石也只不過是一顆石頭，但是人類卻對此非常執著，這點正如我所想。

　　那房地產呢？房地產當然是會增值的資產。「房地產是非常特殊的資產，是不是應該要從資產配置裡面剔除呢？房地產的資金占比太大，很難做到分散投資。」媽媽提出了這項意見，對此我也很同意。房地產是特殊的資產，因為我們買房地產的原因，可能不是 100％ 為了投資而已。房地產包含了居住環境、學區、職場地理位置等與投資無關的要素，定位介於生活必需品與投資標的之間，一般來說我都會把房地產排除在資產配置之外。

　　媽媽又提問了：「房地產好像還可以投資不動產投資信託（REITs），但是書上說，REITs 的投資報酬率比想像中更低的樣子？」事實並非如此。REITs 是經由投資房地產，再把房地產所帶來的租金和行情價差回饋給股東。全

世界房地產的報酬率都和股票很相近,所以 REITs 的獲利也和股票相差無幾,由於 REITs 跟股票的相關性很高,所以幾乎沒什麼分散投資的效果。

那加密貨幣呢?媽媽說:「我雖然不太懂這塊,但加密貨幣給我一種波動性極高的印象,我並不太想投資加密貨幣。」我個人也沒有找到任何根據,可以證實加密貨幣為什麼能長期增值。我問過自己:「假如明天這世界上所有的加密貨幣都會消失,世界會發生什麼事情?」但我找不到答案。反之,如果股票、債券、房地產、黃金、原物料等資產消失不見,將會天下大亂。這是我之所以不把加密貨幣列在資產配置裡的原因。不過,如果是做為短期交易的手段,我認為加密貨幣是非常值得運用的方式。

2 資產配置的核心要點:投資相關性低的資產

其實這才是資產配置的重點。資產配置在各種相關性低的資產類別上,結果肯定會不錯。這表示 MDD 將會下降到 20% 以下。

一般來說,股票、債券、實質資產彼此的相關性較低,這一點與我們學過的景氣四季理論相吻合。

3 投資更多資金在低波動性的標的上吧

為防止高波動性資產對投資組合造成過多的影響,我們應該降低高波動性資產的比重,並稍微拉高低波動性資產的比重。

4 定期再平衡

一段時間過去之後,各資產類別的比重會產生變化,所以需要定期再平衡。合理的資產配置,再平衡只要一年一次就夠了。

5 到目前為止,韓國型全天候是最佳的資產配置策略

若要分散投資股票、債券、實質資產、韓元與美元,韓國型全天候投資組合是目前為止的最佳資產配置策略。韓國型全天候投資組合,不僅有較高的個位數年均複合成長率,MDD 也只有 10％左右。但是隨著韓國與中國市場相關性越變越低,日後還是會需要再檢討一下韓中投資組合是否更有利。

預習・複習

第二堂課的作業

▶ 複習第二堂課的內容
　—了解各種資產配置策略的特徵

第三堂課

「股票原來也是強者恆強？」

把握動向的趨勢追蹤

QUANT

你不得不了解趨勢追蹤的理由

我們花了許多時間在探討靜態資產配置，第三堂課讓我們來討論另一個可以降低 MDD 的超強方法「動態資產配置」，也就是所謂的**「趨勢追蹤」***。趨勢追蹤的概念很簡單，核心就是：

> **趨勢追蹤***
> 相對於企業價值，更重視企業股價技術分析的策略，意思等同於動態的資產配置。

「強者恆強，弱者恆弱。」

此處的關鍵在於「不預測趨勢，追隨已經發生的趨勢」。所以說，我們做的不是「趨勢預測」而是「趨勢追蹤」。

讓我們延續第二堂課的最後，媽媽所提到的話題吧。我雖然認為股市永遠都會長期增值，但是誠如媽媽所言，AI 進化與氣候變遷可能會破壞這項長期趨勢，而且這件事發生的機率肯定大於零。回顧人類的歷史，我們也曾經因為戰爭、革命、疾病、天然災害等因素，導致人類數十年來毫無發展。中世紀的文明相較於古羅馬時期，不也退步了許多嗎？坦白說，我也無法百分百保證股市會永遠增值。我雖然不願接受媽媽口中那個黑暗的世界，但即便如此，我也不能假設這個世界永遠不會到來。

不過如果以趨勢追蹤來操作，那麼等股價趨勢衰弱的時候，我們只要賣出股票就行了！所謂趨勢追蹤，是買進正在上漲的資產，賣出正在走跌的資產。所以說，趨勢衰弱的時候我們只要賣掉資產就可以了。即使媽媽的 AI 論真的變成現實，但只要透過趨勢追蹤，我們就能避免大額虧損。所以我們必須學習如何操作趨勢追蹤。

資產配置是決定好各資產類別的比重，並按照決定好的比重，長期堅持的策略。資產配置是基於「相信長期增值」而進行的資產投資法，如果長期增值的假設被打破了，那這方法就無法獲利。然而對趨勢追蹤而言，即便長期增值的假說破滅，我們至少也能避免大幅度的虧損，甚至還能利用賣空，從貶值的資產上獲利。

賣空為什麼會被指責？

聽到新單字的媽媽，絲毫不容錯過地問了我什麼是「賣空」。所謂的賣空，就是當我賣空的資產價格走跌時，我就能從中獲利的一種交易。賣空的過程如下：

1. 向擁有該股票的投資人借券。

2. 把這張股票賣給交易所。

3. 日後再從交易所買回這張股票,把股票還給原先的所有者。

重點在於我們還給對方的不是「錢」而是「股票」。

當三星電子的股價是 6 萬韓元的時候,如果借券把股票賣掉,就能現賺 6 萬,假如日後三星電子的股價下跌至 3 萬元,屆時再重新買回三星電子的股票還給原先的所有者,就能獲利 3 萬元。反過來說,假如三星電子的股價上漲到 8 萬元,就必須要拿出 8 萬元買回股票物歸原主,因此就會產生 2 萬元的虧損。

此時,借出股票的投資人可以從中領取手續費。因此,以長期投資為目標的投資人,有時候會將股票借出,藉以賺取額外的獲利。

媽媽問我,為什麼會出現這種制度。原因非常簡單,為了讓人們不必只押注會上漲的股票,這麼做可以滿足想要押注股票下跌的需求。

但假如股票漲得太多,導致借券賣空的人無法償

還股票的話，那會發生什麼事呢？操作賣空的人必須要繳納保證金給交易所，倘若股價上漲的話，賣方就必須要再補繳因股價上漲而追加的保證金。假如投資人無法繳納出追加的保證金，賣空就會遭到強制平倉。

媽媽問道：「我之前對賣空真的是完全一無所知，但為什麼輿論常常會說賣空不好呢？」

大部分的投資人買進股票，都在等著股價上漲，但賣空的人押注的卻是相反的走勢。特別是熊市的時候，當我自己正在賠錢，而這群人卻在賺錢，那就更令人感到煩躁了。

所以投資人們便開始指責賣空的人，也經常出現要求禁止賣空的言論。

不過賣空的人一多，原本跌 20% 的股票很可能會跌到 30%，因為借出股票後，會導致價格更進一步走跌。不過即便如此，這檔股票本來就是一支會走跌的股票。我認為人們之所以批判賣空的主要原因，是因為不喜歡當自己在賠錢的時候，有人正在賺錢。

絕對動能 vs. 相對動能

想要正式學習何謂趨勢追蹤,就必須了解絕對動能與相對動能的概念。雖然把這兩個概念搞混的人非常地多,但意外的是,媽媽竟然是例外。

首先,我們操作趨勢追蹤的目的如下:

1. 提高年均複合成長率
2. 降低 MDD

相對動能對於提高年均複合成長率非常有效,而且會告訴我們「該買什麼」。這個世界上,我們能夠投資的標的非常多,我們有幾萬支股票和幾千檔 ETF 可以挑選,因此必定會苦惱該買什麼比較好。而相對動能這種投資策略,投資的是近期漲幅最高的資產。

價格大幅上漲的資產,往往會出現強勢持續上漲的趨勢。所以普遍來說,如果可以把握住近期漲幅最高的資產,它所帶來的獲利將超過只是買進並持有的靜態資產配置。

絕對動能則是降低 MDD 非常有效的方法。假如說,相對動能可以告訴我們要投資「什麼」,那麼絕對動能就會告訴我們「什麼時候該投資,什麼時候該出場」。絕對

動能會針對該投資還是不該投資,提出「絕對性」的條件。其實投資最大的祕訣如下:

牛市投資風險資產,從中獲利;
熊市賣出風險資產,轉移至安全資產避險。

為此,絕對動能扮演著區分牛市與熊市的角色。如果能夠避免熊市,就能夠避免掉大額虧損,當然也就能降低MDD。

我們可以透過相對動能,決定要投資哪一種風險資產;透過絕對動能,決定是否要投資風險資產,還是要先緩緩,繼續持有安全資產。

區分風險資產與安全資產的標準

風險資產是為了賺錢所投資的資產,這類型的資產普遍波動性較大,所以很「危險」。風險資產是承擔風險,為了獲利所投資的資產,最具代表性的案例是股票、加密貨幣、原物料。

安全資產波動性小,是虧損機率較小的「安全」

資產。現金、高信用評等債券是最具代表性的安全資產。

房地產與黃金介於風險資產與安全資產之間。房地產的波動性雖然比股票小，但其實波動的幅度比想像中更大。黃金的波動性大，雖然可以視為風險資產，不過熊市的時候又會被當作是安全資產，所以經常有投資人選擇投資黃金。

比較相對動能與絕對動能

類別	相對動能	絕對動能
目的	獲利最大化	MDD最小化
決定事項	該買什麼	什麼時候該買
功能	投資近期收益最佳的資產	區分牛市與熊市

有錢人的投資法、散戶的投資法

趨勢追蹤的重點可以被濃縮成兩個句子。

1. 牛市裡，透過投資漲幅最高的風險資產來獲利。

2. 熊市裡，迅速賣出風險資產，持有安全資產，熬過熊市。

唯有這麼做，才能夠實現「階梯式財富上升」。有錢人們堅守這個原則，在牛市裡獲利，在熊市裡就算無法使資產增值，但可以好好熬過這段時間，所以有錢人的資產會呈現階梯式的成長。但是散戶們雖然在牛市賺到錢，不過卻在熊市裡虧損，形成「鋸齒形」走勢，所以無法從中獲利。

有錢人的資產與散戶的資產

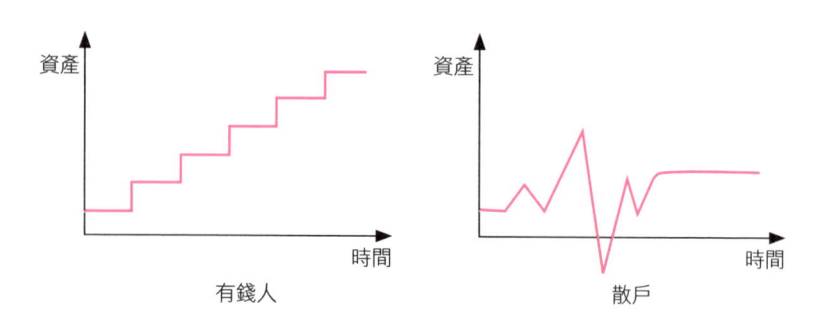

有錢人	散戶

在熊市裡不交易很重要，但是大部分的散戶在投資的時候，不會去分辨牛市與熊市，往往是買進股票之後再「長抱不賣」。

「在熊市裡死握著手上的資產不賣，這不是把一開始

決定好的停損標準都拋諸腦後了嗎！」媽媽說道。不過這點媽媽錯了，大部分的散戶根本就沒思考過這件事，他們不是事後修改停損計畫，而是根本沒有計畫。

有錢人的資產為什麼會像前面的圖表一樣，呈現階梯式成長呢？因為他們在牛市結束的時候，就會賣出資產，離開市場，熬過熊市，守下大部分的資本之後，再度從牛市出發，繼續增值。

媽媽驚訝地歪了頭：「這不是你一直在強調的事嗎？」

這一點不是只有我在強調而已。大部分的「金融專家」工作的體系，是「投資人必須交易，他們才能獲利」，因此他們無法提出「在熊市時降低股票比重，或中斷投資活動」這類的建議。所以他們主張的是，在熊市時買進一檔好的股票，熬過去之後，就可以再度獲利。可能是基於這項原因吧，大部分的投資人根本不會考慮賣出虧損的股票。

當然，肯定也有投資人能夠在熊市裡找到上漲的股票，從中獲利。但我不屬於這當中的一分子，而且 99.9％ 的投資人也都沒有能力在熊市裡獲利。

這個部分很重要，請恕我再次強調——牛市時投資風險資產，從中獲利；熊市來臨時，賣掉風險資產，逃向安全資產。然後這段時間，暫停投資活動，認真讀書，才是走向富者之途。不過大部分的人，都不是這樣投資的。

趨勢追蹤策略的種類

話題有點偏了，讓我們重新回到趨勢追蹤上吧。趨勢追蹤策略結合了相對動能與絕對動能，可以創造比全天候投資組合等資產配置策略更高額的收益，同時還能把 MDD 維持在低檔。趨勢追蹤策略的核心原則，就是相對動能與絕對動能，所以看起來非常簡單。但為什麼光是目前已知的趨勢追蹤策略，就已經超過 70 幾個？

所有趨勢追蹤策略的核心結構都是相同的。

1. 在牛市時，買進近期風險資產中漲幅最高資產（相對動能）。
2. 在熊市時，中斷風險資產的投資，持有安全資產（絕對動能）。

但是策略的基準點不同。

1. 區分牛市與熊市的基準不同
2. 「近期獲利」基準不同
3. 風險資產的定義基準不同
4. 牛市時投資的風險資產數量和比重不同
5. 安全資產的定義基準不同
6. 熊市時投資的安全資產數量與比重不同

所以說，雖然原則只有兩個，但卻衍生出了數十個、數百個策略。

「為什麼使用絕對動能可以降低 MDD？」媽媽問道。我反問她：「原因很重要嗎？從大數據的結果上看來就是如此啊？」

這點很重要。在量化投資裡，當我們假設「A 策略可行」，並透過回測觀察該策略，若是大數據的結果不錯，我們就會在實戰上使用這套策略。所以我認為，我們沒必要去深入了解哪一項策略到底為什麼行得通。

我們只需要了解到這個程度就行了。普遍來說，金融市場上不會出現大幅上漲後，立刻崩跌的倒 V 形走勢。一般來說，股價碰到高點之後，一開始會先慢慢盤整，然後再稍微走跌，接著才會出現大幅度下跌。

熊市裡那斯達克指數的走勢圖

出處：Investing.com

　　從上圖的那斯達克指數，我們可以看到 2007 年底為 2,850 點，指數達到高峰。接著股價並沒有急遽走跌，雖然指數無法再次突破高點，不過中間皆有出現反彈，2008 年 8 月還曾上漲到了 2,500 點左右，隨後，指數出現崩跌，之後才跌到了 1,200 點左右。也就是說，指數達到高點後，我們還有 10 個月左右的時間可以避免掉大額虧損，轉移

至安全資產避險。大多數的熊市都是以這種形式波動，剛開始慢慢走跌，隨著投資人的恐慌與恐懼逐漸加劇，紛紛拋售股票逃離市場，才導致股價崩跌。

但假如使用絕對動能，在股市初期開始出現下跌徵兆的時候，我們就可以賣出股市等風險資產，轉移到安全資產上，因此可以避免掉大部分的熊市。

媽媽說：「原來我在做的就是趨勢追蹤。假如我手上的股票下跌 10%，我就會全數停損。」沒錯，就是因為她懂得停損，所以我才會開始教她投資！

看完《穩穩賺 ETF，10 年投資配置布局》的媽媽，又問道：「趨勢追蹤雖然有它的歷史，不過最終可以應用在實戰的策略，不是在書的後半部嗎？」我在《穩穩賺 ETF，10 年投資配置布局》的第 45 章有寫到，我使用的實戰投資策略是雙動能策略（編按：同時運用絕對、相對動能，決定持有的資產種類）、VAA 策略與 LAA 策略。

媽媽一副醍醐灌頂的表情，說道：「結合這三種策略的話，成果會很不錯吧。第一堂課的時候，我還什麼都不懂，把 10% 年均複合成長率和 30% MDD 當作是目標值，但結合這三種策略的混合性策略，MDD 應該不會超過

10%吧？」

總而言之，媽媽的想法是，了解歷史走勢固然重要，但就像她在書中所見的一樣，她想要用結合三種不同策略的混合策略來做投資。媽媽所謂的混合策略，是把投資組合的 1/3，分別投到雙動能策略、LAA 策略與 VAA 策略之上。關於這些策略詳細的內容，希望大家能夠參考《穩穩賺 ETF，10 年投資配置布局》。因為我現在已經不使用這些策略了，至於原因，我會在第四堂課娓娓道來。

在此，我簡單分析一下，媽媽使用的舊版三項混合策略。

舊版三項混合策略的成效分析（1970～2022）

策略	年均複合成長率（%）	MDD（%）	最長下跌期（月）	月勝率（%）
舊版三項混合策略	14.1	-14.9	22	70.0
雙動能策略	14.4	-19.6	37	66.2
VAA	16.7	-16.1	34	75.9
LAA	10.4	-18.9	37	64.7

舊版三項混合策略的成效分析（1970～2022）

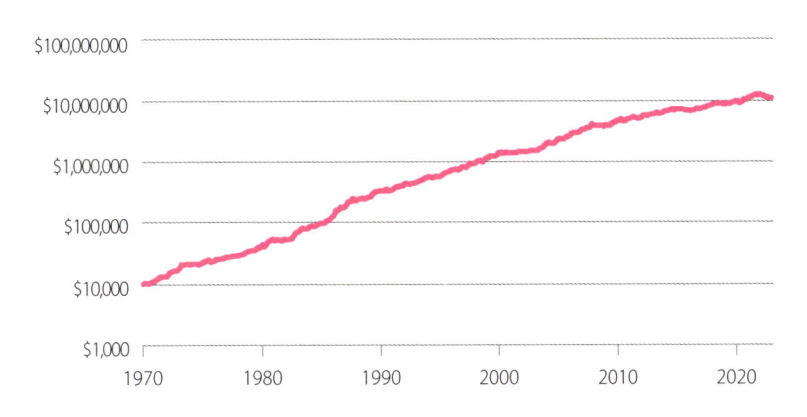

舊版三項混合策略的收益（1970～2022）

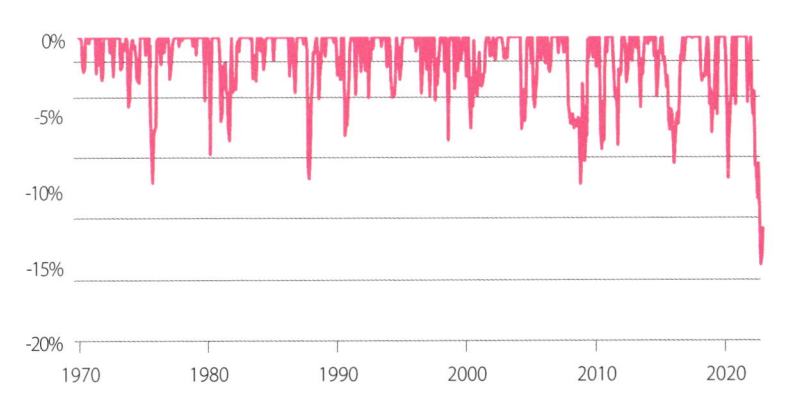

相較於這三種策略獨立的 MDD，舊版三項混合策略的 MDD 更低，回本所花的最長時間是 22 個月。各項策略個別的回本期長大約是 34～37 個月，比起它們，混合策略能夠在更短的時間內，重新回到最高點，而且 MDD 也很低，

年均複合成長率也非常高，媽媽會被吸引也是無可厚非。

不過有趣的是，這個策略是我在 2021 年 11 月所使用的策略，一年過後，自從 2022 年 11 月開始，我採用的是完全不同的策略。現在我所使用的是「新版三項混合策略」，是結合了變形雙動能、BAA 與債券的動態資產配置。我會在下一個章節詳細講解，我為什麼會改用這項策略，以及 2022 年發生了什麼變化。

順帶一提，我每個月一日都會在「YouTube 社群」上，公開我在 16 個主要動態資產配置中，投資了哪一些股票。若各位好奇我的即時投資動態，歡迎參考我的 YouTube 頻道《你做得到！先看懂再投資》（www.youtube.com/@haltoo）。

《你做得到！先看懂再投資》YouTube社群

在YouTube社群公開動態資產配置股票的案例

> **對聶** 你做得到！先看懂再投資 兩週前 (已編輯)
>
> 大家好，
>
> 我今天來分享17個動態資產配置策略的4月選股。
>
> 2023年3月，包含韓國在內，所有的股票、債券的獲利表現都不錯，大部分的策略都賺到錢了。
>
> 大多數的策略都選擇降低現金的比重，大幅拉升了股票資產的配比。不過整體來說，從去年下半季開始，市場就一直處於上漲一兩個月又再度走跌的非趨勢(盤整)狀態，並不是一個太適合進行動態資產配置的環境。我不久後會上傳相關的影片。
>
> Meta策略：EFT 42.0%、現金22.1%、SCZ 16.5%、GLD 9.8%、SPY 9.6%
>
> BAA攻擊型：EFA 100%
>
> BAA中等型：EWJ、GLD、HYG、QQQ、SPY、VGK各16.7%
>
> VAA：EFA 100%
>
> 加速雙動能型：SCZ 100%
>
> 雙動能型：AGG 100%

為什麼我們必須無條件遵循已經選擇的策略

第三堂課上，我們已經講解過趨勢追蹤裡最重要的相對動能與絕對動能，也探討過了趨勢追蹤策略的核心為何。

1. 牛市時，買進近期漲幅最高的風險資產。

2. 熊市時，賣出風險資產，轉往安全資產避險。

媽媽想要用我在 2021 年 11 月所採用的投資方式，也就是結合雙動能、LAA、VAA 的舊版三項混合策略。所以下一堂課，我將會解釋為什麼我現在已經不再使用這套策略了，以及講解我是利用什麼樣的方式，為策略做升級。但是這堂課結束之前，媽媽又開始了問題連發。

問題 1. 如果想要做趨勢追蹤，但是又不想要親自去計算該買哪些標的的投資人，只要跟著你在 YouTube 社群上傳的標的投資就行了嗎？

沒錯。如果只是想知道每個策略的標的有哪些，那就只要跟著我 YouTube 社群的內容投資就行了。而且我個人還是比較建議，大家先開始著手投資最重要。人必須要先花錢，才會去學習如何投資，如果沒花到自己的錢，那就沒有理由去學習了吧？因為比起學習投資，這世界上更有趣的事情數以萬計啊！

問題 2. 對於那些持續跟著你的策略投資的人，你傾聽過他們的反應嗎？

我有聽過。不過能持續跟著策略走的人並不多，因為大多數人都會在過程中淪陷。他們學了趨勢追蹤等量化投

資策略，選好了標的，也投了錢。然而一旦按照策略開始投資，卻往往都會出現動搖。這世界上不存在每個月都只漲不跌的策略，所以許多人很快就放棄了。「趨勢追蹤」在非趨勢的狀態下，必然行不通。趨勢追蹤策略是「漲就買，跌就賣」，但是在非趨勢的狀態下，該漲的股票漲不上去，反而再度回跌；該跌的股票跌不了，還可能出現反彈。金融市場上，非趨勢的時間要花上數個月，不，甚至是持續數年以上的情況也屢見不鮮。這種時候，人們就會因為幻滅而逃離。

問題 3. 連 6 個月都無法堅持，到處嘗試各種投資方式，該買的股票沒買，這樣當然不會賺錢吧？

那是當然的。減肥的時候，我們也要遵守減肥食譜與運動計畫，減肥才會成功，今天喝酒吃肉，明天懶得運動，這樣當然瘦不下來。量化投資也一樣，必須要按照計畫走，才能夠獲得高收益與低 MDD。

問題 4. 這麼說來，投資最重要的一件事，就是在投資前先設定好投資策略，然後誓死遵守策略，對吧？

沒錯。假如我已經決定好這 6 個月要使用 A 策略，那我就可以提前決定好這段時間，我要按照什麼樣的方式

交易股票，這是量化投資最大的優點。如果毫無計畫，投資之後我們很難知道自己應該要做出什麼樣的應對。當我們把自己的錢投進去的那一刻開始，就沒有人能夠對自己持有的資產做出客觀的判斷。恕我再強調一次，投資之前就要先設定好策略，然後嚴格遵守。量化投資是建立在規則之上的投資方式，只要能夠跟著做，不管是誰都能坐擁跟我一樣的高報酬率與低 MDD。

問題 5. 有量化投資成功的案例嗎？

這件事外界人士雖然知道的人不多，不過用量化投資進行數十億韓元規模投資的人，大有人在。有一位名為「鋼鐵」（不是筆名，這是他的本名）的投資人，他針對小型股做了 4 年的量化投資，賺到了數十億韓元。據我所知，還有投資人連續 5 年只用了「小型股姜桓國超級價值策略」，便從中大舉獲利。還有一位名為「理財 skluzy」的部落客，在 2022 年的熊市裡寫下了 31% 的獲利。

此時，我反問媽媽：「為什麼大部分的人都沒辦法遵守自己選擇的紀律，直到最後呢？」

媽媽說：「人們會被新聞等媒體的訊息動搖。比起遵守自己的中心思想，跟著趨勢走，會帶來超乎想像的安慰和

安全感。聽到哪個專家透過某種投資方式大撈了一筆，人們就會輕易地被牽著鼻子走，事後覺得這人其實也沒什麼，又跑去聽信其他專家的說法，改變投資策略……所以人們才無法維持策略，讓自己的投資組合變成了『大雜燴』吧？」

關於這個問題，我們會在第五堂課做更詳細的討論。

為什麼投資人到現在都還不採用量化投資？

問與答的過程中，終於出現媽媽跟我同時想到，最好奇的核心問題了。到底為什麼大部分的投資人，都不選擇最簡單的量化投資呢？

「你的書裡不是節錄了很多論文嗎？有得到諾貝爾獎的，也有很多知名教授的論文。這些人都驗證過自己所提出的策略，甚至還把標的、什麼時候買進和賣出都記錄下來了，但為什麼人們還是不按照這種方式投資？」

是啊，我其實也非常好奇這件事！我們進入 21 世紀已經超過 20 個年頭了，我其實也完全不能理解為什麼有人還是不選擇使用量化投資。雖說非量化投資人

之中，有著投資技術非常高超的人，但是其中 99%，充其量也只是在「非量化投資」裡算表現得不錯，實際上報酬率卻很難超越投資方式極其簡單的量化投資策略。再加上，量化投資跟其他投資方式不一樣，它的簡單程度就像是按照食譜做菜一樣，所以我又更不能理解了。

媽媽似乎非常驚訝，又反覆問了相同的問題。「而且我們不需要親自進行回測，連軟體都幫我們做好了。以前投資人要自己找數據、建立策略、找標的，但是現在軟體都幫我們做好了，沒有比這個更簡單的事了吧？致富之路如此容易，人們為什麼不跟著走呢？」

媽媽提出這個問題後，我也開始好奇：「為什麼致富之路這麼簡單，但遵循這條路的人這麼少？」我透過 YouTube 的留言，徵求其他投資人的想法，並稍作統整後製作成一部影片。那部影片的重點如下：

▶ Haltoo 735

1. 無意識：有很多人是在無意識間拒絕著財富

「沒有錢也能幸福」、「有錢人都是壞人」、「我們要認真工作賺錢，不勞而獲的是壞事」……由於父母和老師諸如此類錯誤的教育，意外導致有許多人在無意識之間，對於達成財富自由、賺大錢等想法產生排斥感。

2. 習得性無助：我辦不到

「我做什麼都不行」、「有錢人不會是我」、「含著土湯匙（編按：網路用語，相對於有錢人金湯匙的說法）出生的我絕不可能成為有錢人」……有非常多人擁有這類失敗主義式的想法。如果腦海裡有這種想法的話，很可能連想努力學習投資的想法都不會有。

這種後天學習到的思考，主要源自於缺乏榜樣。有一句名言說：「你是與你相處時間最長的五個人的平均值。」假如跟你關係密切，或是你經常接觸的人當中，有一位透過創業或投資而致富的朋友，你就會接收到那位朋友的建議，或是受到他們的刺激，而跟著做點什麼。

但假如你身邊沒有這樣的人,那麼你很可能就不會去尋找致富之路與投資之途。由於有錢人往往是少數,所以別說是量化投資了,光是要找到透過投資致富的朋友,都比想像中更難。

3. 已經習慣的生活：待在舒適圈裡比較舒服

如果有人說「韓國的貧富差距並不嚴重」,我想會有很多人氣得直跳腳吧。每個人累積的財富都存在著巨大的差異,但是從日常生活中看來,有錢人跟窮人家的生活模式,並沒有太大的不同。

不管有錢還是沒錢,每天都是在家裡起床,穿上衣服（房子的大小、有沒有產權、衣服的價碼雖然會有差異,但是幾乎沒有人沒有家、沒衣服）、吃三餐、上班工作、下班跟朋友出去玩,然後回家休息跟睡覺。每天的生活,其實沒有太大的差異。

不過開發中國家就不同了,有很多國家,他們的有錢人過得比韓國的有錢人更奢華,但與此同時,街上還有為了不餓死而拚命掙扎的乞丐。

不過在這個食衣住行無虞、有關係不錯的朋友、

用手機就能享盡免費娛樂活動的世界上，人們還會輕易產生動機，想要為了未來「做投資」嗎？有這麼迫切需要嗎？

在原始時代裡，不改變熟悉的習慣，是有利的。如果已經知道如何打獵與獲取食糧，持續運用相同的方法，可以有效減少大腦能量消耗的方式。如果繼續讓大腦運作，消耗能量，就必須要攝取更多糧食，這會對生存造成威脅，不是嗎？所以說，當現代人一旦養成了一種習慣，就很難再打破這個習慣了。對於已經熟悉非量化投資的投資人而言，比起轉變成為量化投資人，按照過去的方式投資反而更簡單。

4. 缺乏金錢思維：投資好難

我在看 YouTube 留言的時候發現，不管講解得再簡單，還是會看到很多表示自己無法理解，或是根本沒打算理解的留言。這可能是閱讀能力與理解能力的問題。有些人即使在其他方面表現卓越，卻可能在特定的領域上，會有表現相對疲弱的狀況發生，所以也可能是在金錢、經濟、投資等方面上，天賦不足。

5. 完美主義傾向：討厭不確定性的因素

　　有完美主義傾向的投資人，必須要知道所有一切才能感到安心。但是投資本身就帶有對未來的不確定性，我們絕對無從得知所有一切。這類型的人會對於完全不研究企業相關訊息，只憑數字和規則操作的量化投資感到非常不安。這類人裡，還有些人一輩子都在學習，卻沒能真的去投資。

6. 不信任：投資專家都是騙子

　　一提到專家，很多人就會先入為主，產生偏見。「量化投資這麼好，那為什麼大家都不用？」、「他幹嘛教我怎麼賺錢？肯定是騙子啊。」這些人不親自好好分析事情的本質，反而抱著冷嘲熱諷的想法，打從一開始就把心門關上。

　　我為什麼要教大家怎麼投資，原因很簡單。首先，即便我把投資手法分享給人們，我的報酬率也不會減少。而且分享相關知識，成為網紅的話，就會產生影響力和經濟效應，對我自身有益。除此之外，向我學習如何投資的人還能賺到錢，所以對人們也有益。這是一場典型的雙贏生意，因此我才如此積極公開自己

的投資策略。

7. 獎勵機制：到底什麼時候才會成為有錢人？

　　減肥一般來說只要花幾個月就能看見努力的成果，運動也是，大多只要努力就能立竿見影，不過投資卻是一件，努力有可能會虧損，做不好也會虧損的事情。投資的努力與成果，會隨著時間慢慢浮現，但是有很多人等不及，所以就選擇立即放棄。

8. 人類的脆弱：逃避責任、自尊感不足、想發大財等

　　承認吧，人類就是這麼脆弱。這世界上很多人都是「玻璃心」。就算嘗試量化投資，大多數的策略，在投資的過程中，還是會持續出現虧損的狀況。「這樣做對嗎？我也不知道？A專家說量化投資根本行不通的說……。」抱持著這種想法，最終放棄投資的人，不計其數。

　　直接投資要親自研究、親自投資，為自己的決定負責，但是如果相信別人推薦的股票，即使成績不好，也可以把責任轉嫁到他人身上。對很多人來說，比起投資賺錢，把錯誤的責任推到他人身上反而更重要。

還有另一些人，追求著過高的獲利。「用量化投資只能賺到 20%、30% 的年均複合成長率，太少了，我想要賺 300%！」利慾薰心，在投資社群裡追尋著飆股。

聽完我的一番言論，身為人文學博士的媽媽對此發表了意見。她一直以來都在研究隨著時代的變化，人類的傾向會發生什麼變化。在投資人的身上，她也看見了相同的變化。投資需要耐心，需要有好的心態和態度，在一定期間內忍受虧損，但是這種耐心，現在好像逐漸在消失。

近年來，學習投資變得很簡單，只要自己看看書或 YouTube 就行。不過有很多時候，人們沒有被訓練過如何思考，親自去閱讀和學習的人變少了，越來越多人想的是付錢購買知識與技術。就算買了相關的書籍或課程，不看也不聽，滿足於現況，不進一步投資的人也很多。用這種方式投資，由於底子沒打好，耳根子軟、又不能理解箇中原理，只要一發生問題，就很容易跳去尋找下一個方法。結果就產生了不倫不類的「投資大雜燴」。

媽媽這位人文學博士,把投資失利與「人性」串連了起來,我從她的意見裡,也得到了許多教誨。

預習・複習

第三堂課的作業

▶ 複習第三堂課的內容
　—了解絕對動能與相對動能的概念

第四堂課

你現在用的是什麼投資策略？

姜桓國所採用的趨勢追蹤策略

QUANT

姜桔國的舊版趨勢追蹤策略

我們進入正題吧。這堂課我要講的是，我為什麼不再使用雙動能、VAA、LAA 所結合而成的舊三項混合策略，並解釋我是如何從超過 70 種趨勢追蹤（動態資產配置策略）中，挑選出這 3 個新策略。

2022 年股債雙跌，成為我大幅改動我的動態資產配置策略的契機。讓我們再來複習一次，靜態資產配置與動態資產配置的差異。

1. **靜態資產配置，在決定好股票、債券、實質資產、現金的占比之後，不會改變比例。需定期進行再平衡，調整比重。**
2. **動態資產配置是在金融市場表現良好的時候，買進近期大幅上漲的風險資產（一般來說是股票，屬於相對動能）。金融市場表現不佳的時候，賣出風險資產，轉移到債券、現金等安全資產上（絕對動能）。**

媽媽花了很長一段時間，才了解相對動能與絕對動能的概念。包含媽媽在內，大部分的人都不難了解靜態資產配置的概念，但是卻有許多人難以了解動態資產配置（趨

勢追蹤）的概念。如果想要提升理解能力，就必須反覆咀嚼。媽媽告訴我：「你的書雖然解釋了非常優秀的概念，但是重複性不夠。在書裡面，你反覆把重點提個數十次也不為過，讀者完全不會感到奇怪的。」好！雖然有點難，但我就來反覆講解這個重要的概念吧！

1 姜桓國的舊版趨勢追蹤策略，雙動能

現在，讓我們回到 2022 年吧。動態資產配置是在金融市場狀態不佳的時候，把股票賣掉，買進安全資產，即便無法獲利也要避免虧損。但是初期的動態資產配置策略，對於「安全資產」的考量並不多。舉例來說，下方是我過去所用的雙動能策略的條件。

> 舊版投資策略

原版雙動能策略

- **目標資產**：美股（SPY）、已開發國家股票（EFA）
- **安全資產**：美國綜合債券（AGG）
- **如何區分牛市與熊市**：近 12 個月的報酬率
- **進場策略**：

—每個月底計算 SPY、EFA、現金（BIL）近 12 個月的報酬率

—當 SPY 近 12 個月的報酬率高於 BIL 時，就視為牛市；在 SPY、EFA 中選擇近 12 個月以來報酬率較高的 ETF，進行全額投資（相對動能）

—當 SPY 近 12 個月的報酬率低於 BIL 時，就視為熊市，全額投資 AGG（絕對動能）

▶ **出場策略**：每個月再平衡一次：

編按：
*EFA（iShares MSCI EAFE ETF），以美國以外其餘先進國家（歐澳遠東）大型股為投資標的。
*BIL（SPDR Bloomberg 1-3 month T-bill ETF）是一種超短期公債 ETF，因到期日短，普遍被當作短期資金停泊的用途。
*AGG（iShares Core U.S. Aggregate Bond ETF），這檔 ETF 廣泛持有美國各種投資等級債券。

所以說，雙動能策略的重點如下：

1. 「熊市」的定義是「**SPY 近 1 年的獲利低於現金時**」。
2. 進入熊市時，就必須要轉移至安全資產避險，這裡所指的安全資產，就是名為「**AGG**」的債券 ETF。
3. 雙動能策略裡，當熊市來臨時，會全額投資 AGG。

但是 AGG 這檔 ETF 從 2020 年 7 月開始到 2022 年 10 月為止，歷經 2 年的時間，大幅下跌了 22 美元之多。光是 2022 年，就從 114 美元下跌至 93 美元，跌幅約為 -18.5%。

安全資產AGG的價格走勢

出處：investing.com

在這個策略裡，AGG 這檔 ETF 債券應該要扮演安全資產的角色，但它卻完全無法勝任。附帶一說，2022

年 TLT（美國長期公債 ETF）與 IEF（美國中期公債 ETF），也都寫下了慘重的虧損。

聽完這段話的媽媽說道：「在現實中看到這種事情發生，確實滿嚇人的，因為安全資產沒有按照理論運作。」

這就是 2022 年帶給我們的教訓。近 50 年來，安全資產從未讓投資人如此頭疼。但是股債雙跌，讓動態資產配置的大缺陷浮出了檯面。所以我們必須去補強動態資產配置，補強的重點如下：

舊版動態資產分配：
1. 牛市時，買進近期，大幅上漲的風險資產（相對動能）。
2. 熊市時，賣掉風險資產，轉移至安全資產（絕對動能）。

補強版動態資產配置：
3. 安全資產以購買債券為原則。
4. 倘若近期債券收益不佳，則賣掉債券，持有現金。

1～2 號跟我們現在學的內容沒有什麼差異，但增加了 3～4 號以後，便能補強安全資產的內容。「倘若債券收益不佳，就賣掉債券持有現金」這一點是最核心的補強

方式。當股債雙跌的時候，把債券當成安全資產，就會變成一種愚蠢的行徑。所以說，在這種情況下，我們必須再增加一個選項——把債券賣掉，只持有現金，完全「進入投資休息期」。

動態資產分配雖然涵蓋了 1～3 點的選項，但卻沒有第 4 個選項，是一個不完整的策略，所以才導致動態資產在 2022 年的牛市慘遭滑鐵盧。

2 姜桓國的舊版趨勢追蹤策略——VAA

接下來，我們來看我之前所用的「舊版三項混合策略」其中之一的 VAA 吧。VAA 策略裡，有著現金避險的選項。

舊版投資策略

VAA 策略

- **目標資產**：美股（SPY）、已開發國家股票（EFA）、開發中國家股票（EEM）、美國綜合債券（AGG）
- **安全資產**：美國公司債（LQD）、中期公債（IEF）、現金
- **如何區分牛市與熊市**：近 1、3、6、12 個月的報酬率

▶ **進場策略：**

— 每月底計算 4 項目標資產與 3 項安全資產的動能指數

— 計算方式：（12 x 1 個月報酬率）+（4 x 3 個月報酬率）+（2 x 6 個月報酬率）+（1 x 12 個月報酬率）

— 當所有目標資產的動能指數都高於 0 時，視為是牛市；投資所有投資組合中動能指數最高的目標資產

— 當任何一個目標資產的動能指數低於 0 時，視為是熊市；投資所有投資組合中動能指數最高的安全資產

— 由於現金的動能指數不可能低於 0，故當 LQD、IEF 的動能指數低於 0 的時候，就投資現金。

▶ **出場策略：** 每個月再平衡一次

編按：
*EEM（iShares MSCI Emerging Markets ETF），以新興市場中大型企業為投資標的，前五大投資國家為中國、印度、台灣、巴西和沙烏地阿拉伯。
*LQD（iShares iBoxx $ Investment Grade Corporate Bond ETF），是一支大型的美國投資等級公司債 ETF。

因為這個策略我現在已經不用了，我就不仔細分析了，如果對於詳細的內容感到好奇，請各位參考《穩穩賺ETF，10年投資配置布局》。重點在於，這個策略裡面，當屬於安全資產的LQD與IEF收益表現不振的時候，還有持有現金的選項，是一個符合前述1～4號條件的策略。

③ 姜桓國的舊版趨勢追蹤策略，LAA

最後，我們來分析LAA策略吧。LAA策略的內容如下：

> 舊版投資策略

LAA策略

▶ **目標資產**：美國大型價值股（IWD）、那斯達克（QQQ）、黃金（GLD）

▶ **安全資產**：美國中期公債（IEF）、現金

▶ **如何區分牛市與熊市**：美股（SPY）200天的移動平均＋美國失業率12個月的移動平均

▶ **進場策略**：

  一IWD、IEF、GLD的比重固定，分別占投資組合的25％（無論牛市或熊市）

─投資策略剩下的 25%
- 當 SPY 的價格低於 200 天的移動平均，美國失業率高於 12 個月的移動平均時，視為熊市，持有現金（絕對動能）
- 若沒有發生此情況，就投資 QQQ 指數

▶ **出場策略**：每個月再平衡一次

編按：
*IWD（iShares Russell 1000 Value ETF），此 ETF 主要追蹤美國大型價值股績效表現。
*QQQ（Invesco QQQ Trust），此 ETF 追蹤 Nasdaq-100 index 績效。
*GLD（SPDR Gold Shares），此 ETF 追蹤黃金價格的市場表現。

LAA 理論上來說，有將部分資產轉移至現金避險的選項。但是有 25％固定在做為債券 ETF 的 IEF 上，而且只有等到失業率提升、股票市場表現不佳的時候，才能夠中斷對那斯達克（QQQ）的投資，轉移至現金避險。事實上，美國很少同時發生這兩個條件。

2022 年，美國股市雖然崩跌，不過失業率卻依然堅忍不拔，所以導致我持續持有 QQQ，虧損不斷累積。QQQ 是股票 ETF，IEF 是債券 ETF，由於兩者雙雙走跌，導致 LAA 的投資人必須承受 15％的虧損。

因此我從中體悟到，LAA 與雙動能策略還存有重大缺陷，必須努力制定出改善的方法。

快策略與慢策略

所以，我們必須先決定好投資的方向，**在趨勢追蹤中，有「快策略」和「慢策略」**。

簡單來說，快策略就是以「近 1～3 個月的報酬率」為基準，來判斷目前的市場處於牛市或熊市；慢策略是以「近 10～12 個月的報酬率」做為判斷基準。

舉例來說，雙動能是以近一年的報酬率為基準，來判斷當下是牛市或熊市的慢策略。SPY 指數持續上漲到 2021 年底，從 2022 年 1 月開始走跌，根據這個策略，我們會持有 SPY，直到 5 月底才會把 SPY 賣出，轉戰 AGG。雖然熊市持續了 5 個月，但是從 1 月直到 4 月底為止，相較於前一年，報酬率依然是正數，所以我們並不會賣出持股。所以雙動能投資人，1 月至 5 月必然會面臨虧損。

像 VAA 這類以近 1～3 個月報酬率為基準判斷牛市與熊市的策略，在 2022 年 1 月底就會迅速從 SPY 抽身，

轉移到安全資產上避險。

媽媽問說：「那麼，快策略對於市場的反應比較迅速，所以比慢策略更好，是這樣嗎？」這必須視情況而定，兩個策略都各有優缺點。

快策略以近 1 ～ 3 個月為標準，對市場反應較為敏銳，可以在熊市初期就從中抽身，優點是在大規模熊市的時候，可以快速脫身。但是近 1 ～ 3 個月收益表現不佳，於是賣掉手上持股，結果股票立刻反彈的情況也是屢見不鮮。除此之外，還有另一項缺點是對於市場走勢反應較敏感，會造成交易次數頻繁。交易次數越是頻繁，交易過程就越是繁瑣，也會造成交易費用增加。

反過來說，慢策略對於市場的反應較不敏感，因此交易次數少，要等到市場趨勢明確之後才會交易，相對來說就比較不會經歷「賣出後就反彈」之類，令人感到煩躁的情況。但是從下頁圖表我們可以看到，如果等待趨勢明朗才做交易的話，就有可能在熊市初期受到衝擊。

快策略與慢策略的優缺點

條件	快策略	慢策略
持續走跌	得以迅速平倉	太晚才賣出
走跌後即刻反彈	因為賣出而錯過反彈	得以繼續持有
交易頻率與費用	交易頻繁，費用高	交易次數少、費用低

既然快策略和慢策略各有優缺點，媽媽問說，那是不是找相關性低的策略，分別進行投資會更好呢？媽媽已經掌握到核心了。

找出兩個相關性低的策略，不需要考慮哪一個策略比較好，只需同時各投資一半就可以了。

總而言之，結論是我們只要快策略與慢策略各選一檔投資就可以了，後面我們會再討論具體該投資哪一種策略。除此之外，我還投資了另一項策略，也就是由保羅‧諾維爾（Paul Novell，編按：美國量化投資交易員，是電子報「經濟脈搏通訊」〔Economic Pulse Newsletter〕的作者）所提出的「債券動態資產配置」。

這項策略最大的優勢在於，絲毫不理會股票，只投資債券。趨勢追蹤策略不管快或慢，在牛市的時候主要投資的都是股票，但是這個策略，就算是在牛市，也依然只投

資債券。如此一來，相較於其他只投資股票的策略，自然相關性也就更低了不是嗎？所以我個人偏好使用這個策略。

姜桓國的新趨勢追蹤策略：
1. 債券動態資產配置

新投資策略

債券動態資產配置策略

▶ **目標資產**：美國短期公債（SHY）、美國中期國債（IEF）、美國長期國債（TLT）、美國抗通膨債（TIP）、美國公司債（LQD）、美國高收益債（HYG）、國際政府債券（BWX）、新興市場債（EMB）
▶ **安全資產**：現金
▶ **如何區分牛市與熊市**：近 6 個月的報酬率
▶ **進場策略**：
—每月底計算 8 檔目標資產近 6 個月的報酬率
—分別投資 1/3 至近 6 個月報酬率最高的 3 檔 ETF（相對動能）

一假如 3 檔 ETF 中，某一檔 ETF 近 6 個月的報酬率
低於 0，就把該檔 ETF 轉為持有現金（絕對動能）

▶ **出場策略**：每個月再平衡一次

編按：
*SHY（iShares 1-3 Year Treasury Bond ETF），此 ETF 追蹤 ICE 美國 1-3 年期公債指數，是利率風險、信用風險很低的債券 ETF。
*TIP（Treasury Inflation-Protected Securities）是由美國財政部發行的一種國債，本金每年根據通膨率調整兩次，若通膨率上升，投資者可獲得的收益也會上漲。
*HYG（iShares iBoxx USD High Yield Corporate Bond ETF），是一檔投資美國高收益債的 ETF（信用評等低於 BBB 級的公司債券，又稱垃圾債券），風險較高。
*BWX（SPDR Bloomberg International Treasury Bond ETF），此指數旨在追蹤美國以外投資級國家的固定利率本幣主權債務。
*EMB（iShares J.P. Morgan USD Emerging Markets Bond ETF），以美元計價的新興市場債券，投資全球新興市場，投資標的超過 600 檔。

該策略基本上和雙動能策略很相似，不過評估的時間不是 12 個月而是 6 個月。雖然該策略的投資原則是，投資 8 檔債券 ETF 中，漲幅最高的 3 檔 ETF，但是當整體債券市場表現不佳的時候，前 1～3 名 ETF 的近 6 個月報酬率也很可能是負數，在這種狀況下，我們就轉為持有現金。所以說，現金的比重有可能是 0%、33.3%、66.6% 或 100%，如下頁圖表所示。

各ETF近6個月報酬率與現金持有之比例

項目	狀況1 （近6個月報酬率）	狀況2 （近6個月報酬率）	狀況3 （近6個月報酬率）	狀況4 （近6個月報酬率）
第一名ETF	＋	＋	＋	－
第二名ETF	＋	＋	－	－
第三名ETF	＋	－	－	－
現金比例	0%	33.3%	66.7%	100%

狀況1：當3檔ETF的報酬率全數為正數（＋）

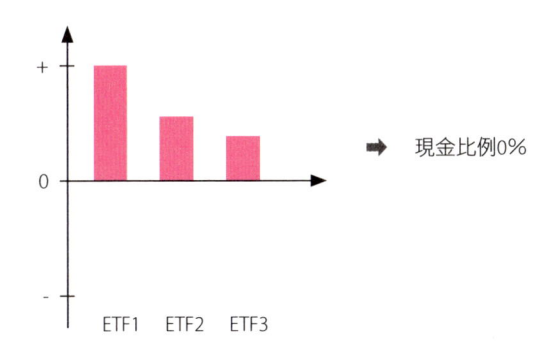

➡ 現金比例0%

狀況2：當2檔ETF的報酬率為正數（＋）

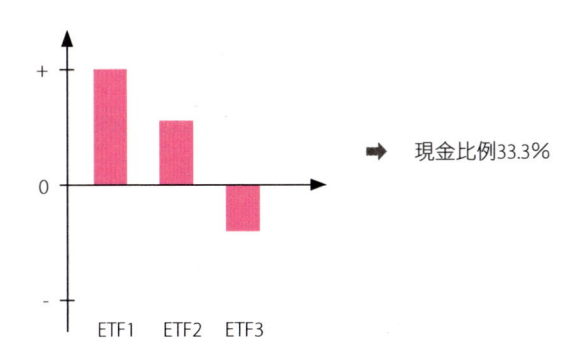

➡ 現金比例33.3%

第四堂課　姜桓國所採用的趨勢追蹤策略

狀況3：當只有1檔ETF的報酬率為正數（＋）

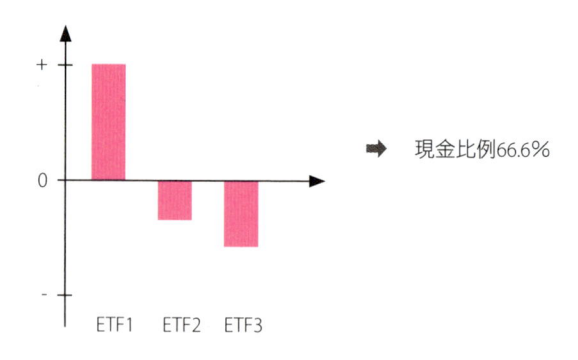

➡ 現金比例66.6%

狀況4：當所有ETF的報酬率皆為負數

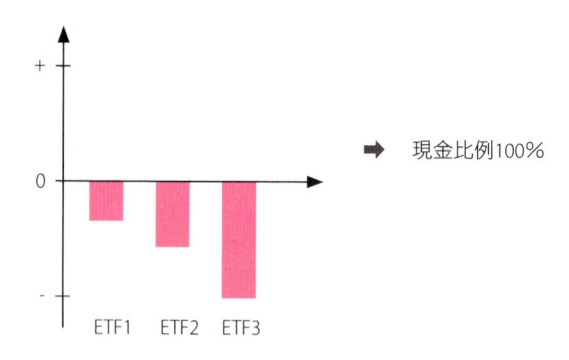

➡ 現金比例100%

　　牛市時，持有 8 檔債券中，近 6 個月報酬率最好的 3 檔 ETF；倘若其中有 ETF 債券近 6 個月的報酬率出現負成長，就轉為持有現金。

　　這個策略平常雖然投資的是債券，但是在債券市場報酬率低迷的時候，還是有以現金避險的選擇。我們先前有

提過，這個選擇至關重要。讓我們來分析一下這個投資策略吧。

1 收益是否有長期成長？

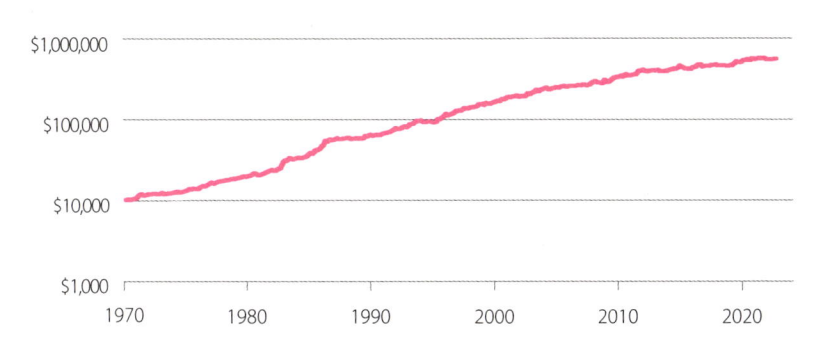

看起來確實是一個穩健的向上策略。

2 基本統計數據表現如何？

年均複合成長率（％）	MDD（％）	最長下跌期（月）	月勝率（％）	週轉率（％）
7.9	-8.9	32	71.9	282.2

❶ **年均複合成長率**：雖然是以債券投資為主，但年均複合成長率將近8％，表現相當出色，令人滿意。

❷ **MDD**：大幅低於我們的30％目標，甚至只有個位數，超滿意！

❸ **最長下跌期**：該投資組合從走跌到漲回起跌價位，所花的最長時間是 32 個月，雖然不能說很滿意，不過這個投資組合的 MDD 很低，並不難熬。

❹ **月勝率**：大多數策略的勝率落於 60～70％，71.9％已經很滿意了。

❺ **週轉率**：282.2％算是非常高，也就意味著要經常進行交易，這點很可惜。

總而言之，雖然報酬率方面有些遺憾，但這是可以說是一個穩定獲利，恰如其分的策略。

③ 虧損的時期與幅度有多大？

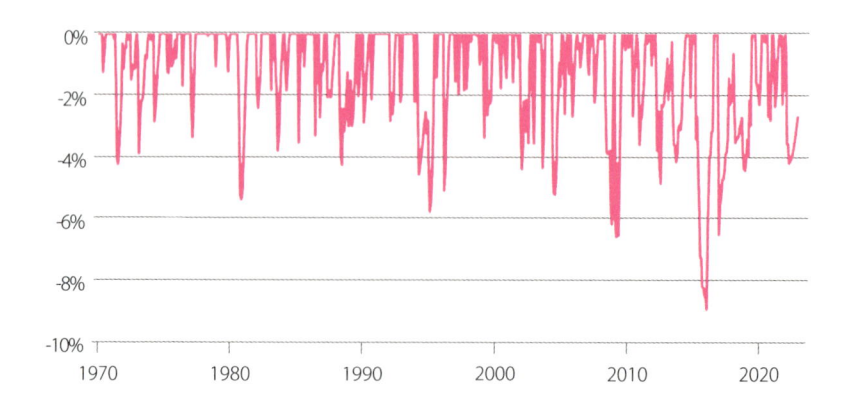

當債券市場進入熊市的時候,可以選擇以現金避險,所以 2022 年的熊市並沒有造成太大的傷害。過去只發生過一次虧損超過 8％以上的紀錄,就連 6％以上的虧損,總共也就僅有 3 次而已。

4 1970 ～ 2022 年之間,虧損幅度較大的時期,股價下跌了多少?

　　債券動態資產配置策略的獲利通常表現都很不錯,但是 2015 ～ 2019 年的收益不太好。其他策略主要是在 2002 年、2008 年、2022 年的表現不佳,但是債券動態資產配置在這短時間並無出現大幅虧損,反而都是在奇怪的(?)時間點走跌,從這點上看來,確實可以與其他策略達到分散投資的效果。

債券動態資產配置的收益（2015.1～2016.6）

債券動態資產配置的月收益（2015.1～12）

期間	報酬率	期間	報酬率
2015年1月	5.20%	2015年7月	-0.10%
2015年2月	-3.40%	2015年8月	-0.90%
2015年3月	0.70%	2015年9月	0.00%
2015年4月	-1.80%	2015年10月	-0.20%
2015年5月	-1.20%	2015年11月	-0.10%
2015年6月	-1.70%	2015年12月	-0.40%

2015年跌跌撞撞了一整年，總共發生了8.9%的虧損，不過2016年僅花了6個月就回本了。

債券動態資產配置的收益（2016.9～2019.6）

2016 年底又再度出現 6％左右的虧損，雖然 6％的虧損幅度並不大，但這次卻整整花了 32 個月（2 年 8 個月）才回升到最高點。由此可見，債券也不是一個永遠平步青雲的資產。

姜桓國的新追蹤策略：
2. 變形雙動能（慢策略）

前面我們已經學過什麼是雙動能了，媽媽問，那麼變形雙動能是什麼呢？方才我有提到，2022 年股債雙跌讓我了解到動態資產配置的問題點，唯有遵守下述的原則，才

能創造出優秀的動態資產配置策略。

1. 在牛市裡，買進漲幅最高的風險資產（相對動能）。
2. 在熊市裡，賣出風險資產，轉移至安全資產（絕對動能）。
3. 以購買債券做為安全資產為原則。
4. 倘若近期債券的收益表現也不佳，就賣出債券，持有現金。

原有的雙動能策略中，AGG 扮演安全資產的角色，但是當 AGG 近期獲利不佳的時候，卻沒有持有現金的選擇，所以我設計出了「變形雙動能」，原則如下：

舊投資策略

複習：原版雙動能策略

- **目標資產**：美股（SPY）、已開發國家股票（EFA）
- **安全資產**：美國綜合債券（AGG）
- **如何區分牛市與熊市**：近 12 個月的報酬率
- **進場策略**：
  —每個月底計算 SPY、EFA、現金（BIL）近 12 個月的報酬率

―當 SPY 近 12 個月的報酬率高於 BIL 時，就視為牛市；在 SPY、EFA 中選擇近 12 個月以來報酬率較高的 ETF，進行全額投資（相對動能）

―當 SPY 近 12 個月的報酬率低於 BIL 時，就視為熊市，全額投資 AGG（絕對動能）

▶ **出場策略**：每個月再平衡一次

新投資策略

變形雙動能策略

▶ **目標資產**：美股（SPY）、已開發國家股票（EFA）
▶ **安全資產**：債券動態配置策略
▶ **如何區分牛市與熊市**：近 12 個月的報酬率
▶ **進場策略**：

―每個月底計算 SPY、EFA、現金（BIL）近 12 個月的報酬率

―當 SPY 近 12 個月的報酬率高於 BIL 時，在 SPY、EFA 中選擇近 12 個月以來報酬率較高的 ETF，進行全額投資（相對動能）

─當 SPY 近 12 個月的報酬率低於 BIL 時，就視為熊市，投資債券動態配置策略（絕對動能）
・所以要計算美國短期公債（SHY）、美國中期國債（IEF）、美國長期國債（TLT）、美國抗通膨債（TIP）、美國公司債（LQD）、美國高收益債（HYG）、國際政府債券（BWX）、新興市場債（EMB）近 6 個月的報酬率
・分別投資 1/3 至近 6 個月報酬率最高的 3 檔 ETF（相對動能）
・假如 3 檔 ETF 中，某一檔 ETF 近 6 個月的報酬率低於 0，就把該檔 ETF 轉為持有現金（絕對動能）
▶ 出場策略：每個月再平衡一次

這種策略結合了前文兩種策略，當股票型 ETF 近 12 個月的收益良好，市場處於牛市時，就仿效雙動能策略，進行投資；當近 12 個月收益不佳，處於熊市時，就改投資債券動態資產配置。

變形雙動能
＝原版雙動能（牛市）＋債券動態資產配置（熊市）

```
┌ ─ ─ ─ ─ ┐         YES  牛市 ──→ 投資SPY、EFA中近一年
│ 現在是  │                        報酬率較高的ETF
│ 牛市嗎？│
│         │         NO   熊市 ──→ SPY近12個月的報酬率
└ ─ ─ ─ ─ ┘                        若低於BIL，就投資債
                                   券動態資產配置
```

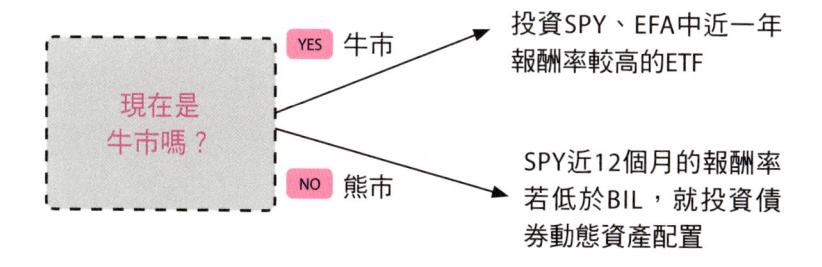

這個策略不僅在熊市時，會分散投資到各個債券上，倘若連帶債券市場的表現也不盡人意時，還有持有現金這個「避險的選擇」。讓我們來仔細分析這個策略吧。

1 收益是否有長期成長？

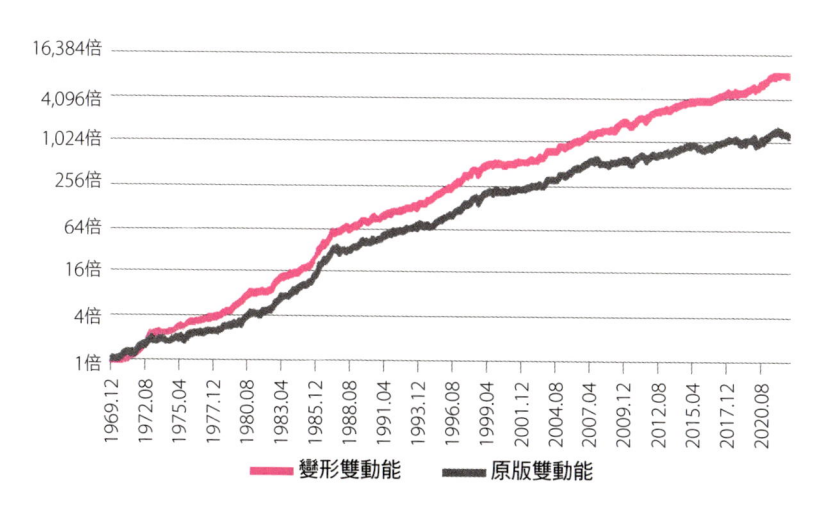

看起來確實是一檔持續走揚的策略，漲幅甚至高於原版雙動能策略。

2 基本統計數據表現如何?

策略	年均複合成長率(%)	MDD(%)	最長下跌期(月)	月勝率(%)
變形雙動能	18.3	-15.3	21	71.1
原版雙動能	14.5	-19.6	37	66.2

❶ **年均複合成長率**:這是目前為止,我們看過的動態資產配置策略中,報酬率最高的策略。年均複合成長率為18.3%,比原版雙動能策略高出3.8%。

❷ **MDD**:大幅低於目標30%,也低於原版雙動能策略。

❸ **最長下跌期**:從投資組合走跌直到漲回原先高點,所花費的最長時期為21個月。21個月雖然是很長的一段時間,但依然大幅少於原版雙動能策略的37個月。

❹ **月勝率**:71.1%,大多數策略的勝率落於60～70%,71.1%已經很滿意了,甚至比原版雙動能策略高出5%左右。

從各方面看來,變形策略都優於原版策略,而且安全資產的設計也更為完善。原版雙動能策略的安全資產只仰

賴 AGG 一檔 ETF，但變形策略投資的是 8 檔 ETF 中的其中 3 檔，可以達到分散投資的效果，在債券市場表現不佳的時候，還有可以持有現金避險的選項。

③ 虧損的時期與幅度有多大？

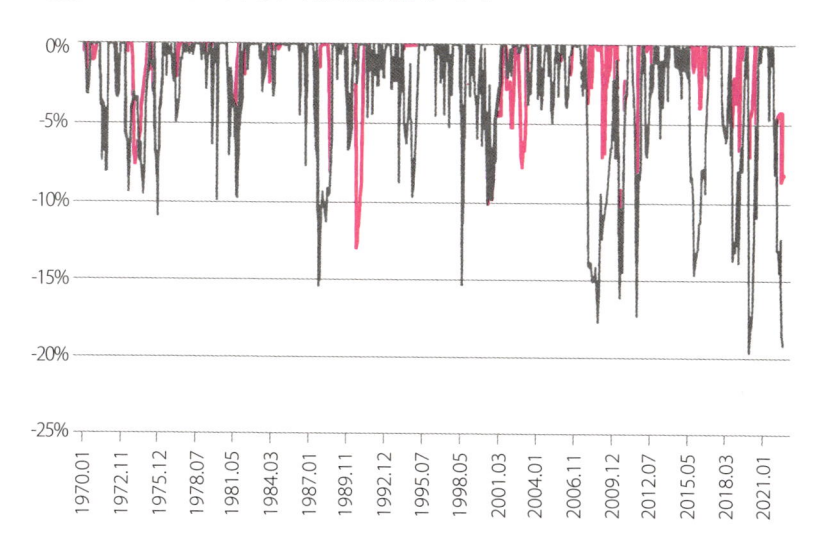

灰色是原版雙動能，粉色是變形雙動能的虧損幅度和時期。放眼望去，我們可以看見，原版雙動能更頻繁出現損失。特別是近期債券市場不穩定，原版策略沒能規避大幅虧損，相反地，變形策略卻表現得十分良好。

4 1970～2022 年之間，虧損幅度較大的時期，股價下跌了多少？

變形雙動能策略也有行不通的時期，讓我們來分析一下吧。變形雙動能策略雖然表現得不錯，但偶爾也會出現大幅度的虧損，當目標資產（SPY、EFA）突然大幅度走跌時，就會發生虧損。

變形雙動能的收益（1975.6～1976.1）

變形雙動能的月收益（1975.7～9）

期間	報酬率
1975年7月	-6.40%
1975年8月	-1.80%
1975年9月	-3.10%

熬過 1973～1974 年美國大跌的策略,卻突然在 1975 年的短短 3 個月內,走跌 -10%。

變形雙動能的收益(1990.7～1991.4)

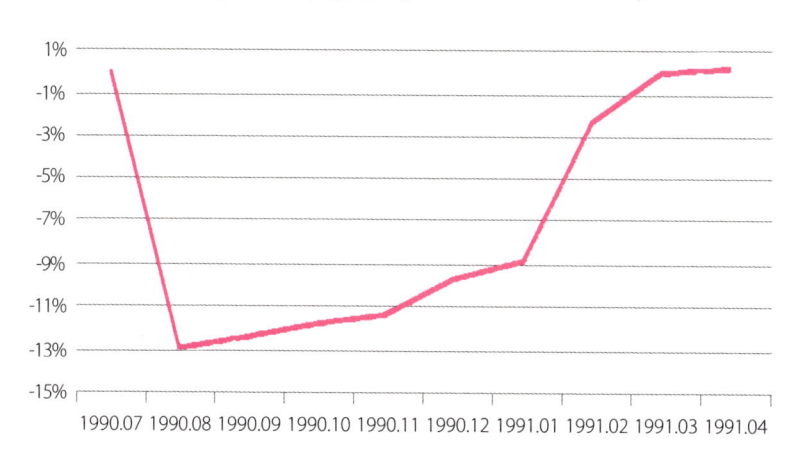

是受波斯灣戰爭的影響嗎?變形雙動能策略在 1 個月內創下 -12.9% 的高額虧損,而且花了 8 個月才終於復位。

變形雙動能的收益(1998.6～1998.11)

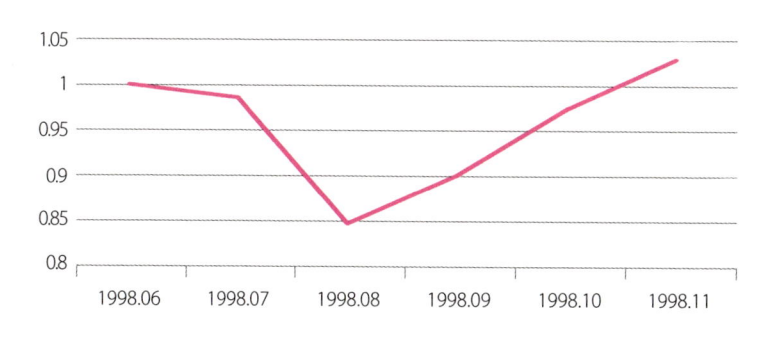

一直以來表現都很不錯的變形雙動能策略，在 1998 年因亞洲金融風暴和俄羅斯金融危機等因素，在 1998 年 6 月，僅僅 1 個月內發生了 -14.1％的虧損，花了 5 個月才復歸原位。

變形雙動能的月收益（2010.4〜8）

期間	報酬率
2010年4月	-3.00％
2010年5月	-7.90％
2010年6月	-5.20％
2010年7月	6.8％
2010年8月	-4.50％

在金融危機時期沒有發生大幅度虧損的變形雙動能策略，2010 年的時候，突然在 1 個月崩跌 -15.31％（刷新 MDD）。2010 年 7 月反彈 6.8％後，又再度下跌 -4.5％。

這個策略在股市崩跌的時候雖然堅韌，但當股市處於牛市，而趨勢突然發生崩跌時，曾寫下 -10％以上的虧損。請各位務必銘記，這世界上不存在萬用的策略。

姜桓國的新追蹤策略：
3.BAA 策略（快策略）

　　我把原本策略裡的 VAA 策略換成 BAA 策略。這兩個策略都是由沃特・凱勒（Wouter Keller，編按：荷蘭量化投資學者）所提出，BAA 策略可以說是 VAA 的升級版。這個策略相當複雜，我會盡量以最簡單的方式說明。

舊版投資策略

複習：VAA 策略

- **目標資產**：美股（SPY）、已開發國家股票（EFA）、開發中國家股票（EEM）、美國綜合債券（AGG）
- **安全資產**：美國公司債（LQD）、中期公債（IEF）、現金
- **如何區分牛市與熊市**：以近 1、3、6、12 個月報酬率為基準所計算出來的動能指數
- **進場策略**：
    ─每月底計算 4 項目標資產與 3 項安全資產的動能指數
    ─計算方式：（12 x 1 個月報酬率）＋（4 x 3 個月報

酬率）＋（2×6個月報酬率）＋（1×12個月報酬率）
- 當所有目標資產的動能指數都高於 0 時，視為是牛市；投資所有投資組合中動能指數最高的目標資產
- 當任何一個目標資產的動能指數低於 0 時，視為是熊市；投資所有投資組合中動能指數最高的安全資產
- 由於現金的動能指數不可能低於 0，故當 LQD、IEF 的動能指數低於 0 的時候，就投資現金。

▶ **出場策略**：每個月再平衡一次

新版投資策略

BAA 策略

▶ **目標資產**：那斯達克（QQQ）、已開發國家股票（EFA）、開發中國家股票（EEM）、美國綜合債券（AGG）
▶ **安全資產**：美國長期公債（TLT）、美國抗通膨債（TIP）、原物料（PDBC）、美國綜合債券（AGG）、

美國公司債（LQD）、中期公債（IEF）、現金
- **金絲雀資產**：美股（SPY）、已開發國家股票（EFA）、開發中國家股票（EEM）、美國綜合債券（AGG）
- **進場策略**：
  - 每月底計算 4 項目標資產與 3 項安全資產的動能指數
  - 計算方式：（12 x 1 個月報酬率）+（4 x 3 個月報酬率）+（2 x 6 個月報酬率）+（1 x 12 個月報酬率）
  - 4 檔金絲雀資產的動能指數皆高於 0 時，投資整體投資組合內，離散度最高的目標資產
  - 目標資產離散度的計算方式：最新價格 /12 個月移動平均
  - 4 檔金絲雀資產中，假如其中一檔的動能指數低於 0，就投資離散度最高的前 3 檔安全資產
  - 安全資產的離散度計算方式：最新價格 /12 個月移動平均
  - 倘若安全資產的價格低於 12 個月移動平均，就將該安全資產之比重轉換為現金持有
- **出場策略**：每個月再平衡一次

BAA 是趨勢策略中最難理解的策略之一。BAA 也和所有動態資產配置一樣，混合了相對動能與絕對動能。

1 用來區分牛市與熊市的金絲雀資產

首先，所有動態資產配置都需要區分牛市與熊市，牛市時投資風險資產（股票），熊市時投資安全資產（債券、現金）（絕對動能）。

> **動能指數** *
> 計算並應用1、3、6、12個月的報酬率。（12 x 1個月報酬率）＋（4 x 3個月報酬率）＋（2 x 6個月報酬率）＋（1 x 12個月報酬率）

但是 BAA 區分的標準是以「金絲雀」資產 SPY、EFA、AGG、EEM 的 1、3、6、12 個月的**動能指數** * 為標準。

為什麼它們會被稱為金絲雀資產呢？據說以前英國礦工會帶著金絲雀進去礦坑。礦坑裡無味的有毒氣體，會使人中毒身亡，對於礦工來說具有致命的風險，然而金絲雀對於有毒氣體非常敏感，所以會比人更先倒下。看到金絲雀倒下的礦工，就可以感知到有害氣體，得以避難。SPY、EFA、EEM、AGG 就扮演著這種角色，倘若它們近期收益表現不佳，趨勢減弱的話，整體金融市場就很可能會持續處於熊市。當扮演著金絲雀一角的 SPY、EFA、EEM、AGG 中，其中一檔「崩潰」的話，我們就要賣掉

手上的資產，轉移至安全資產避險。

2 離散度是挑選投資標的的標準

透過金絲雀分數，決定好要投資目標資產或安全資產後，我們會以各資產的**離散度****，做為選擇標的的具體標準。

> **離散度****
> 呈現出股價與均線之間差距的指標，（目前股價/移動平均線）x 100。

「（目前股價/移動平均線）x 100」可以計算出離散度。離散度若為 100，代表目前股價等於移動平均線；若高於 100 則表示「價格＞移動平均線」；若低於 100 則意味著「價格＜移動平均線」。我們可以將其定義為「離散度越高，漲勢就越強；離散度越低，跌勢就越強」。

我們還可以利用下圖來解讀離散度。下方線圖是 S&P500 指數 12 個月（250 天）的移動平均線，圖上可以看到，A 點（2021 年 5 月）的離散度（價格/移動平均線）是陽線（＋），但是 B 點（2021 年 7 月）的是陰線（－）。A 點的價格近期持續上漲，實際股價高於 250 日均線；B 點的價格近期持續走跌，實際股價低於 250 日均線。

當我們要從 4 檔目標資產、7 檔安全資產中做抉擇的時候，就會投資相對離散度（目前股價/移動平均線）最

離散度案例

高的資產（相對動能）。投資目標資產時，選擇其中一檔離散度最高的資產；投資安全資產時，選擇離散度前三高的資產。

但是，安全資產也有可能步入熊市。像 B 點一樣，股價低於 12 個月移動平均的時機點，就是這裡所謂的熊市。在這種時候，我們會放棄安全資產並持有現金。

BAA 策略的特色是，安全資產除了 6 檔債券以外，還包含了原物料（PDBC）。其實原物料不太能被看作是安全資產，但是當股債雙跌的時候，原物料卻經常會上漲，所以可以視為股票與債券的避險方案。

BAA 策略即便看很多次，還是會有些難以理解，我自己也是一樣。下列是非記住不可的 BAA 策略核心重點：

1. 在我看來,這是現存「快策略」中報酬率最高、MDD 耐受值最高、邏輯最縝密的策略。
2. 如果你想使用這個策略,但不知道怎麼計算出具體應該買哪一檔 ETF,我每個月的第一天,會在 YouTube 頻道《你做得到!先看懂再投資》的社群上,跟大家分享應該要買哪檔 ETF,歡迎大家參考。

BAA 策略各方面改善後的成果

複雜的 BAA 策略,成效究竟如何呢?

1 收益是否有長期成長?

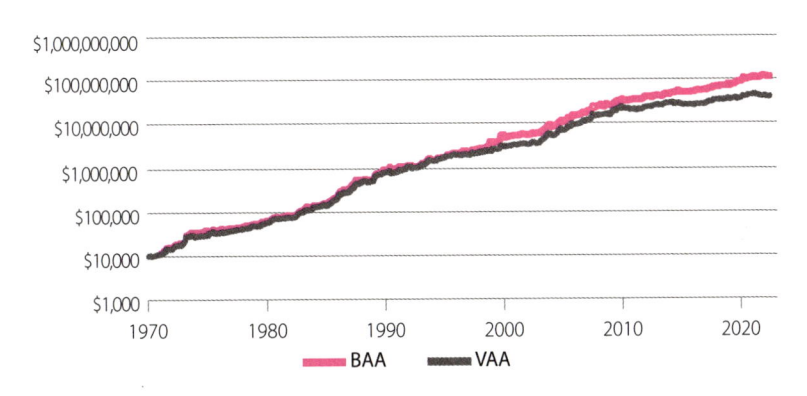

看起來是一個確實有在持續成長的策略，BAA 的表現略優於 VAA。

2 基本統計數據表現如何？

策略	年均複合成長率（%）	MDD（%）	最長下跌期（月）	月勝率（%）	週轉率（%）
BAA	18.3	-15.3	21	70.7	523
VAA	14.5	-19.6	37	75.9	682

❶ **年均複合成長率**：到目前為止我們所看過的動態資產配置中，報酬率最高的策略，甚至超越了變形雙動能策略。年均複合成長率為 19.3％，比 VAA 高出 2.4％。

❷ **MDD**：大幅低於目標 30％，跟 VAA 不分軒輊，但略優於 VAA。

❸ **最長下跌期**：從投資組合走跌直到回到原先價位，所花費的最長時期為 18 個月，大幅短於 VAA 策略的 34 個月。

❹ **月勝率**：70.7％，大部分策略的勝率落在 60～70％，還算滿足。

❺ **週轉率**：這兩個策略都是對於近 1 個月、3 個月十分敏感的策略，所以交易非常頻繁。但相較之下，BAA 的交易次數稍微少了一點。

從各方面看來，BAA 是改良 VAA 的策略。這個策略在安全資產的結構上，比 VAA 更可靠。VAA 會在 3 項安全資產中，選擇近期分數最高的 1 項進行投資。相對地，BAA 有 7 項安全資產，並且會投資其中 3 項，具有分散投資的效果，安全資產還包含了原物料，可以對股票和債券進行避險。這兩個策略，都具備了在債券市場走跌的時候，可以用現金避險的結構。

③ 虧損的時期與幅度有多大？

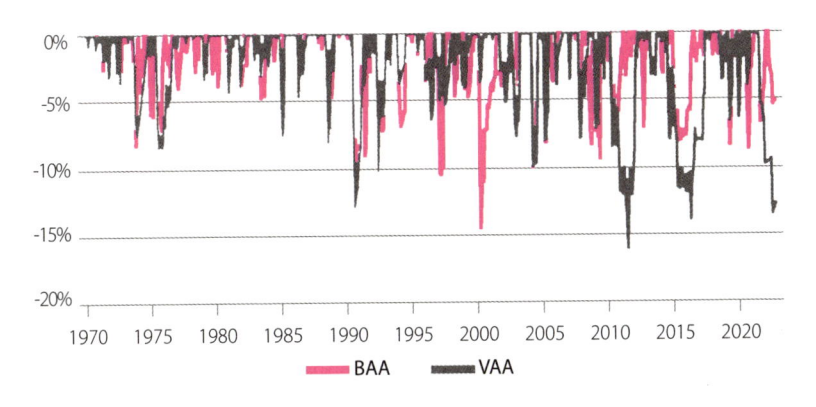

這兩個策略都有表現不好的期間。但是 2010 年後，

VAA 出現過 3 次 10%以上的虧損，然而 BAA 並沒有。

④ 1970～2022 年之間，虧損幅度較大的時期，股價下跌了多少？

BAA 跟變形雙動能策略一樣，大多時候表現都很不錯，但偶爾會發生大幅度的虧損，投資單一項目標資產，當該資產突然大幅崩跌的時候，就會產生虧損，也曾經在單月出現 -10%以上的虧損。基於這種風險，我建議各位不要只投資一種策略，應當分散投資各種策略。

BAA策略的收益（1990.7～1991.5）

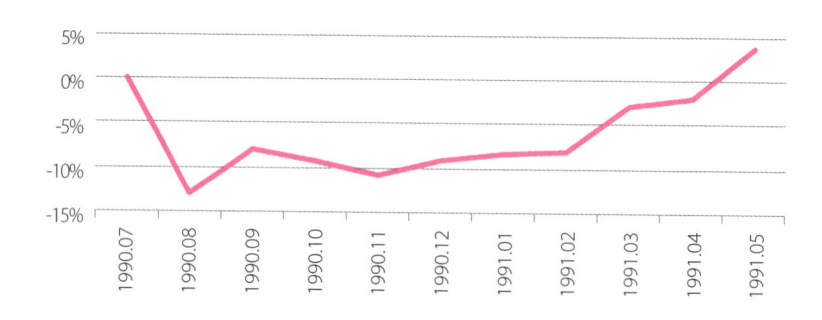

1970 年來的 20 年間，BAA 未曾出現過 10%以上的虧損，但卻在 1990 年 7 月，單月下跌了 13%，而且花了 10 個月才回漲。

BAA策略的收益（1992.5～1993.2）

1991年5月刷新最高點後，BAA策略在1992年6月又突然在單月下滑-10.2％，直到1993年2月才又再度刷新最高點。

BAA策略的收益（1996.11～1997.7）

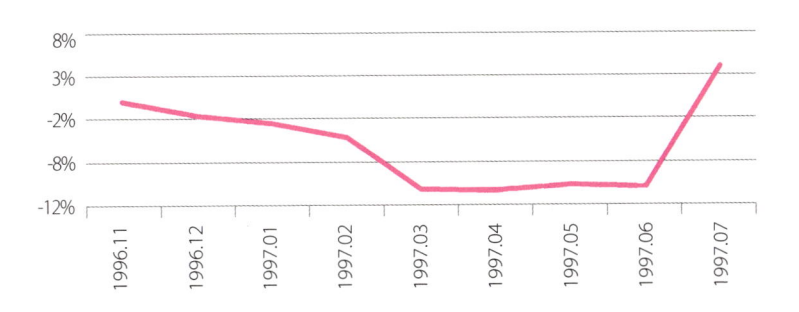

1996～1997年是非常奇妙的兩年。BAA從1996年11月開始，連續虧損5個月，總共損失-10.46％。此後，BAA持續萎靡不振，直到1997年7月出現15.6％的高額收益，重新賺回本金。BAA策略有可能會出現如此大幅度

的波動,各位在選擇這項策略以前,一定要先了解這件事。

BAA策略的月收益(1996.11～1997.7)

期間	報酬率	期間	報酬率
1996年11月	1.80%	1997年4月	-0.10%
1996年12月	-1.70%	1997年5月	0.70%
1997年1月	-0.80%	1997年6月	-0.20%
1997年2月	-1.80%	1997年7月	15.60%
1997年3月	-6.40%	-	-

BAA策略的收益(2000.2～2001.9)

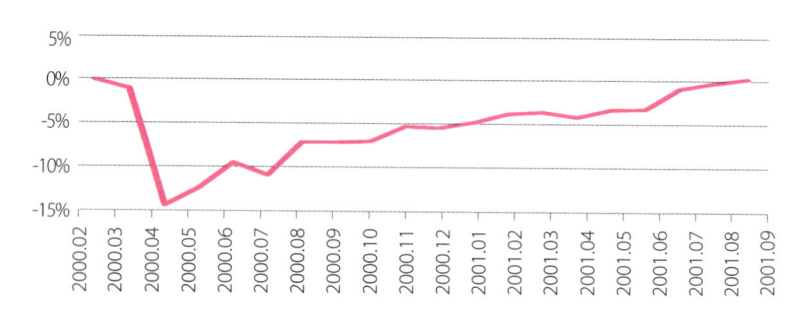

BAA 策略在 2000 年網際網路泡沫化的時候,刷新了 MDD,光是 2000 年 4 月,單月就創下 -13.6％的大幅度虧損,花了 1 年 6 個月才回到最高點。

特別之處在於,進入 21 世紀後,BAA 策略除了在

2004年4月單月下跌-10%以外，就再也沒有出現過兩位數的MDD了。

姜桓國的新版三項混合策略

那麼，分別投資1/3到這三個策略上，成效如何呢？請見下述分析。

1 收益是否有長期成長？

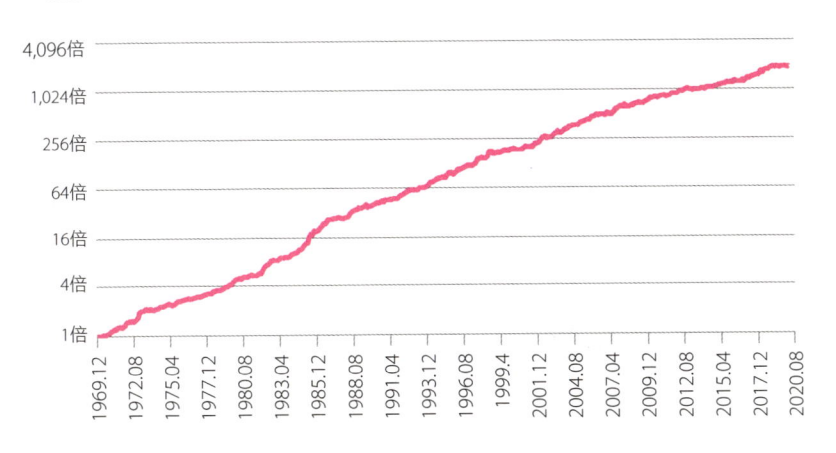

非常穩定上升。

2 基本統計數據表現如何？

策略	年均複合成長率（%）	MDD（%）	最長下跌期（月）	月勝率（%）
新版三項混合策略	15.7	-9.3	21	74.8
債券動態資產配置	7.9	-8.9	32	71.9
變形雙動能	18.3	-15.3	21	71.1
BAA	19.3	-14.5	18	70.7

❶ **年均複合成長率**：近似3種動態資產配置策略的平均值。

❷ **MDD**：3項策略的MDD分別為8.9、14.5、15.3％，但是混合策略的MDD卻只有9.3％，這是分散投資所帶來的結果，所以我才會建議各位要分散投資各種策略。

❸ **最長下跌期**：從投資組合走跌直到回本，所花費的最長時期為21個月，與BAA和變形雙動能策略很接近。

❹ **月勝率**：各策略的勝率落於70～71％之間，混合策略的勝率卻是74％，非常有趣的結果。

3 虧損的時期與幅度有多大？

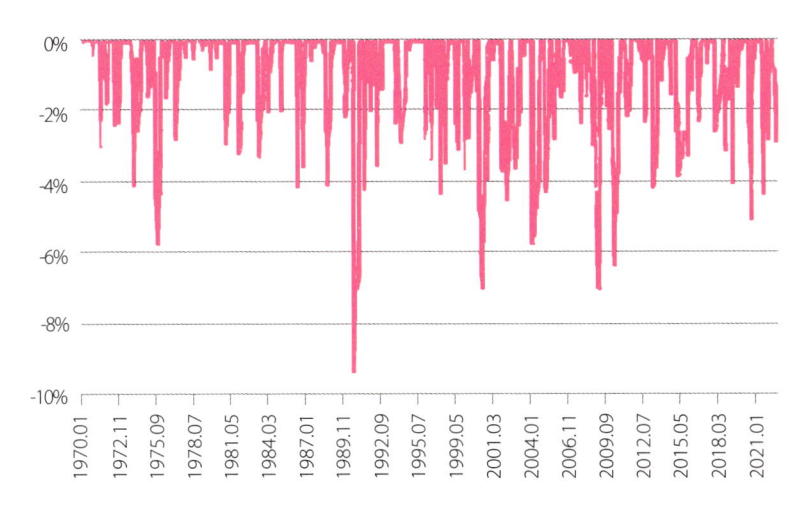

這個投資組合的 MDD 是 -9.3％，這也就意味著，整整 50 年來，都不曾出現過二位數的虧損。

4 1970～2022 年之間，虧損幅度較大的時期，股價下跌了多少？

我本來想分析一下，新版 3 項混合策略績效表現不佳的時期，虧損規模會有多大，不過其實它並沒有什麼太嚴重的虧損期。

1990 年 8 月是這個投資組合，唯一一次在單月寫下 9.3％ 的虧損，同時也刷新了這個策略的 MDD。除了 2000 年 4 月 -6.53％、2004 年 4 月 -5.7％、2009 年 1～2

月-6.95%、2010年5月-6.07%以外，就沒有虧損5%以上的紀錄了。

BAA與變形雙動能策略的表現通常不錯，但偶爾會出現大幅度的虧損，不過新版3項混合策略中，從未出現兩項以上策略同時大幅崩跌的情況，因此新版3項混合策略的MDD相對較低。

建立媽媽的資產配置策略

到目前為止，我已經介紹了10種投資策略。

靜態資產配置：60/40、永久、全天候、韓國型全天候投資組合

動態資產配置：（舊）雙動能、VAA、LAA

（新）變形雙動能、BAA、債券動態資產配置

我很認真地解釋自己是採用什麼投資策略，以及為什麼要這麼投資。但是媽媽不需要跟我用一樣的投資方式。我採用的新三項混合策略，確實是「十分不錯的策略」，不過我們可以利用上述這些策略，組合出數百種不同的投

資組合。媽媽也可以從中建立出一套非常不錯的投資策略。

我分派了作業給媽媽，要她從中結合幾個策略，建立一套屬於她自己的投資策略。媽媽問我：「所以你是要我自己計算這些東西嗎？」她當然可以從 investing.com（kr.investing.com）的網站上下載數據，單獨進行回測，但這並不必要。

使用我先前介紹過的收費網站「Allocate Smartly（www.allocatesmartly.com）」會更方便。這個網站提供 70 幾種靜態、動態資產配置的回測結果，並且可以讓我們知道，結合數個投資策略會得到怎麼樣的投資結果。我告訴媽媽，她可以在這個網站上，混搭我們所學過的策略，試著建立出一套屬於她自己的投資組合。

在 Allocate Smartly 上，上述 10 個投資策略中，除了韓國型全天候與變形雙動能策略以外，其他策略都可以使用。

Allocate Smartly的回測案例

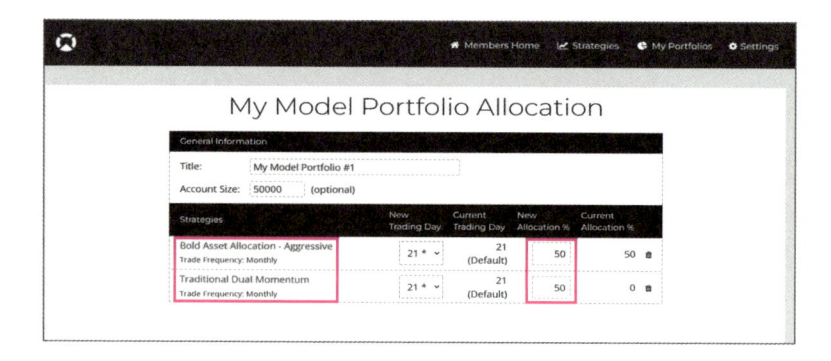

舉例來說,如果你想回測 BAA 策略 50%、雙動能策略 50%的投資組合,只要按照上述畫面那樣,選擇好投資策略,然後輸入投資比例就行了。輸入完成後,你就會獲得跟下頁圖表一樣的回測結果。粉紅色是我所輸入的策略的報酬率,灰色是做為基準值的 60/40 投資組合報酬率。

Allocate Smartly的回測結果

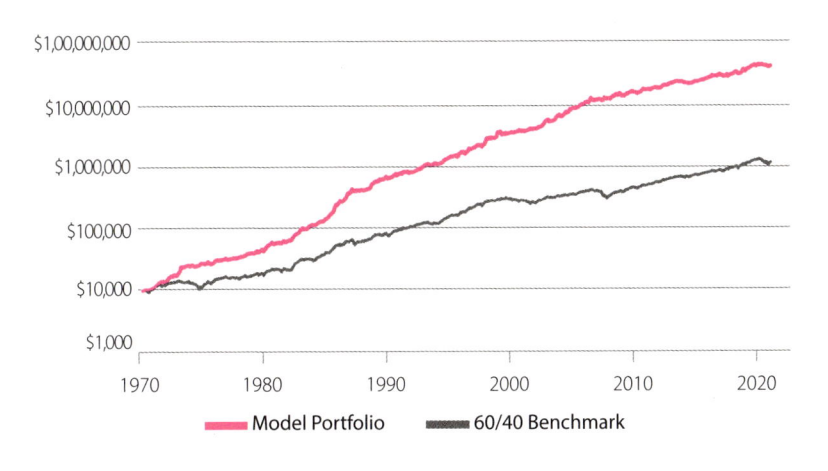

（圖表：Model Portfolio 與 60/40 Benchmark 自1970年至2020年之績效比較）

Summary Statistics: My Model Portfolio #1
1970 to Present

Statistic	내 전략	벤치마크	Statistic	Strategy	Benchmark
Annualized Return（年均複合成長率）	17.2%	9.3%	Annualized Volatility	10.7%	10.0%
Sharpe Ratio	1.17	0.48	Sortino Ratio	2.42	0.80
Max Drawdown (EOM)	-9.5% 05/2000	-29.5% 02/2009	Longest Drawdown（最長下跌期）	21 months	40 months
Ulcer Performance Index（MDD）	4.46	0.80	% Profitable Months（月勝率）	70.6%	64.3%
Best Month Return	17.1%	10.7%	Worst Month Return	-9.5%	-10.7%

　　我也很好奇，媽媽的作業會出現什麼樣的結果。不過收到作業後的媽媽，拋出了一個問題：「我做回測的目的是什麼？我不能直接使用姜桓國提出的策略就好了嗎？」

第四堂課　姜桓國所採用的趨勢追蹤策略

媽媽說的也沒有錯。我的「新版混合策略」是分別投資 1/3 在債券動態資產配置、變形雙動能、BAA 策略上，這個投資組合非常不錯，其實可以直接拿來用就好了。但若要累積經驗，就必須要親自去組合不同的投資策略，確認各種不同的結果，最重要的是親自分析過，在表現不佳的期間裡，該投資組合會出現多嚴重的虧損。有些東西，如果沒有親自回測，肯定無法感受到。下一堂課，我們必須聊聊關於這方面的話題了。

預習・複習

第四堂課的作業

▶ 複習第四堂課的內容
　一了解各趨勢追蹤策略的特徵
　一了解景氣四季裡分別會上漲和下跌的資產
▶ 在 **Allocate Smartly** 網站上，混搭 **8** 項投資策略，執行各式各樣的回測。[音譯]，Page 2 Books）

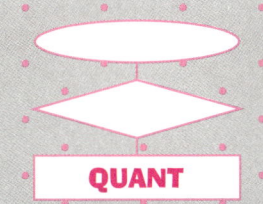

QUANT

第五堂課

「這不是迷信，是一場機率的遊戲！」

提高勝率的「季節性」

QUANT

媽媽的投資策略，回測結果如何呢？

上一堂課，我派給媽媽的作業是，混搭資產配置策略，打造出屬於她自己的投資組合。究竟媽媽的投資策略，會出現什麼樣的結果呢？

媽媽說，我們所學的投資策略中，Allocate Smartly 上有的共有 8 項，她剛開始最好奇的是，如果同時投資這所有的策略，會帶來什麼樣的結果。

若以相同金額，投資我們先前所學過的8項策略

策略	年均複合成長率（％）	MDD（％）	最長下跌期（月）	月勝率（％）
8項總和	12.2	-12.7	16	69.3
60/40	9.3	-29.5	40	64.3
永久	8.4	-15.6	20	64.6
全天候	9.1	-21.1	20	66.1
雙動能	14.5	-19.6	37	66.3
LAA	10.4	-18.9	37	64.7
VAA	17.0	-16.1	34	75.9
BAA	19.3	-14.5	18	70.7
債券動態	7.9	-8.9	32	71.9

結果雖然並不是太壞，但是年均複合成長率 12％、MDD 也是 12％，結果也不算太好。我在第四堂課上介紹的投資策略，年均複合成長率是 15％，MDD 是 9％，相形之下顯得不太值得。

只看回測結果就決定要使用哪一種策略，是很危險的行為。因為誰也不能保證，過去表現不錯的策略，在未來就一定會有好的成績。不過這個策略有個問題，60/40、全天候、永久投資組合屬於靜態資產配置，LAA 是「類靜態資產配置」，所以這 8 項策略裡面，有 4 項非常相似。此外，BAA 和 VAA 是快策略，雙動能是慢策略，債券動態資產配置屬於債券型投資策略。統整之後如下：

8項混合策略的類別與投資配比

類別	涵蓋的策略	比重
靜態資產配置	60/40、全天候、永久、LAA	50％
快策略	BAA、VAA	25％
慢策略	雙動能	12.5％
債券	債券動態資產配置	12.5％

類別指的是各檔資產配置的整體性質。從上方表格可以看到，8 項混合策略在各類別的平衡性較差。再加上靜態配置的報酬率偏低，但比重卻最高，高達 50％？這不見

得是一個好的結果。

此時，媽媽又提問了：「每個投資策略的比重也很重要嗎？那就拉高特定策略的比重，降低其他策略的比重，不行嗎？」

倘若試著放入各種配比進行回測，雖然可以找出過去報酬率最高的配比，但是這個特定的配比，在未來是否依然能帶來好的績效，依然是個謎。所以我偏好等比例投資策略，在所有投資策略上都投入相同的金額。

舉例來說，過去的資料顯示，BAA 40%、債券10%、LAA 30%、雙動能20%的回測結果最好，但是沒有任何邏輯依據可以指出，這樣的配比在未來也能帶來最佳的結果。過分執著於過去的配比，被稱為「過度優化」。為了避免這種情況發生，最好一切從簡，在所有策略上投注相同的金額。但除了以投資策略為基準以外，我們也可以設定不同基準，將投資金額平均到各個類別上。

平均4種類別比重的投資組合

類別	涵蓋的策略	比重	類別比重
靜態資產配置 類靜態資產配置	60/40	6.5%	25%
	全天候	6.5%	
	永久	6.5%	
	LAA	6.5%	
快策略	BAA	12.5%	25%
	VAA	12.5%	
慢策略	雙動能	25%	25%
債券	債券動態資產配置	25%	25%

上表是把「類別比重」統一後的結果。雖然每一項策略的比重都不同，但4種類別的比重卻相同。平均投資8項投資策略和按照類別平均投資，哪一個的績效會更好呢？

平均4種類別比重的投資組合

策略	年均複合成長率（%）	MDD（%）	最長下跌期（月）	月勝率（%）
平均投資策略比重	12.2	-12.7	16	69.3
平均類別比重	12.7	-10.7	17	71.5

比起平均投資 12.5％在 8 項不同的投資策略上，按照分類投資的成效看起來更好。但是比起一口氣投資 8 項策略，只投資 2～3 個策略反而更有力道。

除了上述的投資策略以外，媽媽也混搭了各種策略，對此做了分析。

媽媽分析的策略績效

策略編號	涵蓋的策略	年均複合成長率（％）	MDD（％）	最長下跌期（月）	月勝率（％）
1	BAA、債券、雙動能、LAA	13.3	7	16	70.7
2	BAA、債券、VAA、LAA	13.9	8	17	72.9
3	BAA、債券、永久、LAA	11.7	8.1	16	70.1
4	VAA、債券、雙動能、LAA	12.7	9	16	71.2
5	BAA、雙動能、VAA、60/40	15.3	10	20	71
6	BAA、雙動能	17.2	9.5	21	70.7
7	BAA、債券	16.6	10.6	17	70.9
8	BAA、債券、雙動能	15.9	8.5	18	72

這些策略裡，2 號與 5 號都有 BAA、VAA 兩個「快策略」，感覺有些重複。3 號裡的永久投資組合與 LAA 都是類靜態資產配置策略，也稍嫌重複。

我詢問媽媽，分析過這麼多策略後，有沒有從中領悟到什麼？媽媽說：「我先把投資策略分門別類，分成了靜態資產配置、快策略、慢策略與債券策略，我發現可以結合的投資組合並沒有想像中多。神奇的是，我學會只運用 2～3 個策略，效果比把 8 個策略全派上用場還好。除此之外，分散投資到 2 個策略上，MDD 確實會低於各個投資策略的平均值，這時就算再放入第三個或第四個策略，結果也差不多。我嘗試建立了各種投資組合，結果也沒什麼差別。」

媽媽的回答非常接近於正確答案。使用 2 個策略，確實比起只使用 1 個策略，更能有效降低 MDD。靜態資產配置之所以除了股票以外，還要加入債券和實質資產，也是出於同樣的邏輯。由於投資策略的相關性低於 1，進而產生了分散投資的效果，所以建議各位要同時投資 2 個以上的策略。

不過重點在於，使用 2 個以上的策略時，就算增加到 3 個或 4 個，其實也沒有太大的差別。

所以說，就算姜桓國用的是「債券動態資產配置、變形雙動能、BAA策略」，各位也完全沒必要照著做。能夠創造兩位數年均複合成長率、個位數MDD的資產配置，比比皆是，我所用的投資組合，只不過是「無數策略中的其中一個（one of them）」罷了。唯有親自嘗試過回測，才能體悟這項真理。

媽媽說她喜歡結合了BAA與雙動能策略的6號策略，因為這個策略的年均複合成長率為17%，MDD低於10%。

我原本以為，媽媽不可能找到比我的投資策略更好的選擇，但是這個6號策略，在年均複合成長率與MDD層面上，看起來比我提出的新版混合策略來得更加優秀。親手組合出各種策略，並進行回測，就會發現「原來把幾個靜態和動態資產配置搭配在一起，得出的結果差距並不大；原來姜桓國用的策略，也不是什麼最強的策略」，這一點非常重要。知道與不知道，在投資的時候有著天懸地隔的差距。

盲從他人的投資策略；親自測試各種投資策略，建立出一套自己的投資策略；先充分了解，再遵循他人的投資策略，這三種狀況有什麼不同嗎？如果你試著親自去投

資，你將會感覺到這三者之間有著天壤之別。

不管是怎麼樣的策略，都會有表現欠佳的時候，這種時候能否堅持下去，就取決於這一點。那些毫無想法，只是盲從他人投資策略的人，在投資策略表現不佳的時候，必然會先把提出這個投資策略的人臭罵一頓，然後就放棄這個投資策略，開始嘗試別的策略。

降低 MDD 比你想像中更簡單

其實，這本書寫到這裡，已經差不多可以結束了。只要把所有的財產，分配到 2～4 檔資產配置策略上就行了，利用這種方式，要達成起初的 10% 年均複合成長率與 30% 以下的 MDD，完全沒有問題。

但是在做完回測以後，媽媽說：「回測過這些投資策略後，我突然覺得自己很蠢。我根本沒必要把 MDD 設定在 30% 啊？只要混搭幾個策略，MDD 基本上不會超過 10%。」

所以我才會說，親自做過回測，肯定會有所領悟。請恕我再次強調，只要把數個投資策略搭配在一起，MDD

一定會大幅低於每個投資策略的 MDD 均值。債券動態資產配置、變形雙動能、BAA 策略的 MDD 分別為 8、15、14%，但是 3 項混合策略的 MDD 卻僅有 9%。

媽媽分享她做回測時的感想。她說：「我重新思考了一下，降低 MDD 好像真的很重要。從數學上來說，要挽回虧損真的很困難，除此之外，持續虧損也會讓人感到心累和挫敗，很可能就會做出失控的行為，所以投資才會失利吧。」

沒有錯，這也是媽媽口中的「大雜燴投資」之所以誕生的原因。不遵守策略，掉進想回本的心態，就會做出平時不會做的蠢事。作家金秀弦（音譯）在著書《散戶為什麼失敗了還是繼續投資？》（暫譯，台灣未出版）中，仔細描繪出了全職散戶的毀滅之路。散戶剛開始以投資績優股為主，稍微賺了一點錢就誤以為自己有投資的資質，開始增加押注的金額，結果虧損了，又為了想挽救，而開始接觸小型股和期貨選擇權……諸如此類的衍生商品。接著他們漸漸開始進行高槓桿的風險投資，最後在 2～3 年內，賠光所有的資本。所以說，如果想要維持平常心，最重要的就是，打從一開始就要降低虧損。

最後，我們來為趨勢追蹤策略做個總結吧。

1. 牛市時，買進近期漲幅最高的風險資產（相對動能）。
2. 熊市時，賣出風險資產，轉移至安全資產（絕對動能）。
3. 安全資產以購買債券為原則，
4. 倘若近期債券收益不佳，賣掉債券，持有現金。
5. 把資產分配在幾個趨勢追蹤（動態資產配置）或是靜態資產配置策略上，通常來說，**MDD** 將會減少至 **10**%以下。

我不打算把課程結束在這裡，因為我可不是那種只（？）告訴媽媽要怎麼進行資產配置，達成 15％年均複合成長率、約 10％的 MDD，這種微不足道的成績，然後甩頭就走的不孝子（？）啊！再者，我可是獨生子，媽媽經濟上的富裕和資產上的增值，也是我將來的幸福啊。

接下來，我們來了解一下如何鑽研市場季節和選股的方法，讓收益更上一層樓吧。

初試量化投資的人，爲什麼會半途而廢呢？

我一直無法理解，已經 21 世紀了，非量化投資為什麼還會繼續存在，所以我一直以來都很好奇這個答案。我知道量化投資的門檻很高，但是為什麼有些人，明明已經突破了這項門檻，卻又再度放棄量化投資，重拾非量化投資人的身分呢？我參考了魯爾夫・杜伯里（Rolf Dobelli）的著作《思考的藝術》，跟媽媽討論這件事。

1. 無法理解何謂複利

倘若我們可以透過量化投資，用相對穩定且簡單的方式，在 10～20 年間，持續達成 10～15% 年均複合成長率，那麼大部分的上班族，應該都可以達成財富自由，不對，應該說是很難不達成財富自由。但是媽媽卻說：「問題在於人類無法切身感受到『複利』的概念。雖然人類可以稍微理解圖表和表格，但是很少有人能夠理解這些數字象徵的意義。大多數人都會因為恐懼而逃離。」

我也覺得確實如此。我一直都在強調，能夠工作

10～20年的上班族，只要每年可以賺到10～15%的年均複合成長率，就能夠達到財務自由。不過乍看之下，每年10%、15%的報酬率似乎非常少。人們會想：「賺這點錢能做什麼？」再加上後見之明偏誤，使人們誤以為自己只要出手，就可以賺到比這個更高的收益。「只要賺到兩根漲停板，不就能賺70%了嗎？」（編按：韓股單日漲跌幅限制為30%，因此連漲兩次漲停板代表賺到約69%的獲利）

許多悲劇就源自於此。各位一定要記得，年均複合成長率10～15%其實相當困難，無法達成的投資人比比皆是。

2. 只相信自己想相信的

人們總是只看自己想看的、只聽自己想聽的，甚至在找證據的時候，也只找能夠支持自己的意見，進而忽略其他聲音，這就是所謂的認知偏誤。下述是媽媽推測認知偏誤為什麼會使投資人虧損的看法。「人們剛開始進行量化投資的時候，會先下定決心要遵守原則，並投入資金。接著他們會開始等待再平衡的時刻來臨，不過等待的時間裡，依然會不斷收到各種資

訊。原本建立好的原則，自然而然地變得模糊不清。而且投資的過程中，很可能會出現一些自己所相信的預測，或者是自己喜歡的想法（例如：全球經濟陷入困境，聯準會升息將導致股票市場持續低迷數年）。他們對於量化投資的信任感越來越薄弱，甚至與自己新的信念有所衝突，所以才放棄了量化投資。」

事實上，投資人的那些「新的信念」，並非基於科學或統計，而是因為那些自稱為專家的人，提出了看似像樣的意見，而大多數的投資人，就將其誤以為是自己的想法。

我跟媽媽的想法差不多。「沒錯，量化投資看起來是不錯……但世界正在走向毀滅，投資這麼多小型股真的可以嗎？這次先賣掉吧，等狀況好轉（？）之後再說吧。」抱持著這種想法，無法堅守策略的投資人，真的不計其數。其實建立好投資原則之後，如果當下沒有什麼該做的事，什麼都不做就是上上策。帕斯卡（Pascal）留下了一句名言：「人類所有的悲劇，都源自於無法獨自安靜地待在房間。」投資亦然。甚至連投資大師巴菲特都說過：「工作的時候，我們大

部分都只是坐在那,什麼都沒做。」不是嗎?

3. 被專家的意見左右

大多數人,比起自行思考,更傾向於跟隨那些在社會上被認可的人,所提出的意見。量化投資人還是屬於少數族群,所以有名的投資人並不多。但是那些受歡迎,自稱是專家的人,只要說一句:「量化投資不太可行吧?」許多人就會不經驗證,相信他所說的話。但是主張量化投資行不通的專家,以及相信這句話的人,很可能都沒有做過回測吧。

市場時機與季節性

我們先來複習一下,截至目前我們所學的內容吧。

1. 若透過資產配置(靜態資產配置),分散投資股票、債券、實質資產、美元等標的,就可以減少相當程度的 MDD。預估報酬率落在年均複合成長率 7～9％左右。
2. 為了提升年均複合成長率,我們學習何謂趨勢追蹤

（動態資產配置），在牛市時投資近期收益最高的風險資產，從中大舉獲利；熊市時轉為持有安全資產，規避虧損，這就屬於「市場時機」策略的一種。

到目前為止，在**市場時機**＊策略中，我們學到以「近期股票收益」做為基準，進行投資決策的趨勢追蹤策略。但是還有另一種利用市場時機的方式──**季節性**＊＊。

> **市場時機**＊
> 把市場趨勢反應在投資上的一種方法，包含趨勢追蹤（動態資產配置）與季節性……等。

> **季節性**＊＊
> 特定時期，股價模式反覆重現的現象。

因為我經常把「十一四天國，五十是地獄」掛在嘴邊，所以媽媽已經大略知道 11～4 月股票的報酬率比較高，而 5～10 月處於低潮期。但是媽媽問我，這個法則為什麼會被稱為「季節性」呢？「為什麼這個法則的名字是季節性？說到季節性的話，就給人一種春夏要買，秋冬要賣的感覺。」

季節性是指在金融市場上，特定的時間、日、週、月、年，反覆重現股價模式的現象。股票市場上已經有許多眾所皆知的季節性，以下列舉幾個例子：

- **下午（約 13 點過後）的收益比早上高。**（譯註：韓國股市正規交易時間為 09:00～15:30，與台股開盤時間 09:00～13:30 不同）

- **盤後（15:30 ～翌日 9:00**，編按：盤後交易指在一般交易時段收盤後，後續時間延伸出的額外交易時段）**的收益，比盤中（9:00 ～ 15:30**，編按：台股的盤後交易時間為 14:00 ～ 14:30）**高。**
- **星期四、五的收益比星期一、二、三高。**
- **月底和月初（月底 4 個交易日、月初 3 個交易日）比月中高。**
- **11 ～ 4 月的收益比 5 ～ 10 月高。**
- **以美股來說，期中選舉**（編按：總統任期過半時，所舉行的參議員和眾議員的選舉，此選舉結果常被視為對總統前兩年表現的公投）**後的一年間，收益較高。**

這些例子雖然不是年年都一樣，但卻是經常反覆重現的模式，非常值得運用在我們的投資上。舉例來說，長年看來，5 ～ 10 月的股票報酬率不佳，那我們就沒必要在這段時間大舉投資股票，不是嗎？

這種現象在英文裡被稱為「seasonality」，翻譯過來，就誕生出可能容易令人混淆的字彙——「季節性」。

有關季節性的解釋，我會講解幾個最具代表性的模式。這次授課進行的時間，正好是 2022 年的下半季，因

此我也會簡單講解「2022 年 10 月底匯集的三大宇宙之力」。美國市場因為累積的數據量較大,有關季節性的研究也非常活躍。讓我們逐一了解一下吧。

尾數 2 或 3 的年份會出現低點

美國的股票市場,是全球最大的市場,前文我們也有學到,韓國股市跟美國股市的相關性正逐漸在攀升。美股在近百年內,出現了非常有趣的十年週期循環。

美股近百年的十年週期循環

年度尾數	0	1	2	3	4	5	6	7	8	9
1920年代	-9.9	16	66.3	-4.51	24.04	23.19	3.16	23.26	37.57	-11.91
1930年代	-28.48	-47.07	-15.15	46.59	-5.94	41.37	27.92	-38.56	25.21	-5.45
1940年代	-15.29	-17.86	12.43	19.45	13.80	30.72	-11.87	0.00	-0.65	10.26
1950年代	21.78	16.46	11.78	-6.62	45.02	26.40	2.62	-14.31	38.06	8.48
1960年代	-2.97	23.13	-11.81	18.89	12.97	9.06	-13.09	20.09	7.66	-11.36

1970年代	0.10	10.79	15.63	-17.37	-29.72	31.55	19.15	-11.50	1.06	12.31
1980年代	25.77	-9.73	14.76	17.27	1.40	26.33	14.62	2.03	12.40	27.25
1990年代	-6.56	26.31	4.46	7.06	-1.54	34.11	20.26	31.01	26.67	19.53
2000年代	-10.14	-13.04	-23.37	26.38	8.99	3.00	13.62	3.53	-38.49	23.45
2010年代	12.78	0.00	13.41	29.60	11.39	-0.73	9.54	19.42	-6.24	28.88
2020年代	16.26	26.89	-14.57	-	-	-	-	-	-	-
平均	1.32	1.59	0.76	13.67	8.04	22.50	8.59	3.49	10.33	10.14
勝率	50	50	60	70	70	90	80	60	70	70

單位：%

　　分析美股的話，會發現尾數 0～2 的年份，收益普遍不佳，所以尾數 2 的年份往往會形成低點。後續尾數 3～6 的年份，收益都比較好，其中以尾數 5 結尾的年份收益最高，近百年來不曾虧損過（2015 年雖然帳面是虧損，但是若把股息收益加進去的話，依然是以正收益收場）。

　　尾數 7～8 的年份，分析下來會發現，20 世紀主要是尾數 7 的年份收益較差，但是 21 世紀則是尾數 8 的年份表現欠佳。經過尾數 7～8 的年份，低點形成後，美股會再度上漲，所以尾數 9 的年份收益大多較高。

美國十年循環各年度別報酬率（1923～2022）

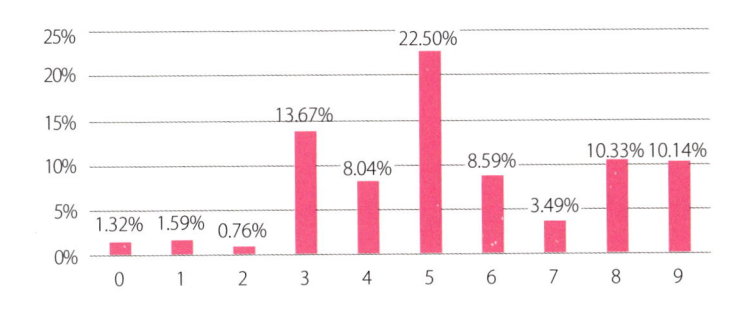

年度尾數	報酬率
0	1.32%
1	1.59%
2	0.76%
3	13.67%
4	8.04%
5	22.50%
6	8.59%
7	3.49%
8	10.33%
9	10.14%

上述內容統整後如下。

美國各年度別報酬率分析

年度尾數	報酬率
0～2	低
3～6	高
7～8	低
9	高

期中選舉當年度會出現低點

　　期中選舉的那一年，美國市場大多都會觸底。投資大師肯恩・費雪（Kenneth Fisher），在著作《投資最重要的3個問題》中提到，美國新任總統上任，政治上會出現許

多變因，市場的不確定性也會增加。費雪表示，市場最討厭的就是「不確定性」，期中選舉又會創造出另一個不確定性，所以總統當選後的第一年、第二年的報酬率，大多都不太理想。

美國總統選舉循環與股票報酬率

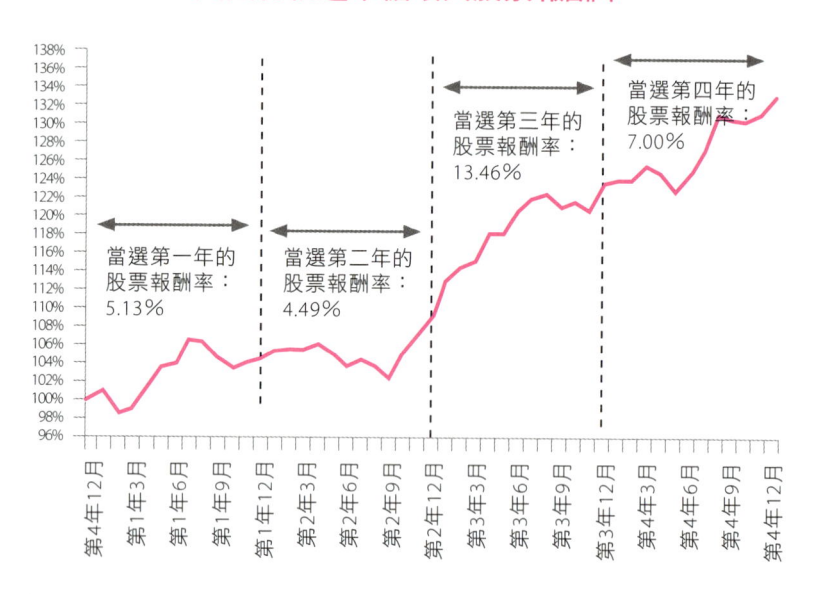

當選第一年的股票報酬率：5.13%

當選第二年的股票報酬率：4.49%

當選第三年的股票報酬率：13.46%

當選第四年的股票報酬率：7.00%

期中選舉的時候，對於總統執政感到失望的民眾，通常會把選票投給在野黨，因此大多時候，執政黨都會在期中選舉時流失選票。總統與掌握議會的執政黨，往往會因此陷入僵局，按照費雪的說法，這種狀況對市場而言是最好的情況。由於總統的政策受到議會阻攔，議會提出的政

策又受到總統的阻擋,導致變化難以發生,變化少了,不確定性就會減少。

所以,自從第二次世界大戰後,美國市場就未曾在期中選舉的隔一年發生虧損(2015年雖然看似有-2%的虧損,但若加入股息殖利率,就是正收益)。

十一四天國,五十是地獄

有一篇論文〈萬聖節指數,「5月脫手遁逃」:在任何地方與任何時間點〉,分析了從1693年至今每月股票收益數據(Zhang, Jacobsen - The Halloween Indicator, 'Sell in May and Go Away': Everywhere and All the Time(2018)),令人訝異的是,分析結果顯示,從1960年開始,這世界上所有的股票市場,11~4月的報酬率都超越了5~10月。

下面我將以幾個比較具代表性的國家為例,以下這8個股票市場的報酬率,都不包含股息殖利率。

韓國綜合股價指數（KOSPI）各時期之獲利比較

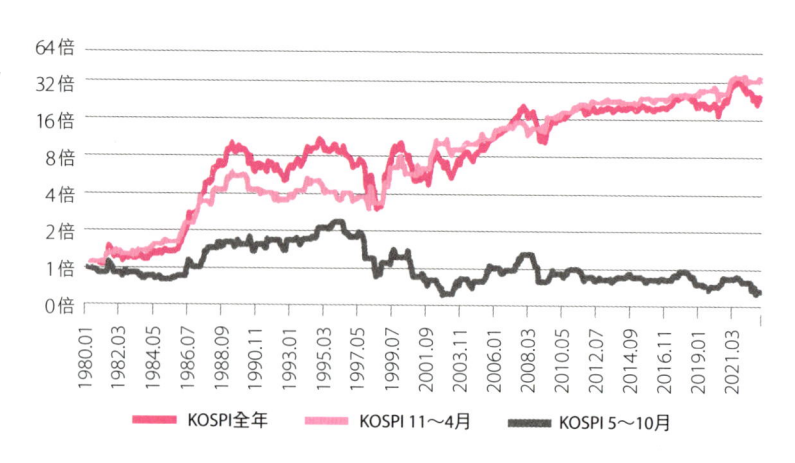

— KOSPI全年	— KOSPI 11～4月　　— KOSPI 5～10月

　　排除股息後，KOSPI 指數上漲了約 24 倍，年均複合成長率為 7.5％。但倘若我們只在 11～4 月投資，卻可以取得 33.4 倍的獲利，年均複合成長率為 8.5％。1980～2022 年 5～10 月的總報酬率，卻僅有 -33％（年均複合成長率 -0.9％）。在韓國市場，只在 11～4 月做投資，5～10 月中斷投資，把資金轉移到安全資產，將會獲得更高的報酬率。而韓國從 1995 年開始，5～10 月的報酬率更是悲劇，總報酬率為 -71.1％（！）。

　　這個數字意味著，投資人若在 1995 年起，用 1 億韓元，只在 5～10 月投資 KOSPI 市場，歷經 27 年之後，在 2022 年之際，資本會變成 2,890 萬韓元。1994 年還可以在

江南買一間房子的資金,在 2022 年的時候,卻縮水到連一台好車都買不起。

科斯達克指數(KOSDAQ)各時期之獲利比較

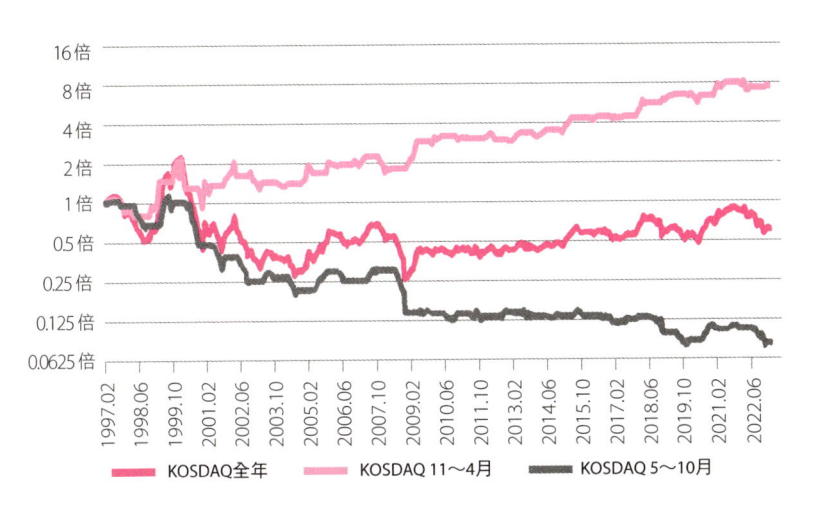

KOSDAQ全年	KOSDAQ 11〜4月	KOSDAQ 5〜10月

KOSDAQ 指數的數據,始於 1997 年 2 月,若當時開始投資 KOSDAQ,至今 25 年來的收益是 -40%(年均複合成長率 -1.9%),表現欠佳。但驚人的是,相同的時期,如果只在 11 〜 4 月進行投資的話,25 個年頭來,資產將會增加 7.4 倍(年均複合成長率 8%)。同一時期 KOSPI 指數 11 〜 4 月的年均複合成長率為 9.0%,並沒有落後太多。

不過,若是在 5 〜 10 月投資 KOSDAQ 指數,那就是

非常愚蠢的行為了。如果拿著 1 億韓元從 1997 年 2 月開始，只在 5 ～ 10 月投資的話，這筆資金將會銳減至 815 萬韓元（！），總報酬率是 -91.85％，年均複合成長率則是 -9.2％。

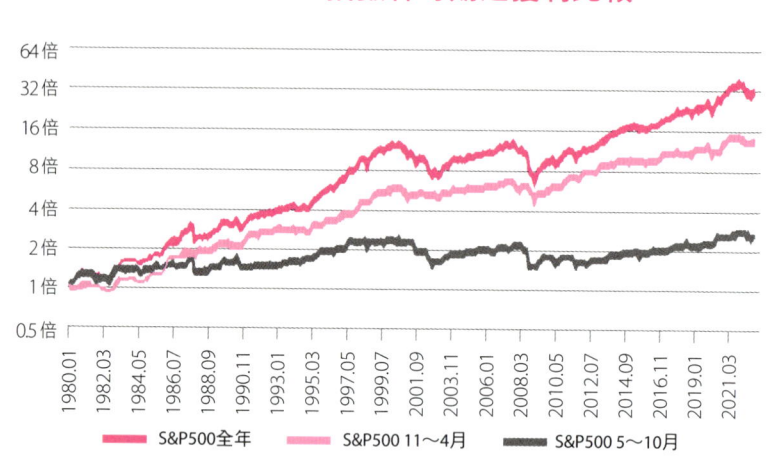

美國S&P500指數各時期之獲利比較

[圖表：S&P500全年、S&P500 11～4月、S&P500 5～10月 於1980.01至2021.03期間之表現比較，縱軸為0.5倍至64倍]

美國市場不同於韓國市場，11 ～ 4 月與 5 ～ 10 月的差距並不大，但仍舊有著顯著的差距。

1980 ～ 2022 年 S&P500 指數的年均複合成長率是 8.6％，11 ～ 4 月的年均複合成長率是 6.3％，5 ～ 10 月是 2.2％。雖然美股 5 ～ 10 月表現不像韓國市場一樣低迷，但是如果只選在這段時間投資美股的話，就無法獲得榮華富貴。

中國上證指數各時期之獲利比較

中國上證指數從 1990 年 12 月開始，至今已成長了 25 倍（年均複合成長率 10.3％）。若只在 11～4 月投資上證指數，幾乎可以取得等同於全年 12 個月的報酬率（年均複合成長率 10.0％）。

但若是在 5～10 月投資，年均複合成長率甚至還略低於一般儲蓄，僅有 0.2％。再加上，如果從 1992 年開始分析，若選擇只在 5～10 月投資上證指數，甚至會發生 -82％的虧損。

香港恒生指數各時期之獲利比較

恒生全年　　恒生11〜4月　　恒生5〜10月

香港恒生指數的走勢也很類似。

1980 〜 2022 年恒生指數的年均複合成長率為 7.3％，11 〜 4 月的年均複合成長率是 7.6％，5 〜 10 月則是 -0.3％。恒生指數從 1997 年開始，5 〜 10 月的報酬率就非常低迷，1997 年至今 5 〜 10 月的投資報酬率，總體為 -64.5％。

日經平均指數各時期之獲利比較

（圖例：日經全年、日經11～4月、日經5～10月）

日經平均指數也擺脫不了這個大趨勢。

1980～2022年，日經平均指數的年均複合成長率為3.3％，但是11～4月的年均複合成長率是5.6％，5～10月則是-2.0％。若是只選擇在5～10月投資，就算進行長達42年的長期投資，也還是會虧錢。日經平均指數在1990～2012年的表現最差，如果在這個時期的5～10月做投資，會產生-84％的虧損。

英國富時100指數（FTSE）各時期之獲利比較

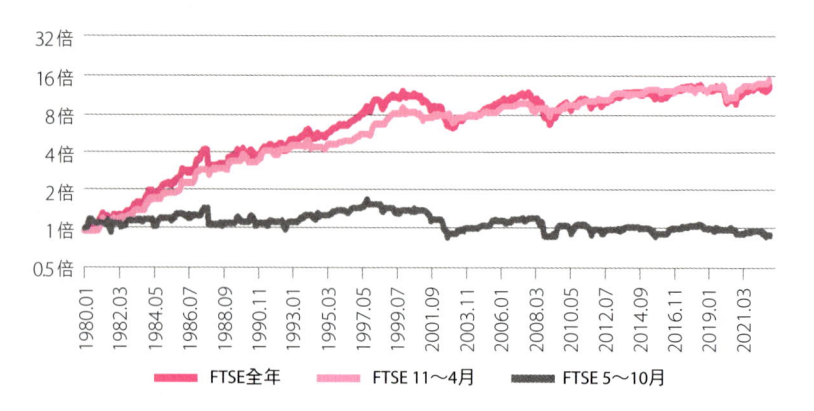

我們目前分析過了韓國、中國、日本等亞洲國家，那麼歐洲又是如何呢？結果顯示，它們也出現幾乎一模一樣的趨勢。

英國富時 100 指數從 1980 年的年均複合成長率為 6.2％，如果只在 11～4 月投資，會取得 6.5％的年均複合成長率，略高於 6.2％。反之，5～10 月的年均複合成長率是 -0.3％，不僅理所當然賺不到錢，如果從 1997 年開始就只在 5～10 月投資的話，總報酬率是 -47.1％。

德國DAX指數各時期之獲利比較

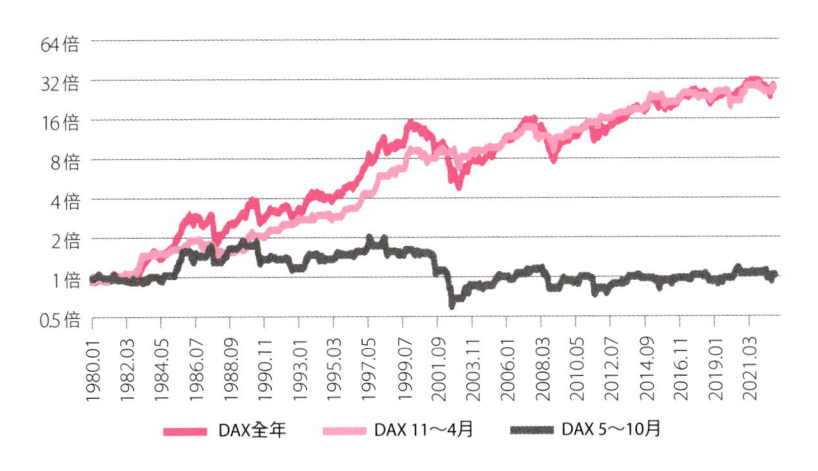

縱軸:0.5倍、1倍、2倍、4倍、8倍、16倍、32倍、64倍
橫軸:1980.01～2021.03
圖例:DAX全年　DAX 11～4月　DAX 5～10月

最後讓我們來分析德國市場吧。同樣地,德國DAX指數11～4月的報酬率明顯優於5～10月。1980～2022年全年的年均複合成長率是8.1％,11～4月是8.0％,但5～10月則是0.1％。若單看1997年後的報酬率,德國5～10月的總報酬率為-49％。

上述內容的統整如下頁表格。

這個結果著實令人驚訝。5～10月年均複合成長率有超過存款利率的國家,竟然只有美國。8個指數裡,竟然有5個指數,選擇在5～10月投資,就算是進行為期30～40年的長期投資,也完全無法從中獲利。

第五堂課　提高勝率的季節性　221

8個指數各時期報酬率之比較分析

策略	全年 年均複合成長率	11～4月 年均複合成長率	5～10月 年均複合成長率
KOSPI（韓國）	7.5	8.5	-0.9
KOSDAQ（韓國）	-1.9	8.0	-9.2
S&P500（美國）	8.6	6.3	2.2
上證（中國）	10.3	10.0	0.2
恒生（香港）	7.3	7.6	-0.3
日經（日本）	3.3	5.5	-2.0
FTSE（英國）	6.2	6.5	-0.3
DAX（德國）	8.1	8.0	0.1

單位：％

聽完我的一番說詞，媽媽說：「你在書裡也有提出幾個假設，證實為什麼11～4月投資比較順利，但這對我來說並不重要。假如11～4月的報酬率更高，那我就在這段期間投資就行了啊。全世界11～4月的投資報酬率都比較高的話，那我有什麼理由硬是要在11～4月以外的時間投資呢？」

我跟媽媽有同樣的看法。雖然有很多假設，試圖證明11～4月的報酬率為什麼會高於5～10月，但是我依然沒有從中找到特別有共鳴、特別具有說服力的理由。但是長時間以來，全球11～4月的報酬率都壓倒性勝過5～

10月，這難道不足以成為一個原因嗎？

我認為在金融市場上，我們沒必要知道「為什麼行得通」，只要「選擇行得通的方式」就行了。

基於我這15年來的投資經驗，我逢人就會叮嚀對方，千萬不要在5～10月投資，因為我自己親自投資過，也賠過錢。遺憾的是，把這段話當成耳邊風的人，大多數都會在5～10月大摔一跤後，才告訴我：「姜桓國，你是對的！」這當中甚至還有知名的基金經理人，也在5～10月賠了錢，令人感嘆不已。人果然要自己吃過虧才能清醒啊！

三大宇宙之力匯聚之際

美國舉辦期中選舉，且該年度尾數為2的年份，每20年才會迎來一次。讓我們一起來分析近百年來的股價走勢吧。

1920年代美國S&P500指數走勢

1940年代美國S&P500指數走勢

　　1940年代真正的低點發生在1942年4月底。如果是我，當年或許也不會遵守11～4月的策略，而沒有買進股票。不過即便如此，若稍晚些時候在10月底進場，直到1946年中旬還是可以坐享103％的獲利。

1960年代美國S&P500指數走勢

1960年代按照「5～10月魔咒」，股價在1962年10月形成最低點，如果在這時候進場的話，1966年初之際，報酬率會達到66％。

1980年代美國S&P500指數走勢

1980年代的低點發生在1982年7月，就算這個時候沒有進場，在1982年10月底才進場，直到1987年也還是可以有150％左右的報酬率。

2000年代美國S&P500指數走勢

2000年代的低點也是出現在2002年的10月，倘若這時候買進股票，2007年時將可獲利90％。

2020年代美國S&P500指數走勢

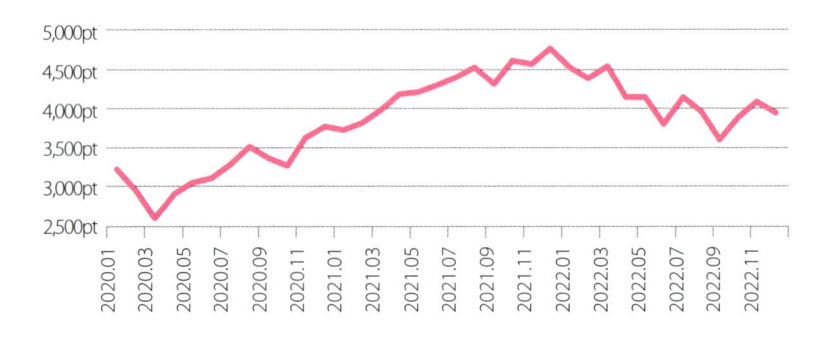

最後，上圖是2020年代美國股市的走勢。新冠肺炎爆發後，股票從2020年開始上漲，直到2022年初才回落，

下跌約25％。令人驚訝的是，截至本書出版之前（2023年5月時點），S&P500指數在2022年10月13日觸底，目前相較於低點，已經上漲了20％左右。

季節性是迷信嗎？

很多人都把季節性當成一種迷信，但事實上，季節性出現的機率相當高，所以可以有效地應用在把握市場時機之上。當然，季節性也不是每次都正確。舉例來說，KOSPI在11～4月上漲的情況是70％左右，5～10月上漲的機率是53％左右，所以不是說11～4月股票就會一直上漲，5～10月股票就會跌跌不休。但是，千萬別忘了，賴利・威廉斯（Larry Williams，編按：備受推崇的美國短線交易專家，曾經訓練過數以千計的交易者）和馬克・米奈爾維尼（Mark Minervini，編按：全球最成功的股票交易員之一、國際知名交易教練）這兩位投資人都能經由操盤，創下常人遙不可及的報酬率，就連他們這般的投資人，也會分析季節性。

很多人誤以為市場時機是要「預測市場走勢」，但是市場不可能預測得到。我們連下星期四的晚餐會跟誰一起

吃、會吃什麼都預測不了，更何況是變化萬千的經濟和股票市場呢？但是我們肯定能夠運用某些方法，透過趨勢追蹤或季節性等方式，提高獲利的機率。我們可以押注在勝率較高的地方，賺取超額收益。我們要如何把季節性應用在投資上呢？舉例來說，利用韓國型全天候投資組合進行資產配置的時候，我們可以在 11～4 月提高股票比重，在 5～10 月降低比重。具體的使用方式，我會在最後一個章節時詳細說明。

截至目前為止，我們所學的內容統整如下。第一、第二堂課是靜態資產配置、第三、第四堂課是透過趨勢追蹤（動態資產配置）把握市場時機、第五堂課講解了策略回測與季節性。第六堂課開始，我們會試著建立經由個股賺取超額收益的策略。請恕我再次強調，我會開始這次的計畫，並不只是為了傳授一套大費周章才能賺到年均複合成長率 10～15％的投資策略。如果想要賺到更高的獲利，就必須要了解個股量化投資。

但是第六堂課開始之前，媽媽提出的問題，卻讓我有些手足無措。「總市值是什麼？跟營業收入不一樣嗎？」媽媽竟然不知道營業收入跟總市值的差異是什麼？看來在進入個股學習之前，還得要先學點基礎知識才行啊。我出了作業

給媽媽，要她去讀柳興寬（音譯）會計師的著作《讀完你就能真的看懂財務報表》（暫譯，台灣未出版），這本書在我心中是最強的會計入門書。股票投資人，特別是量化投資人，我認為只要擁有這個程度的會計知識就足夠了。

不過若是想做價值投資，需要進行企業分析的投資人，我會建議要更深入地去學習財務報表。洪鎮采（音譯）作者的《巨人的肩膀》（暫譯，台灣未出版）兩冊全書中，詳細講述了財務報表的重點，推薦大家可以透過閱讀此書來學習。還有，史景仁與朴東欽會計師從事的是股票直接投資，他們的書籍也很值得一讀。

預習・複習

第五堂課的作業

▶ 複習第五堂課的內容
  — 了解如何透過調整比重降低 MDD
  — 了解季節性並將其應用於提升報酬率之上
▶ 閱讀書籍，為第二堂課預習：財務報表相關書籍
  —《讀完你就能真的看懂財務報表》（柳興寬，Wisdomhouse）

第六堂課

「所以要買哪一檔股票？」

個股投資以小型股為主

QUANT

先了解財務報表的基本知識

進入第六堂課，我們又見面了。來吧，讓我們跟著正在累積基本知識的媽媽，一起學習如何投資個股吧！

首先，上一堂課媽媽向我詢問總市值和營業收入的差異，我會先針對這部分講解。總市值是市場認可的企業價值。三星電子發行股數約有 60 億股，目前每股交易價是 6 萬韓元左右（以 2022 年 12 月為基準）。三星電子股票合計價值約為 360 兆韓元（60 億股×6 萬股），這筆錢就是市場看待三星電子的價值。從理論上來說，如果可以籌到 360 兆韓元，買下所有三星電子的股票，就可以 100％持有三星電子的股份，成為三星的擁有者。因為三星電子的股數幾乎不會改變，只要股價上漲，總市值就會上漲，但若股票下跌，總市值就會下跌。

偶爾有些公司會追加發行股票，將其銷售至市場，以增加總市值，不過這個行為不利於既有的股東。因為股票數量增加，會稀釋我們手上的持股。

營業收入是一家公司，一年以來透過販售商品或提供服務，所賺取的報酬。以三星電子為例，它透過銷售半導體和手機，在 2021 年創下 279.6 兆韓元的營業收入。

我詢問媽媽看完《讀完你就能真的看懂財務報表》的感想，媽媽提出了她的感受和好奇之處。

「這本書寫得很淺顯易懂。剛開始讀得很流暢，不過後面在講如何分辨詐欺企業的時候，我就有點困惑。我在想，這有這麼重要嗎？還有，負債可以分成流動負債與非流動負債，這部分對投資來說真的重要嗎？」

我沒辦法一口咬定這些並不重要。但是對投資人來說，最重要的財務報表是「損益表」。媽媽提到的資產、負債、資本，對投資人來說較為次要。媽媽接著說：「我本來就覺得，看財報時，好像只要大概瀏覽過，稍微知道一些公司的情況就可以了。果然是如此啊。」

不過進入下一階段前，有個部分我必須先點出來。我問媽媽：「負債太多為什麼不好？」然而媽媽給了我一個出乎意料的答案：「負債太多的話，公司好像會很難成長？」

有負債的公司，其實還是可以大幅成長，但是為了快速成長，過度舉債的公司，確實有問題。重點在於，如果舉債過高，公司無法負擔利息與本金，就可能會破產。我們只要觀察一家公司的負債多寡，了解債務的性質，就能

掌握這家公司是否有破產的可能。為了一眼就能看出這個狀況，柳興寬會計師在書裡提到了一個指標——「負債比率」。

我們可以在**量化投資系統*** 中設定過濾器，只投資負債比率低於一定數值的公司，例如只投資負債比率低於 150％ 的公司。

> **量化投資系統***
> 運用自動計算與演算法，輕鬆建立量化投資的軟體。目前有 Quantus、Quantking、GenPort等各種公司所開發的軟體，本書主要使用Quantus。

設定好過濾器後，只投資有獲利、利潤有持續成長的公司，幾乎就不太可能投資到未來會破產的公司。話說回來，公司舉債不多、有獲利，甚至獲利還在成長，怎麼想都不太可能會破產吧？

那麼，負債比率低於 150％，營業收入、營業利潤、淨利持續成長的公司，真的就絕對不會破產嗎？雖然機率不高，但也不是完全不可能。不過，因為量化投資人會分散投資多家公司，就算有一間公司倒閉了，對整體投資組合也不會造成太大的衝擊。投資生涯 16 年來，即便我投資了非常多檔小型股，我買進的股票卻也從來沒有破產或被下市過，這一點提供給各位參考。

該買什麼樣的個股？

正式開始上課之前，我先問了媽媽：「個股投資什麼比較重要？」媽媽的回答是：「成長與穩定性。」

企業的成長確實會對投資報酬率造成極大的影響，但是穩定本身，並無法帶來高收益。當然，買一檔不會倒閉的股票很重要。因為不管是哪一檔股票，公司只要倒閉，報酬率就是 -100％。

但正如前述，量化投資會分散投資數家企業，普遍投資期長不會超過 3～6 個月，所以只要計算好負債比率、獲利、成長等幾個簡單的指標，大部分都可以避開會破產的企業。

個股量化投資的核心在於投資「正在成長、被低估的小型股」。

不管是看 YouTube 還是傳媒或節目，我們都很常聽到「投資人要買成長股、低估股，和正在成長但被低估的股票。」我也很同意這句話。

驚人的小型股效應

「從長期來說，投資小型股的獲利高於投資大型股，因為成功的小型股，未來可能會成長為沃爾瑪或微軟。沃爾瑪以前也是小型股，只花了 20 年就成長了 250 倍，成為了大型股。」──彼得·林區（Peter Lynch）

「不論什麼環境下，都是適者生存。在競爭激烈的商業環境下，小型的新生企業，適應力肯定優於墨守成規的大公司。」──拉爾夫·萬格（Ralph Wanger，編按：橡子基金創始人，以投資小型公司聞名）

「不要害怕交易小型股與中型股，機會就藏在這裡。沃爾瑪翻漲數百倍以前，成交量也不過只有幾千股。沃爾瑪的創始人山姆·沃爾頓（Samuel Walton）還會站在店門口，親自為顧客提供服務。」──馬克·米奈爾維尼（Mark Minervini）

除此之外，1950～60 年代，巴菲特主要交易小型股，當年是他報酬率最高的時候。投資大師威廉·歐尼爾（William O'Neil）所使用的「CANSLIM」策略中的 S 是 Supply，也就是交易「股數較少的股票」（小型股）。菲

利普・費雪（Philip A. Fisher）也是投資了當年還是小型股的德州儀器（Texas Instruments）和摩托羅拉（Motorola）等公司，進帳數百倍以上的獲利。

事實上，小型股的獲利之所以高於大型股，原因非常簡單。股票最糟的情況只不過是虧損100％，然而潛在獲利卻是無限的。只靠一檔股票進帳數千倍、數萬倍獲利的例子雖然不常見，但肯定存在。若能連續三次取得100倍的獲利，本金就會翻到100萬倍。

但是投資大型股，無法獲得如此這般的收益。總市值已經超過300兆韓元的三星電子，若是要在短短幾年間翻10倍，幾乎是不可能的吧？但是投資的對象如果是一家做出好商品，受到市場矚目，且「未來可能成為大型股的小型股」，那麼數十倍、數百倍的收益，就不是無稽之談了。我們只需要透過非常簡單的計算，就能得知為什麼投資小型股的獲利高於大型股的機率，如此之高。

大型股投資組合範例

股票名稱	報酬率（%）	股票名稱	報酬率（%）
股票1	27	股票6	13
股票2	3	股票7	24
股票3	1	股票8	36
股票4	49	股票9	-28
股票5	-11	股票10	-15
投資組合合計			9.9

小型股投資組合範例

股票名稱	報酬率（%）	股票名稱	報酬率（%）
股票1	500	股票6	13
股票2	3	股票7	24
股票3	1	股票8	36
股票4	49	股票9	-28
股票5	-11	股票10	-15
投資組合合計			57.2

上述兩個投資組合範例都取得了不錯的成績，10檔股票中有7檔股票走揚，甚至其中有9檔股票的報酬率完全一模一樣。但是小型股投資組合中，出現了一檔飆股，股價上漲了500％。

單憑這一檔股票的差距，兩個投資組合的報酬率相差

了47.3％。專門操作小型股投資組合的投資人，實際上應該常會在投資組合上遇到這種情況。

舉個例子來說，一位名為「理財是史古基」的部落客，他在2021年秋天參加了我的講座，開始學習量化投資，並從2021年11月至2022年4月，實際執行了小型股量化投資。這段期間KOSPI的報酬率雖然是-9％，但他卻創下了31.85％的驚人報酬率，怎麼會有這種事呢？

他投資的20檔股票裡，其餘19檔股票的報酬率總共是5.4％，但是第20檔股票「韓一飼料」卻上漲了528％（！）。光是這檔股票，就為總體投資組合帶來了84％的報酬率。你覺得這只是巧合？投資小型股的話，經常會出現這種案例，所以我很難說這只是一種偶然。

到目前為止，我們探討了幾位著名投資人的建議，以及特定的投資案例。不過統計學真的可以證明，近20年來投資小型股的報酬率，會遠高於投資大型股嗎？

量化投資軟體中的「**指標***驗證」可以證明這件事。在拿出驗證結果之前，我們先來了

指標*
在股票市場裡，指有關高報酬率的指標。例如PER（編按：即本益比，指每股市價除以每股盈餘，通常被視為股票是否便宜的指標）、PBR（編按：即股價淨值比，指股價相對於每股淨值的比例）等價值指標，或營業利潤成長率、淨利成長率等成長指標，又或是近一年來的報酬率等動能指標……等。

理財是史古基於2022年初進行量化投資的股票清單與報酬率

股票	賣出價格	平均成本	持有數量	持有成本	市值	報酬率	成交日
JMT	4,115	4,185	119	498,015	489,685	-1.67%	2021-12-30
Invenia	2,830	2,675	186	497,550	526,380	5.79%	2021-12-30
NeoTS	5,580	5,080	98	497,840	546,840	9.84%	2021-12-30
ODTech	7,550	6,550	76	497,800	573,800	15.27%	2021-12-30
Wonil Special Steel	13,650	14,300	35	500,500	477,750	-4.55%	2021-12-30
Cenit	2,305	2,052	243	498,150	560,115	12.44%	2021-12-30
成宇電子	3,520	3,825	130	497,250	457,600	-7.97%	2021-12-30
AzTech WB	3,258	3,305	151	499,055	496,035	-0.61%	2021-12-30
韓一飼料	12,200	1,940	259	502,460	3,159,800	528.97%	2021-12-30
Cheryong Industria	3,565	3,650	136	496,400	484,840	-2.33%	2021-12-30
Samjin	8,280	10,050	49	492,450	405,720	-17.61%	2021-12-30
Dong Yamg S-Tec	3,650	3,450	144	496,800	525,600	5.80%	2021-12-30
大東鋼鐵	7,300	5,820	85	494,700	620,500	25.43%	2021-12-30
Sebo MEC	6,920	7,060	70	494,200	484,400	-1.98%	2021-12-30
三逸企業公社	5,050	4,275	116	495,900	585,800	18.13%	2021-12-30
Bridgetec	5,920	5,720	87	497,640	515,040	3.50%	2021-12-30
大昌鋼鐵	4,075	3,164	157	496,748	639,775	28.79%	2021-12-30
Wontech	2,831	2,670	187	499,290	529,397	6.03%	2021-12-30
Secuve	1,430	1,390	358	497,620	511,940	2.88%	2021-12-30
IDP	8,260	7,840	63	493,920	520,380	5.36%	2021-12-30
				9,944,288	12,111,397	31.85%	

出處：理財是史古基

解像 Quantus 這類的量化投資軟體，究竟扮演著什麼角色吧。

論個股投資流程與量化投資軟體的必要性

我寫了好幾本探討個股量化投資的書籍（《你做得到！量化投資 [暫譯]》、《做就對了！量化投資 [暫譯]》、《量化投資無腦攻略 [暫譯]》，以及這本書），

第六堂課　個股投資以小型股為主

但實際上,有很多人在具體實踐書本內容的階段,就選擇放棄了。原因在於,如果不會寫程式,沒有辦法直接建立資料庫,執行回測,就沒辦法做量化投資。

量化投資軟體具體扮演著什麼角色?想要解釋這個部分,我們就必須要先了解「個股量化投資」的整體過程。

第一步:獲得投資點子

— 經由書籍、YouTube、講座、論文等各種管道,獲得投資點子。

第二步:量化投資點子

— 為了進行量化投資,需要把投資點子轉換成可被量化的指標。

— 例如:班傑明‧葛拉漢在著作《智慧型股票投資人》中提到,我們應該要投資被低估,且配息良好的企業。我們必須要把這個「投資點子」進行量化。

—「計算出韓國 2,000 多家企業的 PER、PBR 與殖利率(編按:指每投資一股可獲取多少現金股利)排行,投資這 3 項指標平均下來表現最優秀的 20 家企

業，每一季針對投資組合進行一次再平衡。」任何人都可以把這個想法轉換成客觀、可量化的投資策略。到這一個步驟為止，我們都還只需要用到人腦就行了。

第三步：驗證已量化的指標
— 分析我們找到的指標，是否為有效指標。
— 分析過去投資低 PER、低 PBR 與高殖利率的股票時，會發生什麼樣的結果。這個階段也被稱為「指標驗證」。
— 經由十分位數測試法（後面馬上會說明），分析各項指標的有效性。

第四步：針對量化後的投資策略進行回測
— 把幾個經過驗證，確認有效的指標混合起來，建立投資策略，並驗證該投資策略在實際投資上是否可行。
— 模擬過去直接使用該投資策略，會出現什麼結果。這個過程被稱為「回測」。藉此大略預測在未來的市場上，這個投資策略會帶來何等的效果。

第五步：尋找適合該投資策略的股票

— 倘若該策略的回測結果不錯，我們便可以準備在實戰投資上使用這個投資策略。
— 為此，我們必須要找出適合該投資策略（低 PER、低 PBR、高殖利率）的股票。

第六步：定期再平衡

— 就算找到合適的股票，我們也不會永遠持有。
— 即使股票當下符合低 PER、低 PBR、高殖利率的條件，經過幾個月後，也很可能完全不是這麼一回事。舉例來說，假如股價上漲，或是淨利下跌，都會使 PER 上升。
— 數值會不斷改變，所以我們必須要定期找出需要被替換的股票。
— 賣掉目前的持股，改買替代的股票。

　　第三～六步就需要借助軟體的幫忙，我們總不能自己算出 2,000 多檔股票的 PER、PBR 和殖利率排行吧？

　　在第三步裡，我們必須要「分析各項指標的有效性」。我們會分析「總市值」在韓、美市場是否具有顯著意義。大型股的定義是「總市值高的企業」；小型股的定義是「總

市值低的企業」。所以我們要做的是，分析近 20 年來高總市值和低總市值的企業報酬率。

聽完我的一番話，媽媽問道：「但是『總市值越低越好』的基準是什麼？」

這問題問得很好。韓國境內的股票大多有 2,000 多檔，我把總市值排行倒數 20%左右（約 400 家企業）的股票稱為小型股。為了分析總市值在韓國是否屬於有顯著意義的指標，我們必須要做十分位數測試。為什麼我們得做**十分位數測試**＊呢？直接回顧「總市值」十分位數測試的結果，會更便於各位理解。讓我們使用量化投資軟體進行測試，然後一起分析結果吧。

> **十分位數測試**＊
> 把相關指標進行分級，從第1組到第10組進行測試，確認其中有無出現具顯著意義的結果（編按：十分位數意指將群體成員，依據某量化數值的高低由小而大排列，用九個分割點把全體成員區分為個體數量相等的十個小組，以顯示量化數值在分配中的相對意義）。

十分位數測試自己來

首先，我們先進入量化投資軟體的網頁 Quantus（www.quantus.kr）。

Quantus 中有部分屬於收費服務，裡面有部分功能免

費，也有收費功能，而十分位數測試屬於收費功能。

Quantus網站的首頁

進入首頁後，會看到上述畫面。由於回測功能必須要登入，所以我們先註冊帳號，接著再登入網站。進入網頁後，會跳出一個選擇初級、中級、高級的畫面，等級越高可以選擇的指標數量就越多。我選擇「高級」。

十分位數測試的首頁

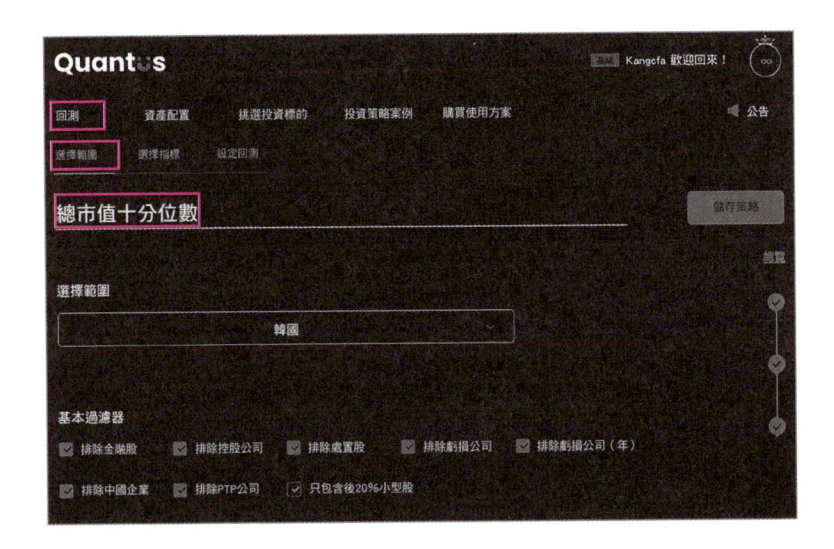

網頁基本預設在「回測」，選擇該分頁底下「選擇範圍」的標籤，就可以進行十分位數測試。

我們可以在輸入投資策略名稱的欄內，輸入「總市值十分位數」。

選擇範圍

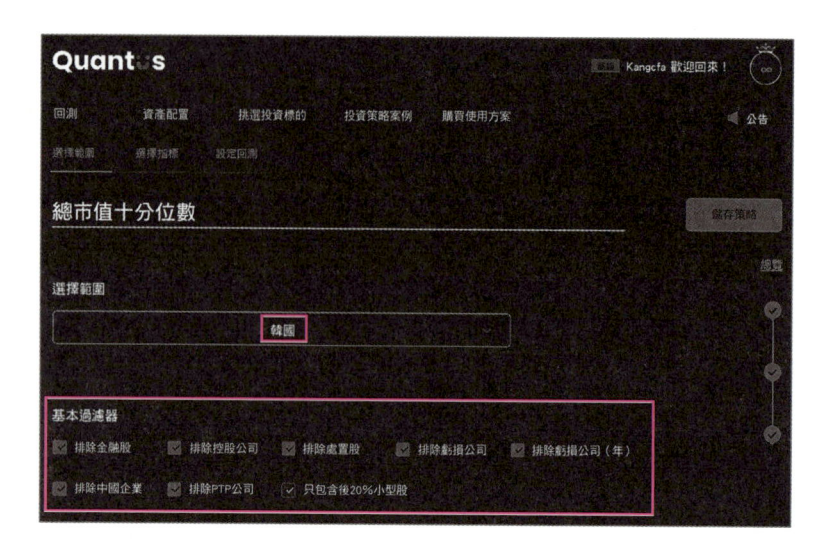

[螢幕截圖:Quantus 介面，顯示「總市值十分位數」、「選擇範圍:韓國」，以及基本過濾器選項(排除金融股、排除控股公司、排除處置股、排除虧損公司、排除虧損公司(年)、排除中國企業、排除PTP公司、只包含後20%小型股)]

選擇範圍[*]

投資者可投資的資產組合。舉例來說,在韓上市的股票有2,000多檔,而韓國大型股是在韓上市的企業中,總市值最高的200家企業。

在**選擇範圍***的地方,挑選要進行十分位數測試的主題。點選「選擇範圍」後,先選擇韓國或美國其中一個國家。接著在基本過濾器中,勾選除了「只包含後20%小型股」以外的其他所有項目。

選擇指標

點擊上方的「選擇指標」。

從下方的「價值指標」中,選擇你想進行十分位數測試的指標。現在,我們要選的是「總市值」。

設定回測－回測

點擊上方的「設定回測」。

接著分別輸入投資金額與交易費用，我一般都設定 1000 萬與 0.5％。「初始金額」本來是要輸入自己打算投資的金額，但其實不管輸入什麼金額，都沒有太大的差異。「交易手續費」就輸入 0.5％左右就可以了。

設定回測－十分位數測試

點選上方的「十分位數測試」。

點選下方「再平衡週期」，設定十分位數測試的再平衡時間點，選項有每月、每季、每半年、每年，我一般都選「每季」。「期間設定」的地方，可以設定要回測的時間。我偏好設定最長的時間，進行回測（在 Quantus 這套軟體中，可以從 2003 年開始回測）。

上述內容都設定好了之後,點選「驗證」,等 90 秒之後,就會獲得下列這樣的 Excel 表格。

十分位數測試結果

	1st	2st	3st	4st	5st	6st	7st	8st	9st	10st
Start Period	2003-04-15	2003-04-15	2003-04-15	2003-04-15	2003-04-15	2003-04-15	2003-04-15	2003-04-15	2003-04-15	2003-04-15
End Period	2022-12-19	2022-12-19	2022-12-19	2022-12-19	2022-12-19	2022-12-19	2022-12-19	2022-12-19	2022-12-19	2022-12-19
Risk-Free Rate	0	0	0	0	0	0	0	0	0	0
Time in Market	100	100	100	100	100	100	100	100	100	100
Cumulative Return	142,757.85	11,738.52	4,217.49	1,396.04	618.13	352.74	162.4	213.19	198.71	255.81
CAGR	44.61	27.43	21.07	14.73	10.53	7.97	5.02	5.97	5.71	6.66
Sharpe	1.9	1.27	1.02	0.76	0.57	0.47	0.34	0.38	0.37	0.42
Sortino	2.59	1.69	1.33	1	0.75	0.61	0.44	0.5	0.5	0.57
Sortino/2	1.83	1.19	0.94	0.71	0.53	0.43	0.31	0.36	0.35	0.41
Omega	1.43	1.27	1.21	1.15	1.1	1.09	1.07	1.07	1.07	1.08
Max Drawdown	-52.86	-59.12	-58.5	-64.58	-65.03	-68.75	-65.25	-66.59	-64.2	-61.19
Longest DD Days	484	603	750	878	925	2088	2817	2486	2708	4157
Gain/Pain Ratio	0.43	0.27	0.21	0.15	0.12	0.09	0.07	0.07	0.07	0.08
Gain/Pain (1M)	2.46	1.4	1.04	0.69	0.52	0.39	0.27	0.33	0.32	0.41
Payoff Ratio	0.9	0.85	0.82	0.84	0.8	0.82	0.85	0.84	0.86	0.9
Profit Factor	1.43	1.27	1.21	1.15	1.12	1.09	1.07	1.07	1.07	1.08
Common Sense Ratio	1.47	1.18	1.08	1.04	0.97	0.97	0.92	0.94	0.96	0.99
CPC Index	0.79	0.65	0.6	0.56	0.52	0.51	0.5	0.5	0.51	0.53
Tail Ratio	1.03	0.93	0.89	0.9	0.87	0.89	0.87	0.88	0.89	0.92
Outlier Win Ratio	3.75	3.77	3.9	3.82	3.84	3.89	3.58	3.68	3.5	3.66
Outlier Loss Ratio	4.65	4.68	4.6	4.56	4.45	4.43	4.43	4.17	3.98	3.97
MTD	-1.91	-2.31	-1.45	-2.15	-1.36	-1.78	-2.77	-3.44	-2.2	-3.93
3M	-3.33	-1.94	-1.04	-6.38	-3.11	-4.38	-4.55	-6.63	-2.77	-3.64
6M	-3.59	-1.21	-1.28	-6.84	-6.25	-3.74	-7.13	-9.6	-5.78	-8.01
YTD	-9.47	-6.32	-14.55	-22.29	-22.38	-14.45	-24.88	-26.1	-23.55	-24.78
1Y	-6.06	-3.09	-10.18	-20.2	-20.3	-11.23	-21.83	-23.3	-21.08	-24.17
3Y (ann.)	32.21	25.21	19.19	9.21	4.76	8.75	3.4	3.82	3.63	0.61
5Y (ann.)	28.19	21.45	14.46	2.74	2.87	0.73	-0.22	-0.63	-3.52	-4.14
10Y (ann.)	34.56	21.74	14.96	8.35	7.86	3.9	1.96	2.25	1.61	-2.6
All-time (ann.)	44.61	27.43	21.07	14.73	10.53	7.97	5.02	5.97	5.71	6.66
Avg. Drawdown	-3	-3.56	-3.62	-3.88	-5.06	-4.73	-6.55	-5.8	-5.09	-4.47
Avg. Drawdown Days	21	27	33	43	60	77	148	110	101	75
Recovery Factor	2700.44	198.54	72.1	21.62	9.51	5.13	2.49	3.2	3.09	4.18
Ulcer Index	0.09	0.11	0.12	0.14	0.15	0.2	0.25	0.21	0.22	0.23
Serenity Index	1229.89	71.46	22.03	4.95	2.08	0.65	0.21	0.36	0.34	0.38

十分位數測試結果如上,粉紅色方框是其中最重要的部分,分別代表 1、3、5、10、20 年的十分位數測試結果。

由於我們是以總市值進行測驗,表格上方的 1st 指的是第 1 組,也就是總市值排行後 10％ 的企業;2st 是第 2 組,也就是總市值後 10～20％ 的企業;10st 是第 10 組,也就是總市值前 10％ 的企業。下圖是 20 年回測結果統整後的

圖表。

**套用基本過濾器後得出的韓國總市值
十分位數測試結果（2003～2022）**

單位：%

組別	數值
第1組(小型股)	44.61
第2組	27.43
第3組	21.07
第4組	14.73
第5組	10.53
第6組	7.97
第7組	5.02
第8組	5.97
第9組	5.71
第10組(大型股)	6.66

　　從上圖可知，第1組的年均複合成長率是44.61％、第2組是27.43％……第10組是6.66％。這裡「第1組」指的是韓國總市值排行倒數10％的公司。那這張圖表意味著什麼呢？

　　結果指出，我們若持續投資韓國總市值排行倒數10％的公司，就可以取得報酬率44.61％。我們假設每一季，若有必要就會更換一次成分股，因為總市值（＝股價×股數）每天都會跟著股價而改變，所以總市值的排行也可能發生變化。所以說，原本總市值排行倒數10％的企業，也可能因為股價上漲導致排行上升；原本不屬於總市值倒數10％的企業，也可能因為股價下跌而下滑至倒數10％的行列。

就好比足球，隸屬甲級聯賽的隊伍，如果表現不佳，也可能被降級至乙級聯賽；乙級聯賽裡表現優秀的隊伍，也有可能躍升至甲級聯賽。投資的時候，我們大約每一季，就要把自己手上投資的企業做個洗牌。舉例來說，假設2003年4月1日當時的上市公司有1,500家，那麼總市值倒數10％的公司就有150家。7月1日，也就是3個月後，倘若我們發現原本倒數10％的150家公司中，有20家公司已經脫離總市值倒數10％的行列，然而有另外20家公司跌落至倒數10％，那我們就要替換這20家公司。

按照上述的方式，假設我們從2003年4月1日開始，至2022年12月31日為止，持續投資韓國總市值倒數10％公司，就可以取得年均複合成長率44.61％的成績，這個數字可說是驚為天人，因為這意味著，20年來我們的本金將會增加1,428倍（！）。如果我們一開始的投資本金是1億韓元，20年後這筆錢就會變成1,428億韓元。

這是韓國股市裡最大的祕密。反之，如果投資大型股，也就是隸屬於第10組的公司，年均複合成長率卻連7％都不到。所以我個人非常不能理解，在韓國投資大型股的那些投資人。

挑出壞公司的方法

默默聽著這一切的媽媽，對這個論點有非常大的反彈：「但是總市值倒數10%的公司，不是很容易倒閉嗎？看起來感覺都是一些不怎麼樣的公司……。」

媽媽點出了非常重要的問題。不過在前面的步驟裡，我們把「基本過濾器」的所有框框都打勾了，這個動作，其實已經在一定程度上，篩選掉小型股裡表現不怎麼樣的公司了。我們篩選的條件如下：

```
基本過濾器                                    ☑ 全選
☑ 排除金融股   ☑ 排除控股公司   ☑ 排除處置股   ☑ 排除虧損公司   ☑ 排除虧損公司（年）
☑ 排除中國企業  ☑ 排除PTP股     □ 只包含後20%小型股
```

排除金融股、控股公司：報酬率通常不高。但小型股裡面幾乎沒有金融股和控股公司，所以影響不大。

排除處置股：處置股是指遭到變更交易的股票，也就是在韓國交易所裡，因為不具備上市公司應有的流動性、財務報表有誤，或因業務狀況持續惡化，導致虧損加劇，因而可能遭到下市的公司。由於投資人沒辦法確認每家公司的風險狀態，所以交易所會先點名這些具有下市風險的

公司，提醒投資人。既然交易所已經發出警告，要求投資人別交易這些公司，拜託各位千萬就別買了。

> 編按：此為韓股情況。在台股分三種情況：
> 1. 財報不符規定者：依台灣證交所規定，上市公司需每季提交財報公告申報，如未完成者，證交所將暫停該股票的交易。
> 2. 注意股、處置股：在台股中，當股票出現交易異常，包含漲跌幅過大或成交量、週轉率異常，會被列為注意股票；而處置股（警示股）是當股票持續被公布為注意股時即進行處置。
> 3. 全額交割股：上市上櫃公司經營一段時間後，因財務發生危機以致產生退票情形，或是未在規定時間內公告每一季的財務報表等因素，將被列為全額交割股，交易上有諸多限制。一般而言此類股票投資風險程度極高。

虧損公司（季、年）：公司存在的目的是什麼？就是為了營利。所以說，我們為什麼要去買近一季或近一年都在虧損的公司？它們甚至達不到一家公司最低限度存在的標準。請各位務必避開正在虧損的公司。

排除中國企業：這裡所謂的中國企業，不是騰訊、百度、阿里巴巴這類優良的中國企業，而是指「在韓國上市的中國企業」。21世紀初期，韓國股市為了謀求國際化，

吸引海外企業，大幅調降了海外公司上市的條件，有很多中國企業惡意利用這一點，在韓國證券市場上市。想想看，中國企業為什麼要放棄上海、香港、紐約市場，選擇在韓國上市呢？因為它們都是達不到上市標準的三流公司，所以千萬別投資在韓上市的中國企業。

排除 PTP 公司：美國政府在 2022 年 12 月宣布，非美籍人士若投資 **PTP 公司** * 的股票與 ETF，將會被徵收總交易金額（不是收益！）的 10％。投資美股的時候，務必要避開 PTP 公司。

> **PTP公司***
> 即公開交易合夥事業，意指以合夥形式投資原物料、原油、不動產等產業領域的合資公司。

如果我們不排除掉這些具備風險的公司，直接進行總市值十分位數測試的話，會獲得什麼結果呢？

「不套用」基本過濾器後得出的韓國總市值十分位數測試結果（2003～2022）

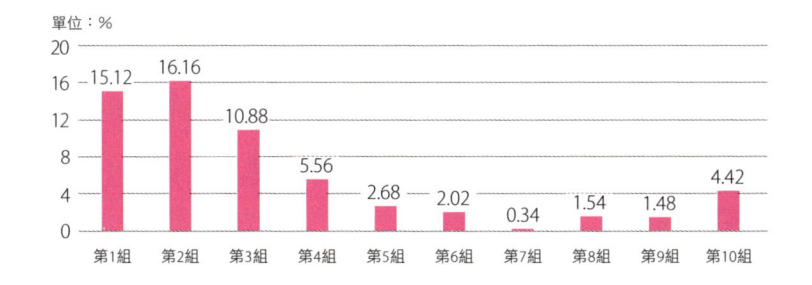

單位：％

組別	數值
第1組	15.12
第2組	16.16
第3組	10.88
第4組	5.56
第5組	2.68
第6組	2.02
第7組	0.34
第8組	1.54
第9組	1.48
第10組	4.42

結果非常驚人。小型股，也就是第 1 組企業的年均複合成長率，竟然大幅減少至 15.1%。藉此我們可以得知，在小型股裡面，有很多實際上已經破產，或是獲利非常不佳的公司。就如同媽媽所說，小型股裡「倒閉風險高、表現不怎麼樣的公司」事實上非常多。

所以說，我們打從一開始就要過濾掉那些業績表現不佳、虧損、遭到變更交易的股票。這類型的公司在小型股裡，非常有可能是問題企業。反之，沒有虧損、沒遭到處置的「正常」小型股，報酬率非常之高。

我把這 7 大過濾器稱為「社會之惡過濾器」。虧損、遭到變更交易、在韓上市的中國企業、金融企業、控股公司、PTP 公司……打從一開始投資的時候，就要把這些公司排除在外。這些公司裡，又數虧損、遭到交易變更和中國企業的危害程度最大。除此之外，在美投資的時候，也絕對不要投資符合 PTP 規範的股票或 ETF。

十分位數測試是投資時非常重要的一項作業。透過量化投資軟體，我們可以針對數百種指標進行十分位數測試。老實說，我曾經對畫面上所有的指標，都做過十分位數測試。

因為我想知道，數量龐大的指標中，哪些指標在實戰投資上真的有效。讓我們再來看一下剛剛做過的總市值指標十分位數測試的結果吧。

韓國總市值十分位數測試結果（2003～2022）

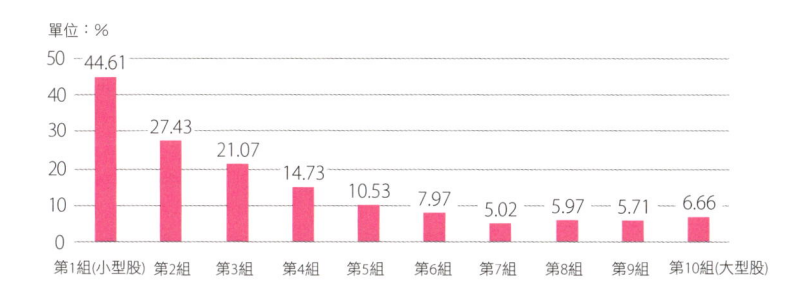

單位：%

組別	報酬率
第1組(小型股)	44.61
第2組	27.43
第3組	21.07
第4組	14.73
第5組	10.53
第6組	7.97
第7組	5.02
第8組	5.97
第9組	5.71
第10組(大型股)	6.66

不管怎麼看，總市值較低的股票（第1～3組）的報酬率都非常地高，總市值落在中間（第4～7組）和高總市值（第8～10組）的報酬率則是差強人意。由此我們可以得出結論——總市值這個指標對投資而言非常具有顯著意義，因為只要持續押注低總市值的企業，花20年的時間，可以賺到非常高額的獲利。

投資人為什麼排斥小型股？

媽媽又拋出了一個很重要的問題。「小型股的獲利獨

佔鰲頭,但為什麼人們卻都一窩蜂湧向三星電子、大企業或最近興起的公司?是因為專家推薦嗎?」

首先,普羅大眾肯定會湧向總市值較高的公司,因為他們對這些公司較為熟悉。韓國散戶最常買的股票是三星電子、Kakao、Naver等大型權值股。在韓國,沒有人不認識這些大企業。由於韓國是半導體強國,人們便買了海力士的股票;由於電池類股最近「熱」到不行,所以人們又買了LG能源解決方案的股票。除此之外,專家們也很了解人們的心態,所以他們會討論這類型的公司,因為這麼做,不只可以吸引人氣,點閱率也會比較高。

再加上,機構投資人持有的財產規模非常龐大,他們不可能交易小型股(編按:因小型股價格與股票流通量都較低,若以同樣的金額購入小型股,不僅難以買/賣到足夠張數,大量買賣也會大幅影響股價),所以他們主要仍是交易中大型股。然而事實上,在7大過濾器篩選過的小型股中,隨便選20檔股票組合成的投資組合,都能達到比他們更好的獲利表現。這件事如果為普羅大眾所知,他們該有多麼尷尬啊?誰還會把錢交給機構投資?所以說「機構投資專家」總是洗腦著大家:「小型股很危險,要購買安全的大型股」。

媽媽又再次提問了。「這些買大型股的人，就算投資績效很差，也還是堅持要買大型股，是為什麼呢？是因為他們對小型股很陌生嗎？」

人們排斥小型股的第一個原因是，他們根本不知道小型股的獲利大幅高於大型股。我用量化投資軟體進行十分位數測試，只花 2 分鐘就能夠確認這個事實，然而會去驗證這件事的人，卻是寥寥無幾。所以很多人根本就不知道，小型股帶來的獲利大幅高於大型股。

不過有一部分人，就算我已經把測試結果擺在他們眼前，他們也會因為各種原因，不相信我所提出的意見。媽媽問說：「他們不相信你，是因為不夠信任你嗎？」

一部分原因是這樣沒錯，但其中還有一項原因是「認知失調」。他已經買了大型股，但我卻跑去跟他說，小型股比大型股更賺，這項認知和自己的行為會發生衝突。不過當合理的資訊與自己想相信的資訊發生衝突的時候，99％的人都會選擇無視合理的資訊，只相信自己想相信的事，也就是所謂的認知失調。

聽完這段話的媽媽說：「是啊，我了解那些已經買進大型股的人會有這種心態。不過對於那些還沒開始投資的

人，就算你跟他說小型股的獲利非常高，應該也還是有很多人會認為『三星電子是韓國第一大企業，而且還是世界級企業，因此我非買三星不可』。」

這類型的投資人非常多。韓國股票投資人共有約 1,500 萬人，三星電子的股東就高達 700 萬人，幾乎是每兩個人之中，就有一個人持有三星電子的股票，這種時候自然就會產生同儕壓力（peer pressure）。「我們公司的部長也買了三星電子、我朋友也買了三星電子……我認識的人都買了三星電子，我也應該買吧？」有很多情況是出於這種原因，這種情境非常容易發生。「三星電子倒了的話，韓國就倒了啊，買這檔股票絕對死不了吧？」有些人是抱持著這種想法買進的。再加上，比我更會操盤的「專家們」也不斷在推薦大型權值股，又更促進了這種情況的發生。

小型股的三大偏見

這個章節，我想要點出有關小型股的三大偏見。

1 小型股就是「次等股」

2022年11月姜桓國持有的小型股清單

SHD	SAT
Mohenz	努利富聯
永信金屬	Hanchang Industry)
創映先進	Sungchang Autotech
Hansol PNS	STO
THN	Mobase
大同金屬	Hojeon Ltd.
東源水產	StarFlex
Kisan Telecom	瑞進汽車配件
Wooree Enterprise	Unitrontech
Cenit	SGA Solutions
Jeil Technos	潤海光能
HK	Union Community
BG T&A	Jungdawn
Wooriro	Genesem
I&C	Fashion Platform
Sae Dong	HuM&C
EXA E&C	Dayou AP

這是姜桓國 2022 年 11 月實際持有的小型股清單（這本書出版的時候，季度指標應該已經變了，所以這不是推薦清單）。即使投資人下定決心要買小型股了，但實際看到這些股票，因為大部分公司都沒聽過，又會因此改變心意。我也完全不知道 EXA E&C、創映先進、Mohenz 是做什麼的公司，我買進的原因是，在我重點觀察的成長和價值指標上，這些公司是表現優秀的小型股。事實上，我不僅不知道我投資的公司主要從事什麼業務，甚至還經常在買進之後，連它們的名字都記不起來。這種選股方式或許讓人感覺有些弔詭，卻是幾乎每年都能獲利的做法。但是大部分的投資者，如果不認識自己要投資的企業，就會產生恐懼。

這一點媽媽也很同意。媽媽在學習量化投資之前，好幾年來都一直跟著我，買進一樣的小型股，但她也不知道清單上的這些股票，究竟是做什麼的公司。媽媽說，她打開手機的看盤軟體，打算買進股票時，經常會發現這些股票的股價只有 2 千韓元左右（編按：約 47 元新台幣），她也會出現「這麼做真的對嗎？」的想法。

不過我們投資是為了賺錢，而不是為了投資「熟悉的公司」對吧？

熟悉偏誤（Familiarity Bias）指的是傾向信任自己熟悉事物的心理偏好，這會對投資造成負面影響。舉例來說，全球分散投資確實有利於資產配置，但韓國人的投資組合中，韓國股票的比例卻非常高；而德國人的投資組合中，則以德國股票的比例居高。這是因為，人們都想投資「我認識的公司」。

基於熟悉偏誤，人們自然會排斥那些根本不知道在做什麼的公司。無論統計結果多好，也消弭不了這種排斥感。

但小型股的報酬率為什麼那麼高呢？因為裡面肯定會有被低估的股票，只要這家公司的股票大漲，投資組合的整體報酬率就會被拉高。這些股票裡，也許就藏著未來的沃爾瑪。就如前面所見，只要這 10 檔股票裡有 1 檔股票暴漲，投資組合的整體報酬率就會大幅翻盤。但是在我們熟知的這些大企業裡，會有被低估、在短時間內可以大幅上漲 300％、500％的公司嗎？

2 小型股感覺會倒閉

在經歷過 IMF 事件的韓國民眾心中，「小型股容易倒閉的創傷」根深柢固。當時許多在大企業上班的一家之主，一夕之間頓失工作。

「小型股會倒閉」是一種強勢的偏見。事實上，可以上市的公司，意味著它並不容易倒閉。很多人會誤以為，小型股就像是隔壁大叔經營的小賣店，但其實上市的小型股，跟社區裡的炸雞店，在規模上根本不同。這些公司大多不是中小企業，它們已經是屬於中堅企業的等級了。

近年來，新創熱潮如火如荼，但這些新創公司的老闆們，究竟夢想著什麼？他們的夢想是，讓自己創立的公司成為「上市的小型股」。讓公司成為 2,000 家上市公司中的其中一員，是他們每天引頸期盼的夢想。100 家新創公司中，真的能夠達成「上市夢」的公司就只有 1～2 家。我們瞧不起那些身為「小型股」的上市公司，但這些公司卻是那些我們覺得「又時髦、又酷炫」的新創公司老闆，實踐了他們的夢想，成功創立出來的「出色公司」。

近年來，人們追捧新創公司，給予它們非常美好的形容詞，但從現實面來看，大部分的新創公司不但賺不到錢，也無法上市，只是仰賴投資人填補公司虧損（大部分是**創投公司** *的資金）。其中有很多公司甚至無法滿足最基本的存在理由──

創投公司 *
企業或基金以不需擔保之股票投資形式，投資具有技術、未來可期，但是經營基礎薄弱，難以從一般金融機構獲得融資的新創企業。

「獲利」。

但是被稱為中小型股,特別是有在獲利的中小型股,這些公司的等級遠遠超出新創公司。即使如此,投資人卻看好新創公司,低估中小型股,真是令人無言至極啊。

聽到這裡,媽媽叮囑我:「這段內容一定要在書裡再三強調。韓國人都有這種傾向,認為只有大企業才是企業,其他公司都是一些莫名其妙的公司。」

韓國大企業的形象在社會上非常突出,或許因為如此,人們在投資的時候也比較偏好大企業。韓國人在就業的時候,如果在大企業和中小企業中選擇,十之八九都傾向在大企業工作(外國有很多人會偏好適合自己個性與專業的「強勢小企業」)。媽媽認為,韓國對於大企業的依賴程度比其他國家更嚴重,這對投資也造成了相當大的影響。

當然,中小型股裡也有已經倒閉或者即將倒閉的公司。但是我們打從一開始,不就已經過濾掉這些虧損、遭到變更交易的公司了嗎?這個動作可以讓我們避免掉相當大部分的不良小型股。除此之外,只要分散投資到20家以上的企業,就算其中一家公司倒閉了,也不會對投資組

合造成太大的影響。

3 小型股不能做大額投資

「就算退一百步來說，小型股也許報酬率很高，但是因為成交量很少，所以無法做大額投資。」人們在這方面的偏見也很強烈，甚至連部分研究量化投資的人，也懷抱著這種成見。這些人往往沒有實際去投資，只是擔任量化投資公司的研究員。

這與現實完全相左。只要實際去投資，很快就能發現，不需要花費高額的交易費用，我們也能針對小型股進行比想像中更高額的投資。

我認識的人裡面，有人投資 60 億韓元在總市值倒數 10% 的公司上。這位投資人光靠著投資總市值倒數 10% 的小型股，就進帳 25 億韓元以上的獲利。還有另一位投資人，他持續投資韓國小型股中價值指標（PER、PBR、PCR〔編按：股價與現金流比率，以股價除以每股現金流，藉以評估公司真正賺取價值是否反映在股價上〕、PSR〔編按：股價營收比，以股價除以每股營收，藉以評估公司的成長性〕）（編按：在此四者中，台灣讀者較熟悉的應為 PER、PBR，後兩者較少提及）表現優良的企業，在 30 歲末段班就累積了 100 億韓元以

上的財富（他說他不只做成長股量化投資，還同時投資非上市公司）。

那位目前只投資 60 億韓元的投資人也說，如果他增加投資的股票數量，就算是要投資 1,000 億韓元以上也是非常可能實現的。但是本書的讀者，大部分的資金應該都不到 60 億韓元吧？所以說，一般人完全可以毫無負擔地投資小型股。

除此之外，小型股效應不只限於韓國，讓我們來分析美國的總市值十分位數數據吧。

美國總市值十分位數測試結果（2003～2022）

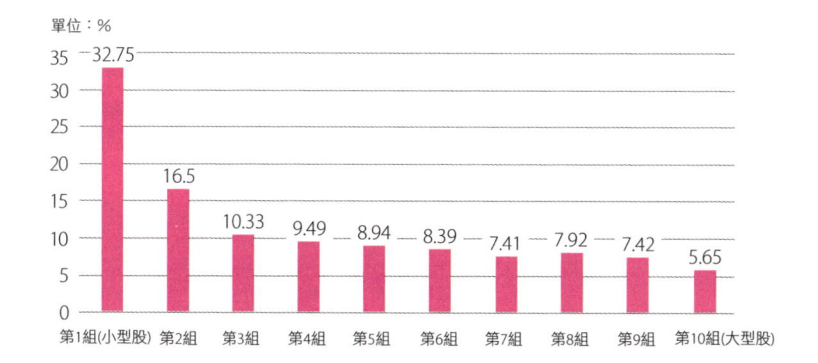

單位：%

組別	報酬率（%）
第1組(小型股)	32.75
第2組	16.5
第3組	10.33
第4組	9.49
第5組	8.94
第6組	8.39
第7組	7.41
第8組	7.92
第9組	7.42
第10組(大型股)	5.65

誠如各位所見，小型股效應絕對不只有出現在韓國，美國的小型股報酬率同樣地明顯更高。

假如你擁有數百億元以上的資產，因為成交量的關係，難以在韓國投資小型股的話，就轉為投資海外小型股。在你坐擁數千億韓元的資產之前，要投資小型股完全不成問題。

沒有機構投資人的小型股投資聯盟

「總之，大家對小型股的成見很深，不管我再怎麼說，大部分的投資人還是不打算投資小型股。」我心懷感嘆地說道。但媽媽卻說：「沒關係，你自己有賺到錢就好了。」

沒錯，媽媽果然很會抓重點。

投資小型股的另一個優點是——機構投資人（編按：係指非個人的法人性質的機構）無法參與其中。他們管理的資金若高達數千億甚至數兆韓元，想交易小型股，基本上是不可能的事。

「法人被禁止交易小型股嗎？」媽媽問道。

他們並沒有被禁止，但是交易小型股對他們而言成效不彰。舉例來說，倘若他們的資金是 1 兆韓元，並且打算投資規模不大的小型股。在這種狀況下，由於股票規模不大，不管再怎麼投資，很可能都沒辦法投資到 10 億元以上。在投資金額無法占整體投資組合 0.1％以上的情況下，沒有人會硬是花時間去研究一檔小型股。

但如同前述，散戶就完全不一樣了。散戶的資本不大，可以盡情投資小型股，而且這裡還有附加的超大優勢——裡面沒有機構投資人。這代表投資小型股的投資人，平均實力會下滑。

很多人都沒注意到，不過其實我們投資的時候，最重要的是「跟我交手的人，實力有沒有比我更強」。

只要其他人用便宜的價格賣不錯的股票給我，未來又用較高的價格買走我的股票，那我就可以獲利。但不管怎麼說，機構裡負責投資的經理人，肯定比散戶更會投資。所以說，在沒有機構投資人的市場上交易，對我們而言是絕對有利的。

「報酬率跟和你交手之人的投資技術，兩者有什麼關係？」媽媽問道。

其實，我們之所以可以不斷從小型股上賺取超額收益，就意味著近20年來小型股都一直處於被低估的狀態。要有人把未來會大漲的股票，用低廉的價格賣給我，我才能夠賺到年均複合成長率40％的獲利。當這些股票上漲，我就會賣出已經被重新估價的小型股，必須要有投資人願意用這個價格買進，我才能實現獲利。但假如參與這個市場的投資人，水準非常之高，他們就不會用低廉的價格賣掉股票。

我們可以從實力不強的投資人手上，用100韓元買進股票，然後賣在150韓元。小型股中之所以有很多公司莫名其妙被低估，就是因為交易小型股的散戶們，並不擅長企業估值，他們主要靠感覺在交易股票。

機構投資人不會把他們判斷有150元價值的股票，以100元的價格賣出，他們會等到股價漲到150元左右才賣出，那麼我就無法從中獲利。因此，機構大量投資的大型股，很少會有股價莫名其妙大幅低於估值的狀況發生。機構投資人大致上知道如何估算企業價值，所以當股票太便宜的時候，他們便會大量買進，股價也會隨之上漲。

所以說，用量化投資軟體選出來的小型股中，有許多真的被低估的公司，但大型股就算帳面看起來便宜，實際上也很少會有真正被低估的情況。

其實，我的量化投資等級並不高，只要會國中數學，就足以建立出這些策略。但是大多數投資人的水準，卻遠遠不及於此。假如對方投資的水準很高，我的策略無法奏效。所以說，我的策略在參賽者水準最高的美國大型股戰場上，幾乎無法奏效。

「可是你在之前出的書《做就對了！量化投資》裡，建議大家同時投資大型股和小型股，為什麼？」認真看完兒子著作的媽媽問道。天啊，只要寫過一次書，就會永遠留下紀錄，所以偶爾也會有這種羞愧（？）的時候呢。

就像 2017 年，有時候大型股的收益會高於小型股。這段時間，只有三星電子和幾檔大型股在上漲，其餘的股票萎靡不振，股價指數雖然上漲了，但主要投資小型股的量化投資人，卻是苦不堪言。2023 上半年，資金也都聚集到了 Ecopro 等幾檔大型權值股上，股票指數雖然上漲，但小型股的表現卻差強人意。在 2017 年時，我對於只投資小型股這件事，感到心理上的排斥，所以部分投資於大型股。但由於整體上小型股的獲利大幅高於大型股，所以現

在的我已經乾脆不再投資大型股了。近 20 年來，大型股的優勢也從未持續超過 2 年以上。

「你因為 2017 年的經驗，愚蠢地建議大家要部分投資於大型股上。你也掉入確認偏誤和近因效應裡了！」媽媽取笑了我。接著她問說：「那麼大型股 10 檔、小型股 30 檔，大型股占比較低、小型股占比較高的投資方式怎麼樣呢？」我認為這也是一種可行的分散投資法。總之，我個人決定近期不會投資大型股了。

到目前為止，我們已經了解為什麼要投資小型股的原因。下一個章節，我們就來了解一下成長股吧。

預習‧複習

第六堂課的作業

▶ 複習第六堂課的內容
　—了解基本財報指標
　—了解十分位數測試的重要性，並親自嘗試
　—了解小型股報酬率較高的原因

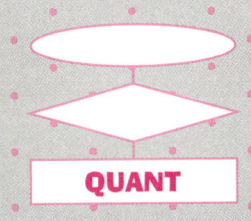

QUANT

第七堂課

「要怎麼知道這間公司經營狀況好不好？」

找出正在成長的企業

QUANT

成長股在成長什麼？

剛剛我們有提到，我們必須投資「正在成長且被低估的小型股」。第六堂課，我們了解到小型股（總市值較低的公司）可以帶來高額的收益。這堂課，讓我們來分析「成長股」吧。究竟什麼東西成長，是好事呢？

我們可以在柳興寬會計師的著書《讀完你就能真的看懂財務報表》裡找到提示。所以我向媽媽提問：「什麼指標成長是好的現象？」

「你好像在《無腦量化投資》裡有提到，營業收入、毛利、營業利潤、淨利增加的公司比較好吧？柳興寬會計師好像也很重視這些指標。」媽媽說出了正確答案。

讓我來解釋一下上面所提到的營業收入、毛利率、營業利潤和淨利吧。損益表簡單來說，可以被歸納為下列公式：

> 營業收入－費用＝利潤

再更細分一點的話，利潤可以分為三大部分──毛利、營業利潤、淨利。

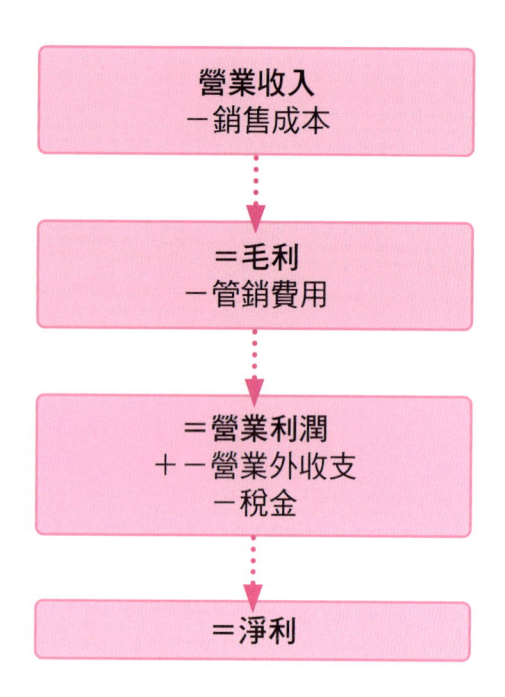

```
營業收入
－銷售成本
    ↓
＝毛利
－管銷費用
    ↓
＝營業利潤
＋－營業外收支
－稅金
    ↓
＝淨利
```

上述 4 個指標（營業收入、毛利、營業利潤、淨利）有成長的公司，就是好公司。賣出更多產品、商品、服務（銷售），剩餘的利潤越多越好，從常識上來說，大家應該都可以理解吧？

我再更仔細地為各位講解吧。

1 營業收入

由於媽媽也分不清楚總市值和營業收入的區別，所以我們再來進一步探究一下吧。營業收入是公司產品、商品、

服務的銷售金額。假如一年內賣出了 1 萬個價值 1 萬韓元的豬排，那麼當年度的營業收入就是 1 億韓元（1 萬韓元×1 萬個）。

「只有賣掉的東西才算營業收入？」媽媽問道。只有成功售出的產品、商品、服務才會被視為銷售，沒能賣出的產品被稱為「存貨」。我們去服飾店的時候，架上掛著許多衣服，這些衣服在售出之前都是「存貨資產」，因為銷售還沒實際發生。當衣服賣出時，存貨資產才會消失，轉變成營業收入。

銷售是所有企業活動的根本，公司必須賣掉東西才會有進帳，不是嗎？有錢才能去買東西吃，但有衣服並不行。所以服飾店的員工，多半都會非常努力賣掉衣服，把存貨轉換成營業收入。

所以說，營業收入是公司的基石，營業收入大幅成長的企業，就是一家好公司。

2 毛利

不過賣出 1 萬個價值 1 萬元的豬排，進帳的這 1 億元並非都是利潤，我們必須扣除掉費用，剩下的才是利潤。

利潤可以分為毛利、營業利潤和淨利。營業收入扣除銷售成本所得的金額，被稱為毛利。

> 毛利＝營業收入－銷售成本

銷售成本包含銷售所產生的直接費用，也就是產品生產所需的費用。以豬排店為例，銷售成本包含肉類、麵包粉、食用油等原物料成本，還有廚師的人事費用（不包括工讀生的人事費用）。

當然，毛利高的公司是很優秀的公司，如果毛利率有在成長的公司，當然也是非常出色的公司。

③ 營業利潤

假如豬排的成本是 4,000 萬元，扣除成本後，毛利就是 6,000 萬元。不過這些錢真的會進到老闆的口袋裡嗎？並不會。推動銷售和公司管理都會產生相應的費用，我們稱之為「管銷費用」。

工讀生薪資、租金、廣告行銷費、研究豬排與醬料所投入的研究開發費用、消耗品、手續費等，管銷費用包羅萬象。扣除掉上述所有費用後的利潤，我們稱之為營業利潤。

> 營業利潤＝毛利－管銷費用

有接觸過股票的人，應該都很常聽到「營業利潤」這個字。高營業利潤的公司就是好公司，營業利潤有所成長的公司，當然就是出色的公司。

4 淨利

除了營業活動產生的營業收入和費用以外，公司還會有「營業以外」的收益與費用，下面兩項是最具代表性的營業外收支與費用。

① **金融收益/成本**：公司也有可能從其他公司的股票或債券身上獲得股利與利息（金融收益）。反過來說，公司如果有貸款，也必須支付利息（金融成本）。

② **營業外收支**：售出房地產的獲利不屬於營業活動中產生的收益，所以屬於營業外收支。反之，如果有房地產失火，也屬於營業外支出。

淨利是在營業利潤上，反應了金融收支與營業外收支，再扣除掉稅金後所得的金額。

> 淨利＝營業利潤±金融收支±營業外收支－稅金

投資股票的人，會非常在意公司的淨利是否有所增加。淨利增加的公司就是好公司，因為公司獲利與否，會影響股價的長期走向。

成長指標十分位數測試

幸運的是，我們只要直接投資營業收入、毛利、營業利潤、淨利有所成長的公司，就能取得一定程度的好成績。現在的我們，已經不需要再去尋找哪一家公司的成長率最高了，這些工作，量化投資軟體都會幫我們做好。讓我們再來登入一次 Quantus 的網站吧。

讓我們按照第六堂課的十分位數測試方法，再來做一次吧。這次我們只要改點選「選擇指標」裡的成長指標標籤就可以了。

Quantus「選擇指標」選單的成長指標

![Quantus 四大成長指標介面截圖]

不過媽媽提出異議,她表示:「相對過去的成長,重點是未來的成長不是嗎?」

媽媽說得沒錯,未來的銷售表現和利潤成長比過去的更重要。如果可以準確預估企業接下來 2～3 年的營業收入和利潤,那根本就沒必要為了區區 50% 的年均複合成長率(?)煩惱,說不定還能輕鬆達成每個月 50% 的報酬率。

問題出在,我們通常無法得知公司的成長潛力。或許

有些分析師和價值投資人可以預測公司的未來營業收入與利潤走勢，但是大多數人卻是連下一季的表現都猜不準。

如果未來的估值不可信，那我們能運用的最佳指標是什麼呢？大概就是最新一季、最新一年的指標了。我們可以分析這個指標相較於去年同期，是否有大幅度成長。我們使用的成長指標，具體可以用下列公式計算出來。

（最新一季指標－去年同期指標）／總市值

舉例來說，如果我們想得知 2023 年 1 月 1 日的營業收入成長率，就能夠利用下面的公式進行計算。

（2022 年第 3 季營業收入－ 2021 年第 3 季營業收入）／ 2023 年 1 月 1 日總市值

為什麼已經是 2023 年了，最新數據卻是 2022 年第 3 季呢？2022 年第 4 季的數據要等到隔年 3 月 31 日才會公布，所以 2023 年 1 月 1 日還沒有這項資料。

通常媒體的報導都是「A 公司的營業利潤增加了 20％」純粹只關注成長率，我們為什麼卻要使用帶有「總市值」這種罕見的公式呢？假設有兩家公司，一家是「金

大企業」總市值是 300 兆韓元，最新一季的淨利是 150 億韓元，去年同期賺了 100 億韓元；另一家公司叫做「小賣鋪」，總市值是 500 億韓元，最新一季的淨利是 130 億韓元，去年同期賺了 100 億韓元。金大企業的淨利增加了 50%，小賣鋪增加了 30%，從這點看來，金大企業的表現看起來較為優秀。

但是總市值 300 兆的企業，淨利卻只有 100～150 億韓元，這是多麼丟臉的一件事啊。金大在去年只賺了點雞毛蒜皮，今年也只不過是比雞毛蒜皮再多一點罷了。另一方面，小賣鋪的淨利相較於總市值，不僅表現良好，甚至還成長了 30%。所以我們可以說，兩家公司相較之下，小賣鋪的營運狀況更好。

那麼，假如我們只投資最新一季營業收入、毛利、營業利潤、淨利有成長的企業，會取得什麼樣的投資績效呢？讓我們套用前面學過的十分位數測試吧。

韓國營業收入成長率十分位數測試結果
（2003～2022）

單位：%

組別	數值
第1組(小型股)	27.42
第2組	21.74
第3組	16.78
第4組	16.51
第5組	12.65
第6組	10.68
第7組	9.41
第8組	8.89
第9組	11.32
第10組(大型股)	11.26

韓國毛利成長率十分位數測試結果
（2003～2022）

單位：%

組別	數值
第1組(小型股)	31.63
第2組	24.7
第3組	18.89
第4組	16.82
第5組	14.64
第6組	7.59
第7組	8.11
第8組	8.25
第9組	7.38
第10組(大型股)	10.09

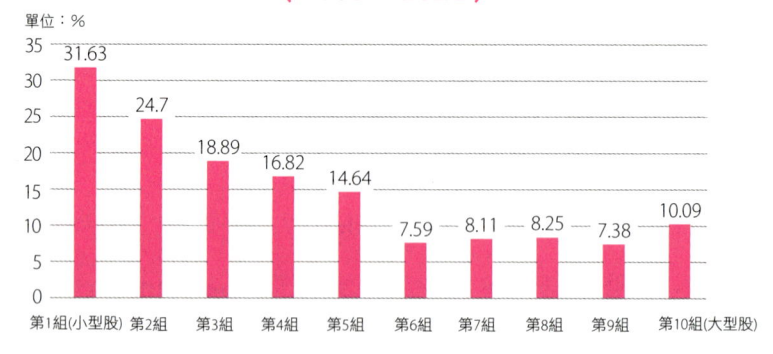

韓國營業利潤成長率十分位數測試結果
（2003～2022）

單位：%

組別	數值
第1組(小型股)	30.15
第2組	25.66
第3組	20.3
第4組	14.15
第5組	12.72
第6組	7.22
第7組	8.97
第8組	11.55
第9組	7.61
第10組(大型股)	9.54

韓國淨利成長率十分位數測試結果
（2003～2022）

單位：%

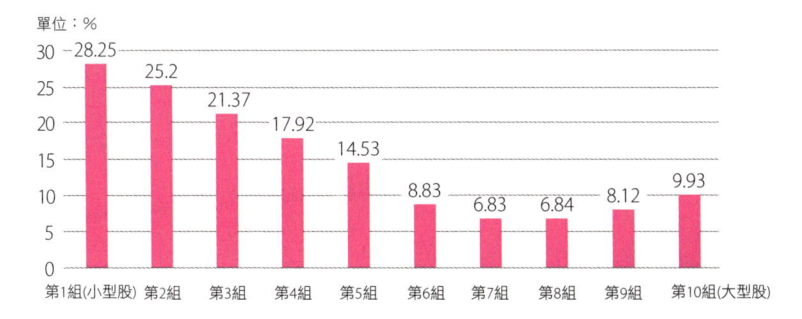

組別	數值
第1組(小型股)	28.25
第2組	25.2
第3組	21.37
第4組	17.92
第5組	14.53
第6組	8.83
第7組	6.83
第8組	6.84
第9組	8.12
第10組(大型股)	9.93

在韓國，所有營業收入、毛利、營業利潤、淨利成長率前10％的公司，獲利都非常高。大致上，只要成長率下滑，收益就會減少。所以說，我們可以肯定，這4個指標對於投資來說，都是非常有用的指標。

那麼在美國又是如何呢？

美國營業收入成長率十分位數測試結果
（2003～2022）

單位：%

組別	數值
第1組(小型股)	19.08
第2組	14.17
第3組	12.42
第4組	8.52
第5組	9.9
第6組	8.48
第7組	6.53
第8組	6.53
第9組	10.07
第10組(大型股)	16.36

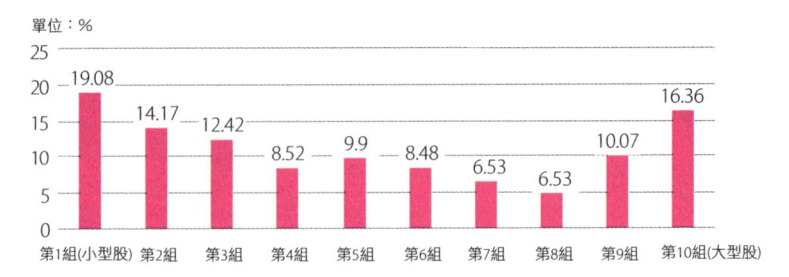

美國毛利成長率十分位數測試結果
（2003～2022）

單位：%

組別	數值
第1組(小型股)	22.64
第2組	16.34
第3組	12
第4組	11.27
第5組	9.52
第6組	8.35
第7組	6.36
第8組	7.82
第9組	10.86
第10組(大型股)	16.41

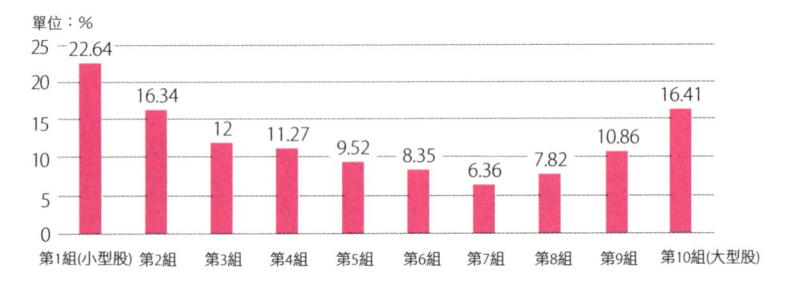

美國營業利潤成長率十分位數測試結果
（2003～2022）

單位：%

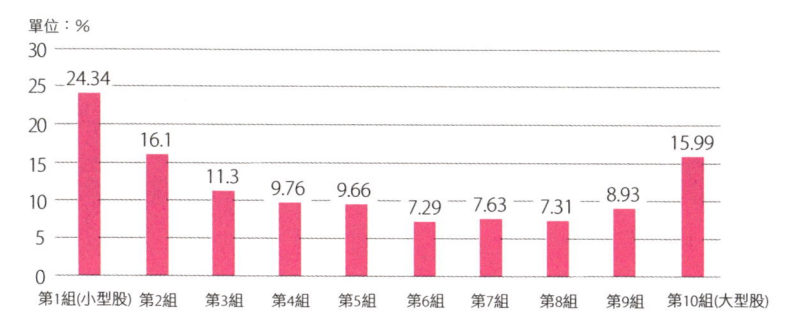

組別	數值
第1組(小型股)	24.34
第2組	16.1
第3組	11.3
第4組	9.76
第5組	9.66
第6組	7.29
第7組	7.63
第8組	7.31
第9組	8.93
第10組(大型股)	15.99

美國淨利成長率十分位數測試結果
（2003～2022）

單位：%

組別	數值
第1組(小型股)	23.73
第2組	13.4
第3組	11.52
第4組	9.16
第5組	9.42
第6組	7.43
第7組	7.07
第8組	6.66
第9組	9.45
第10組(大型股)	14.44

在美國亦然，只要投資最新一季的營業收入、毛利、營業利潤、淨利指標大幅成長的公司，就可以大舉獲利。這也顯示出了，雖然我們看的不是未來的成長指標，而是過去的指標，但這依然可以為我們帶來超額收益。

公司的成長已經反映在財務報表上了，但為什麼後續股價卻依然持續上漲呢？

從十分位數測試結果上，我們可以看見非常驚人的結果。即便營業收入、毛利、營業利潤、淨利的成長都已經公開在財報上了，但就算我們後來再買進股票，也還是可以賺到超額收益。這是為什麼呢？

1. 初期階段：錨定效應所帶來的低估

所有人都知道，企業業績好轉是一種利多，但我們卻很難得知，這個利多準確來說會對企業價值造成多大程度的影響。一旦有某家公司的淨利突然增加，投資人們大多認為：「嗯？這是不是一時的增加而已？再觀察一下吧。」會保持觀望的態度。

即便投資人知道淨利成長是公司在持續成長的訊號，但通常情況下，假如目前價格是 1 萬韓元，大多數的投資人會認為：「是利多！現價是 1 萬韓元的話，新的企業價值應該會來到 1 萬 2000 韓元左右吧？」這是因為，他們被最新價格 1 萬韓元所影響了，就算這個利多非常龐大，足以讓企業價值上漲至 4 萬元，投

資人依然會有這種想法。大多數的投資人都不認為企業價值會因為「區區一兩個利多」就上漲 4 倍。所以說，企業價值出現爆發式成長的公司，在股價上並無法立即被反映出來。

2. 上漲期：被套牢的投資人，滿足於小額虧損的投資人

出現重大利多消息的公司，股價開始上漲。當股價上漲到 1 萬 2000 韓元～ 1 萬 3000 韓元左右，過去在這個價格附近被套牢的投資人，會認為：「天啊，我終於回本了。」在這份安心的驅使下，他們連忙賣出股票。

除此之外，部分買在 1 萬韓元的投資人，也會因為賺到了 20 ～ 30％而開心不已，進而賣出股票。這種時候，會出現很多把「該買進的公司」賣掉的股東，所以股票的漲幅才會被抑制。

3. 機構投資人的流動性

機構投資人雖然已經看出這間公司「真正的價值」了，但是他們的資金龐大，無法立刻大量買進。如果買進的速度太快，反而會使股價立刻漲停。所以

機構投資人,會慢慢分批買進股票。

4. 後半段:過度高估區

強勁的利多驅使企業價值從 1 萬韓元上漲到 4 萬韓元的公司,股價百般波折來到 4 萬韓元後,就會停在這裡嗎?不會的。這個現象會引發投資人的瘋狂,然後人們會開始思考:「誰能保證這家公司的價值只有 4 萬韓元?搞不好有可能漲到 5 萬韓元、10 萬韓元啊?」熱度高的股票,往往會吸引大量投機性資金,所以股價可能會遠高於實際的企業價值。

總結來說,由於初期階段被低估與後來被高估的現象,出現利多的公司,在利多公布之後,股價也還是可能持續上漲一段時間。

建立個股投資策略,執行回測

我們已經驗證過這 4 個指標的效力了,我們來試著利用它們,建立投資策略吧?

我們來複習一下個股量化投資的階段性步驟吧。

第一步：**獲得投資點子**
→小型股、成長股是好的選擇嗎？
第二步：**量化投資點子**
→總市值、營業收入／毛利／營業利潤／淨利成長率
第三步：**驗證已量化的指標**
→上述 5 個指標已完成驗證，皆有顯著意義。
第四步：**針對量化後的投資策略進行回測**
第五步：**尋找適合此投資策略的股票**
第六步：**定期再平衡**

我們已經完成第三步驟了。第六堂課我們驗證了總市值，第七堂課也驗證了營業收入、毛利、營業利潤、淨利成長率是具有顯著意義的指標。

接著我們要進入第四步驟，進行「高營業收入、毛利、營業利潤、淨利成長率的小型股」的投資策略回測。請各位點擊 Quantus 的「回測」頁籤，跳轉至該頁面吧。

選擇範圍

在「選擇範圍」下,選擇韓國。策略名稱可以隨意命名,我將它命名為「韓國小型成長策略」。

此外,在韓國市場上,我們必須套用所有基本過濾器。勾選過濾器裡的「只包含後 20% 小型股」,該策略就只會套用在小型股上。

選擇指標

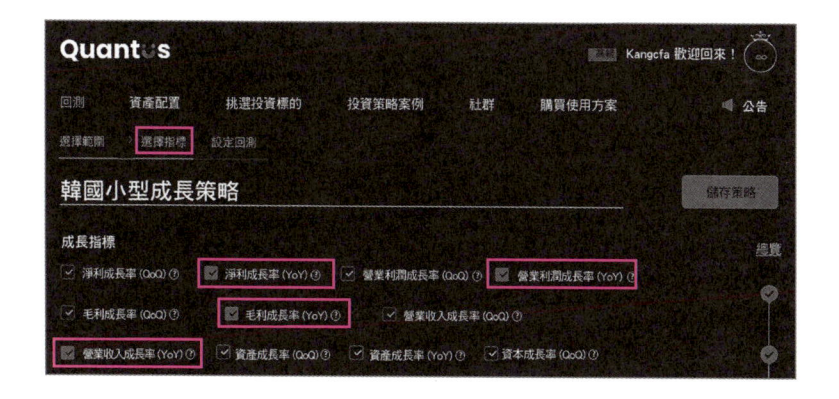

進入「選擇指標」,點選我們方才分析過的 4 項指標——營業收入、毛利、營業利潤與淨利成長率。

同樣的指標,基於不同的時間長度,會被分為 YoY 與 QoQ,它們的代表意義如下。

YoY:相較去年同期之成長率(年營收成長率)
QoQ:相較上一季之成長率(季營收成長率)

由於很多公司獲利都會受到季節影響,所以我通常使用 YoY。舉例來說,專門販售冰淇淋的公司,夏天的銷量與淨利就較高,春天、秋天、冬天相對較低。遇到這種情況,比起拿業績表現較好的第 3 季與同一年的第 2 季做比較(QoQ),拿去年第 3 季的業績來做對比會更合適。

設定回測—回測1

輸入初始金額與交易手續費。我把初始金額設定為1,000萬韓元,交易手續費選擇設定為0.5%。

把頁面往下滑,會看到下述畫面。

設定回測—回測2

輸入再平衡的期間、比重調整方式、標的數量與再平衡策略。

再平衡週期：可分為每月、每季、半年、每年，我通常選擇每季。

比重調整方式：目前軟體的版本，只能使用同一比重。

標的數量：輸入 20 個。分散投資 20 個標的，比投資單一標的的策略來得更好。如果同時間有 2～3 個策略在投資的話，也可以每一個策略只投資 10 個標的。

做完這些之後，量化投資軟體會幫我們做什麼呢？首先，它會做出每個指標的排行榜，再根據這4指標的平均來進行排序，投資平均排行最高的公司，然後在每一季進行一次再平衡，以上述的假設進行回測。

　　「平均排行的意義是什麼？系統是怎麼計算出來的？」我曾經問過這個問題不下數十次，媽媽果然也提出相同的問題了，人類會感到好奇的東西，果然都很類似啊。

　　關於平均排行，這樣解釋應該比較好懂。學校通常每一季都會有考試，第一學期的期中考、期末考，以及第二學期的期中考、期末考。我們假設考試課目有4個，分別是國語、英語、數學和科學，學校會平均計算每一個科目的分數，分數最高的人就是「全校第一名」。

　　我們把這個例子裡的「學生」改成「股票」，「科目」改成「營業收入成長率」、「毛利成長率」、「營業利潤成長率」、「淨利成長率」。如此一來，就能夠計算出2,000家公司的排行榜。假設「三星電子」的股票淨利成長率排第268名、營業利潤成長率第38名、毛利成長率第276名、營業收入成長率第512名，所以「平均排行」就是（268+38+276+512）/4=273.5名。

Quantus 會按照這種方式，按照各個指標為 2,000 檔股票進行排名，然後再計算出平均排行榜，平均排行表現最優異的股票，就會成為「全校第一」。Quantus 會告訴各位，每一季投資「韓國全校排名前 1～20 名」的股票，會為各位帶來什麼樣的成績。

讓我們一起來分析回測的結果，同時也學習回測結果該怎麼看吧。

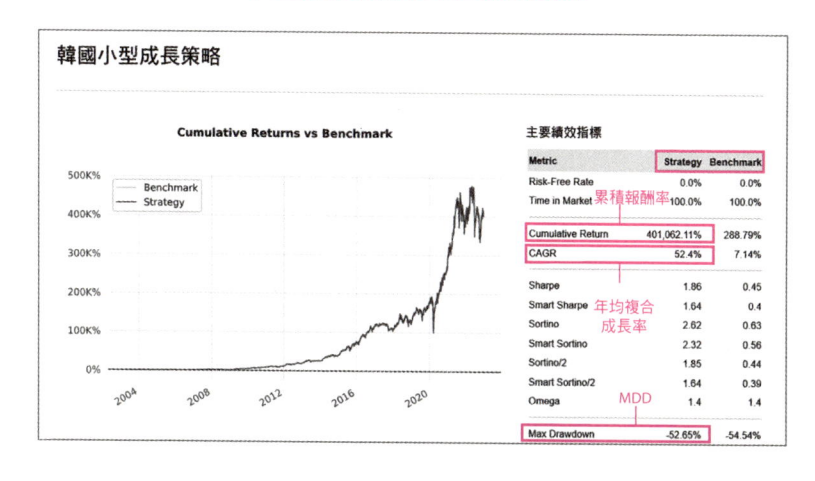

小型成長股策略回測結果

Metric	Strategy	Benchmark
Risk-Free Rate	0.0%	0.0%
Time in Market	100.0%	100.0%
Cumulative Return	401,062.11%	288.79%
CAGR	52.4%	7.14%
Sharpe	1.86	0.45
Smart Sharpe	1.64	0.4
Sortino	2.62	0.63
Smart Sortino	2.32	0.56
Sortino/2	1.85	0.44
Smart Sortino/2	1.64	0.39
Omega	1.4	1.4
Max Drawdown	-52.65%	-54.54%

（Cumulative Return：累積報酬率；CAGR：年均複合成長率；Max Drawdown：MDD）

首先，圖表右上方的「Strategy」代表小型成長策略的指標，「Benchmark」（基準指標）代表的是 KOSPI 指數。

年均複合成長率是 52.4％，非常驚人。如果這 20

年來都用這個策略進行投資，累積報酬率（Cumulative Return）是 401,062％，本金可以增加 4,000 倍。不過讓我們注意到 MDD52.65％，這個策略也會遇到許多「腥風血雨」。

近1、3、5、10年報酬率

	我的策略	基準指標（KOSPI指數）
1Y — 1年報酬率	4.19%	-22.05%
3Y (ann.) — 3年報酬率	31.92%	2.31%
5Y (ann.) — 5年報酬率	30.39%	-1.04%
10Y (ann.) — 10年報酬	35.74%	1.64%
All-time (ann.) — 累積報酬率	52.4%	7.14%

這個策略近 20 年的報酬率雖然不錯，但它的近期表現又是如何呢？上述畫面是小型成長策略近 1、3、5、10 年的報酬率。至於基準指標，如果是韓國市場的策略，就是 KOSPI 指數，如果是美國市場的策略，那就是 S&P500 指數。

右側 KOSPI 指數的報酬率，在近 1、3、5、10 年來十分慘淡，但即便如此，左側小型成長策略的報酬率依舊非常高。近年來也一直維持著 30％左右的超額收益（報酬率超越 KOSPI 指數）。

年報酬率

策略年報酬率 vs. 基準指標 / 報酬率是否高於基準指標

EOY Returns vs Benchmark

Year	Benchmark	Strategy	Multiplier	Won
2003	34.00%	16.78%	0.49	-
2004	10.51%	43.29%	4.12	+
2005	53.96%	289.41%	5.36	+
2006	3.99%	43.70%	10.94	+
2007	32.25%	158.74%	4.92	+
2008	-40.73%	-24.97%	0.61	+
2009	49.65%	179.38%	3.61	+
2010	21.88%	74.58%	3.41	+
2011	-10.98%	39.60%	-3.61	+
2012	9.38%	60.94%	6.49	+
2013	0.72%	31.71%	44.32	+
2014	-4.76%	54.56%	-11.46	+
2015	2.39%	89.47%	37.48	+
2016	3.32%	50.90%	15.32	+
2017	21.76%	-7.84%	-0.36	-
2018	-17.28%	18.18%	-1.05	+
2019	7.67%	42.36%	5.52	+
2020	30.75%	58.73%	1.91	+
2021	3.63%	39.34%	10.85	+
2022	-21.01%	0.89%	-0.04	+

年：Year / 基準指標：Benchmark / 我的策略：Strategy / 我的策略報酬率/基準指標報酬率：Multiplier

上方畫面是每年的收益，這部分也會以 KOSPI 指數做為基準指標進行比較。除了 2003 和 2017 年以外，小型成

長策略的報酬率每年都高於 KOSPI。

痛苦時光

Worst 10 Drawdowns （虧損率最高的10次）

Started	Recovered	Drawdown	Days
2008-08-12	2009-04-03	-52.65%	234
2020-02-17	2020-06-02	-48.00%	106
2022-05-04	2022-12-19	-30.05%	229
2006-05-16	2006-11-20	-26.12%	188
2021-09-09	2022-03-23	-23.01%	195
2018-05-16	2019-02-13	-21.53%	273
2011-08-02	2011-10-27	-21.29%	86
2019-04-15	2019-09-18	-20.49%	156
2015-07-22	2015-10-01	-19.33%	71
2010-05-17	2010-07-30	-17.88%	74

Started：虧損起始時間　Recovered：虧損回本的時間　Drawdown：虧損率　Days：虧損持續的天數

即便報酬率表現不錯，但這個策略要承擔的心理壓力也不小。2008～2009 與 2020 年，這檔投資組合直接被砍半，也發生過十幾次虧損 20％ 左右的狀況，也就是說，這個投資組合每兩年就會歷經一次 20％ 以上的虧損。

月報酬率

	1	2	3	4	5	6	7	8	9	10	11	12
2003	0.00	0.00	0.00	0.88	6.83	0.11	2.46	6.18	-3.74	-3.86	2.02	5.36
2004	-3.48	9.84	0.11	0.79	-0.81	-3.95	2.26	11.51	1.27	4.08	7.53	8.78
2005	30.85	34.23	-5.50	0.62	14.25	5.51	20.04	-2.43	18.94	14.66	22.08	-0.83
2006	1.85	0.80	7.21	6.63	-7.41	-3.98	-0.02	7.92	2.22	5.38	13.53	4.37
2007	12.65	14.02	13.46	8.55	14.53	-0.98	17.92	12.69	16.05	-6.84	-2.27	2.72
2008	-9.39	10.08	-5.39	7.80	5.35	3.09	0.69	-11.76	-6.47	-28.11	-2.12	16.14
2009	12.47	6.25	18.78	37.06	12.64	-5.30	14.86	6.46	-0.01	-2.82	8.30	4.63
2010	1.19	14.29	12.11	7.99	-5.23	0.38	9.90	0.27	4.70	12.48	-2.99	4.09
2011	9.11	4.34	11.00	3.61	-4.64	-1.85	7.23	-10.99	-2.87	16.02	2.33	3.50
2012	7.99	28.61	-1.61	-1.66	-2.80	9.12	-3.25	10.26	5.64	1.77	-3.04	1.53
2013	7.48	10.66	12.08	2.06	1.31	-10.01	7.26	-2.71	1.70	2.53	-0.64	-1.79
2014	2.58	19.29	5.98	5.14	7.47	-1.51	-0.06	10.52	-0.88	-3.40	1.04	0.21
2015	6.50	15.83	4.37	4.43	2.07	11.19	0.16	-4.68	8.76	8.09	1.71	8.76
2016	-3.16	5.36	8.75	9.16	-0.99	-0.64	8.72	1.95	11.67	-5.33	2.21	5.74
2017	3.77	-2.93	4.03	-0.72	2.72	-0.98	-3.74	2.24	-10.46	0.48	-0.29	-1.35
2018	9.82	0.96	5.48	7.81	2.17	-5.07	-0.51	8.70	0.28	-14.64	6.93	-2.36
2019	13.36	0.90	4.52	6.05	-5.85	3.53	-8.28	3.51	6.92	1.23	2.56	9.30
2020	-2.24	-2.64	-16.75	20.35	9.28	2.85	9.12	4.03	8.04	0.82	7.54	11.38
2021	5.01	3.32	6.02	8.24	12.58	11.03	-3.73	-3.73	3.34	-1.27	-15.24	11.71
2022	-0.59	4.50	13.02	-0.65	-0.10	-17.46	7.67	0.47	-16.25	10.67	9.50	-4.46
	JAN	FEB	MAR	APR	MAY	JUN	JUL	AUG	SEP	OCT	NOV	DEC

一個月內下跌5％、10％的狀況也是屢見不鮮。有的時候，一些剛接觸量化投資的人會說：「我可是相信你說年均複合成長率有50％才投資的，結果這個月就虧了7％，我超崩潰的。」個股量化投資的特性本來就是這樣，報酬率雖高，但MDD也高。

投資之前要先有所覺悟這個投資策略，
每2年就會出現一次單月虧損10％以上的狀況，
累積虧損20％以上的狀況也是每2年就會發生一次，

而且 10 年還會出現一次虧損 50％的情形。

此時，媽媽提問了：「利用這種方式挑選出來的股票，2022 年的報酬率也不高吧？」

從前面「年報酬率」的表格下方，我們可以看到 2022 年的報酬率「只有」0.89％而已。不過相較於 KOSPI 指數的 -25％，表現依舊是非常出色。

當初學者放棄量化投資的時候

有趣之處在於，這個策略不管是由我執行，還是由新手執行，得到的結果都一樣，但是初學者往往會在虧損的時候放棄這個策略，全數退場。

近期由權相佑演出的網劇《危機的 X》，裡頭量化投資的登場廣受討論。劇裡擔任主角的權相佑，結合了我們下一章節要學的 PER、PBR、PSR 等價值指標，建立了一套回測結果出色的投資策略，並且將所有資金「梭哈」，不過這檔策略卻發生了 -27％的虧損，讓他陷入絕望。他一出手就陷入困境，真是令人遺憾。

推測權相佑開始量化投資的時間點

Worst 10 Drawdowns

Started	Recovered	Drawdown	Days
2008-08-12	2009-04-03	-52.65%	234
2020-02-17	2020-06-02	-48.00%	106
2022-05-04	2022-12-19	-30.05%	229
2006-05-16	2006-11-20	-26.12%	188
2021-09-09	2022-03-23	-23.01%	195
2018-05-16	2019-02-13	-21.53%	273
2011-08-02	2011-10-27	-21.29%	86
2019-04-15	2019-09-18	-20.49%	156
2015-07-22	2015-10-01	-19.33%	71
2010-05-17	2010-07-30	-17.88%	74

　　無論是誰，剛嘗試一個新方法，結果一出手股票就大跌，都肯定都會想放棄，而且也不會想再嘗試相同的投資方法，這就是人性。在這檔策略上，賭上自己100％的資產，風險太高了。畢竟這個投資策略的 MDD 非常高，不是嗎？

　　很多人都會說，他們可以花20年的時間，忍受50％以上的 MDD。但實際上，這些人只要連續3個月虧損10％，就會開始感到痛苦難熬，然後抱怨：「這個策略太多人用了，現在已經行不通了。」最後選擇放棄量化投資。

像這樣的案例，我都已經數不清看過多少次了。不過，我自己也是雖然知道有一種減肥方法，只要願意實行就可以在一年內減重超過 20kg，卻從來沒有成功過，所以我能理解他們的感受。

絕對不要相信那些嘴上說自己可以承擔高 MDD 的人，即便那個人就是我自己。

所以說，若把自己所有的財產都押注在一檔策略上，我們絕對無法熬過低谷。我建議各位，可以進行韓國型全天候投資組合這類的資產配置策略，然後把資產配置中股票的比重，拿來執行個股量化投資策略。

韓國型全天候投資組合的比重配置

類型		ETF商品（代碼）	比重（%）
風險資產	美股	TIGER美國S&P500（360750）	17.5
	韓股	TIGER 200（102110）	17.5
	黃金	ACE KRX黃金現貨（411060）	15
安全資產	韓國中期債	KOSEF國庫債10年（148070）	25
	美國中期債	TIGER美國債10年期貨（305080）	25

現有的韓國型全天候投資策略，是把整體資金的 35％投資到韓股和美股的 ETF 上，我們可以按照這個比重，投資我們建立好的個股量化投資策略，這麼做不僅能夠維持低 MDD，同時間還能把收益最大化。因為 KOSPI 的預估收益只有 8％左右，但是小型成長策略的預估收益卻是數十％。

這堂課的尾聲，媽媽提出了幾個有關量化投資系統的技術性問題。

問題 1. 我可以儲存建立好的策略嗎？

儲存策略

可以。只要點選「儲存策略」就可以把自己建好的投資策略儲存下來，以後只要找到這個策略，就可以看到自己過去輸入的指標與條件。

問題 2. Quantus 上可以結合資產配置與個股量化投資策略嗎？

策略結合1

[圖：Quantus 介面，顯示「韓國小型成長策略＋資產配置」，標記「資產配置」頁籤、「策略配置（靜態資產配置）」及再平衡週期「每季」]

可以。點選上方的「資產分配」頁籤，在「資產配置演算法」中選擇配置策略，並選擇再平衡週期。

策略結合2

在「資產1」選擇我們前面已經儲存好的韓國成長價值小策略，比重是30%。「資產二」選擇黃金20%、「資產3」設定為 TLT（美國長期公債）50%，就可以試著執行回測了。

問題 3. 可以自動交易嗎？

目前還沒有自動交易功能,但是 Quantus 會在 2023 年內導入這項功能。

尋找策略適合的投資標的＆再平衡

最後讓我們再重新複習一下這堂課上學習到的內容吧,同時也請各位跟我一起跑一次個股投資的流程。

1 獲得投資點子

我們找到了一個投資點子:「營業收入與利潤正在成長的小型股,應該是檔好股票!」

2 量化投資點子

把「有在成長的公司」定義為營業收入、毛利、營業利潤、淨利有在成長的公司;把「小型股」定義為總市值位於後段班的公司。

3 驗證已量化的指標

針對總市值、營業收入、毛利、營業利潤、淨利成長率進行十分位數測試,結果發現這 5 項指標都非常具有顯著意義。

4 針對量化後的投資策略進行回測

執行回測,驗證如果買進營業收入、毛利、營業利潤、淨利成長平均排行最靠前的 20 家小型企業(總市值排行倒數 20％的公司),並且每季再平衡一次,實際上能否獲利。

回測結果顯示,雖然 MDD 較高,但是長期報酬率表現非常卓越。可以挪用資產配置策略裡股票的比重,投資這一檔策略。

5 尋找適合此投資策略的股票

完成第四步之後,第五步就輪到選股了。假設我們採用這個策略,就要選擇適合這個策略的公司。

挑選投資標的

進入「挑選投資標的」的頁面,就可以依照策略,挑選出適合的股票。點兩下最下方的「下一步」,就會出現下列頁面。

設定回測－回測

在「挑選標的」的頁籤輸入「初始投資金額」與「標的數量」。

先假設我們要用 1,000 萬投資 20 個標的，接著點選「挑選標的」就會導出一個 Excel 檔案。

挑選標的Excel檔

Code	Name	總市值(億韓元)	產業	上市市場	收盤價(前一日)	買進數量	買進總金額
A005320	Kukdong	603	化妝品、服飾、玩具	KOSPI	1085	460	499100
A378850	Hwaseung R&A	682	汽車	KOSPI	3595	139	499705
A041650	Sangsin Brake	649	汽車	KOSPI	3025	165	499125
A053060	Sae Dong	245	汽車	KOSDAQ	1405	355	498775
A017370	宇信系統	586	汽車	KOSPI	3200	156	499200
A069730	DSR製鋼	687	鋼鐵	KOSPI	4775	104	496600
A123410	Korea Fuel-Tec	664	汽車	KOSDAQ	2385	209	498465
A092780	Dong Yang Piston	631	汽車	KOSPI	4795	104	498680
A017000	Shinwon Construction	506	建設、建築相關	KOSDAQ	4340	115	499100
A025560	Mirae Corporation	483	半導體	KOSPI	10850	46	499100
A046310	BG T&A	502	IT硬體	KOSDAQ	3060	163	498780
A053270	Guyoung Technology	588	汽車	KOSDAQ	2230	224	499520
A020400	大同金屬	284	汽車	KOSDAQ	8930	55	491150
A123700	SJM	655	汽車	KOSPI	4200	119	499800
A038010	Jeil Technos	612	建設、建築相關	KOSDAQ	6810	73	497130
A054040	Korea Computer	658	顯示器	KOSDAQ	4100	121	496100
A225590	Fashion Platform	440	化妝品、服飾、玩具	KOSDAQ	1655	302	499810
A263070	DK&D	433	化妝品、服飾、玩具	KOSDAQ	2795	178	497510
A290120	Dayou AP	628	汽車	KOSDAQ	5390	92	495880
A122690	瑞進汽車配件	570	汽車	KOSDAQ	2710	184	498640

上表是輸出後的結果。系統會根據我們的資金，告訴我們股票代碼、股票名稱、總市值、產業、上市市場、收盤價，以及要買進的股票數量和金額。

透過 Quantus 選股，就可以找到許多無人知曉的小型股，投資這些企業 20 年，年均複合成長率將可達到

52％，本金可以增加 4,010 倍。隨著手邊的資產越來越多，總有一天會遇到難以繼續投資小型股的情況。但只要資產在 100 億韓元（約 2.37 億新台幣）以下，交易小型股就絕對不成問題，等到我們有超過 100 億韓元的資產之後，再煩惱接下來要怎麼投資吧。

6 定期再平衡

最後一步是要定期再平衡。

媽媽經常會問出很多尖銳的問題，但有時也有失足。此時，媽媽拋出了一個問題：「所以我要買進這些股票，然後抱 20 年嗎？」

不是的。就像是我們在資產配置時學過的一樣，我們必須要做「季度再平衡」。這是個股投資的最後一步，我們每一季都要再挑選出符合這個條件的股票，進行抽換。

就像是學校裡，學生全校的排名每次也都會有所更替，企業的季度業績每一季都會發生變化，這一季成長幅度最高的股票，下一季很可能就會被取代。想要在 2,000 檔股票中排進前 1％（前 20 名）絕對不容易。韓國所有的公司，不是都在日以繼夜，努力追求更高的營業收入、毛利、營業利潤與淨利嗎？所以我們必須持續追蹤公司排行

的變化，把被擠出排行榜的公司賣出，買進新進榜的公司。

瀏覽過去交易明細

如果想知道這個策略，近 20 年來投資過哪些標的，可以點選「挑選投資標的」底下的「設定交易」，使用該頁面裡的「瀏覽過去交易明細」。這個策略這 20 年來，經歷過 80 次再平衡，這期間所有的交易明細都會被儲存成 Excel 檔。

截至目前，我們已經了解了個股投資的流程，知道如何投資「有所成長的小型股」了。下一堂課，我們會以此做為基礎，進一步了解如何找出被低估的企業。

預習・複習

第七堂課的作業

▶ 複習第七堂課的內容
　—了解成長指標
　—了解個股投資的六大步驟

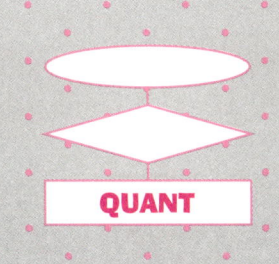

QUANT

第八堂課

「如何找出不為人知的地下強者？」

被低估的股票與績優股

QUANT

被低估的股票有什麼特徵

第六堂課上，為了建立個股量化投資策略，我們學習了何謂小型股與成長股，這堂課上，讓我們來學習什麼是被低估的股票吧。我們想做的事，不就是從小型股裡面，找出被低估的股票與成長股嗎！

判斷股票有無被低估的方法有很多種。價值投資人會仔細分析企業的事業、經營團隊、商品、競爭企業等，針對企業價值進行分析。但是量化投資人，投資時主要看「P」開頭的指標，我把這些指標稱為「P家族」。

P家族的P就是「Price」，也就是總市值。我跟媽媽一起看著 Quantus 的畫面，我問她：「你知道總市值背後的那些指標代表什麼嗎？像是PER、PBR、PSR這類的。」媽媽好像一臉茫然，皺起眉頭說：「我不知道。」

P家族就是「低估指標」。

1. 低估指標是「總市值除以財報重點指標所得出的數值」。
2. 數值越低代表股票越被低估。
3. 數值越高代表股票越被高估。

究竟哪些數值算低，哪些數值算高呢？我們只要計算出韓國所有企業的指標，以平均值當作對比的基準點，立刻就能得知哪些企業的數值算高，哪些算低。舉例來說，韓國上市公司的平均 PER 是 10，如果 PER 是 5，代表被低估，如果是 30 的話，就代表被高估。

損益表上有營業收入、毛利、營業利潤、淨利等指標，把總市值除以這些指標後，就可以獲得 4 個低估指標。損益表的結構簡單表示如下圖。

損益表的結構

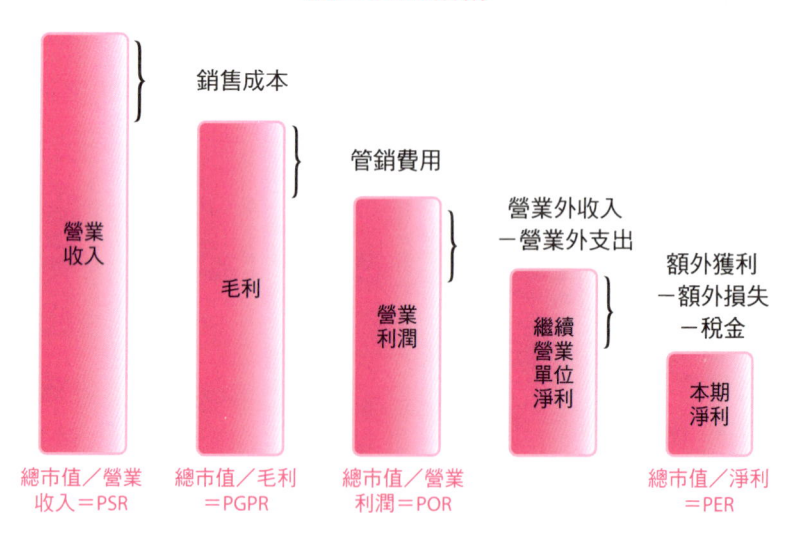

營業收入	毛利	營業利潤	繼續營業單位淨利	本期淨利
總市值／營業收入＝PSR	總市值／毛利＝PGPR	總市值／營業利潤＝POR		總市值／淨利＝PER

銷售成本
管銷費用
營業外收入－營業外支出
額外獲利－額外損失－稅金

資產負債表的結構

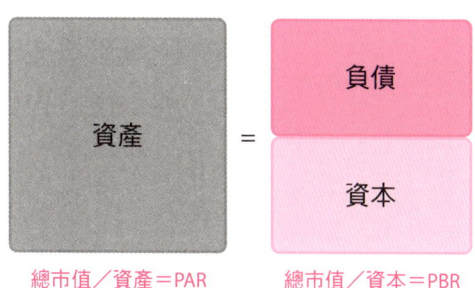

總市值／資產＝PAR　　總市值／資本＝PBR

除了上述的指標以外，還有很多其他的指標，但做個股投資只需要了解這些指標就夠了。我簡單整理了各項指標的計算方法，提供給感興趣的讀者參考。

Quantus的13個總市值相關價值指標計算方式

指標	公式	指標	公式
PER	總市值／淨利	PEG	PER／淨利成長率
PBR	總市值／資本	PAR	總市值／資產
PSR	總市值／營業收入	PACR	總市值／應計項目
POR	總市值／營業利潤	NCAB	總市值／清算價值
PCR	總市值／營業活動現金流	Dividend Yield（股息殖利率）	股息／總市值
PFCR	總市值／自由現金流	Shareholder Yield（股東收益率）	（股息＋回購股票）／總市值
PRR	總市值／研發費用		

第八堂課　被低估的股票與績優股

P 家族裡最有名的指標是 PER，計算方式是總市值除以淨利。所有公司的目標都是把淨利最大化，沒有人不認同淨利是至關重要的指標，總市值則是股票市場上用來評估企業價值的指標，所以我們可以把兩者拿來做比較。

接著我們看到另一個問題。假如 A 公司和 B 公司，淨利一樣都是 100 億韓元，A 公司的總市值是 300 億元，所以 PER 是 3；但是 B 公司的淨利是 1 兆韓元，所以 PER 是 100。股票市場上的 PER，真的就像這樣南轅北轍。為什麼股票之間會有如此巨大的差距呢？

「嗯……淨利一樣的話……可能是 B 公司有很優秀的品牌，或經營團隊很出色吧？」媽媽回答。

「就因為這樣，企業價值差了 30 幾倍嗎？租金一樣是 100 萬韓元的大樓，也不會因為品牌價值或選址不同，就出現 30 倍的價差吧？」我說道。

「不是啊，根據大樓地點位於首爾還是江原道（編按：位於韓國最北邊的渡假勝地），屋齡是 5 年還是 50 年，確實會有很大的價差吧？」媽媽反駁。

這句話很有道理。像這樣的價差，會更明顯地反應在公司上。這兩家公司一樣都賺 100 億韓元，但是投資人認

為 B 公司的未來收益將有更多成長空間；A 公司雖然現在賺了 100 億韓元，但未來收益可能沒有這麼多，大幅成長的可能性較低。

「例如，以前相機的銷量很好，但近年來大家都用手機攝影，相機成為了夕陽產業，生產相機的公司股票 PER 就很低，對吧？」媽媽問道。

沒有錯。大家認為相機產業不太有前景，所以收益與總市值的比值較低。反過來說，如果大家認為智慧型手機市場未來發展可期，製作手機相機零件的公司，淨利將會大幅增加，總市值獲得高度認可，PER 也會變高。

低 PER 公司 vs. 高 PER 公司，要投資哪一個？

這個章節，我們來探討一下這個重點吧。站在投資者的立場上，下列兩種公司，投資哪一個會更好呢？

1. 低 PER 公司（上述案例的 A 公司）
2. 高 PER 公司（上述案例的 B 公司）

做十分位數測試的話，我們只要花 2 分鐘就可以獲得答案。

低 PER 股票的報酬率，遙遙領先高 PER 股票的報酬率，而且不是「稍微」領先，是「壓倒性」領先。從這方面看來，要說 PER 跟股票報酬率成反比也不為過。

所有人都認為高 PER 的公司看起來更有前景，但為什麼股票報酬率，卻是未來看似黯淡無光的低 PER 股更高呢？

「因為大家對低 PER 股不懷期待，所以低 PER 的公司往往表現優於期望值；但大家對高 PER 公司懷抱著高度期待，所以常常滿足不了期望值？」媽媽推測。

沒錯。A 公司目前可以賺 100 億韓元，但總市值卻只有 300 億韓元，股價非常便宜。這就相當於，花 3,600 萬韓元買一間每個月租金 100 萬韓元，年租金 1,200 萬的房地產一樣。當然，市場也會預測到這家公司的淨利很可能無法維持在 100 億韓元，有可能會下滑至 30 億韓元，或者轉盈為虧，所以它的總市值才會這麼低。然而事實上，如果這家公司隔一年的淨利是 85 億韓元，雖然它的淨利確實下滑了，但卻有可能因為「跌幅低於市場預期」而引

發股價上漲，原因是它的表現優於預期。如果股票上漲，那這檔股票的總市值就可能上看 700 億韓元，借力於此，我們也許就能從淨利下滑的公司上，賺到 2 倍以上的獲利。

從客觀角度來說，這家企業也許不怎麼樣，因為它的淨利從 100 億下跌到了 85 億韓元。但由於市場原本的期望值不高，而它的表現大幅超越期望值，所以股價上漲了。

讓我們再看到另一個案例。人們會對飼料或肥料股感興趣嗎？大部分的投資人都對飼料和肥料沒興趣，所以與此相關的股票，PER 普遍都非常低。但是隨著 2022 年俄烏戰爭突如其來的爆發，這些股票開始受到關注。食品與飼料相關類股開始暴漲，第六堂課上我們提到的韓一飼料就在短時間內上漲了 5 倍。

起初因為乏人問津，所以 PER 非常低，但因搭上題材而廣受關注，這種情況在股票市場上，比想像中更常見。這類型的公司，會為我們帶來預期以外的驚人收益。

相反地，我們來分析──下高 PER 類股吧。2021 年「元宇宙」（metaverse）相關股票非常受到投資人的喜愛。這些企業的 PER 會怎麼樣呢？

媽媽有些困惑地反問我:「很高吧?關注度越高,PER 不就越高嗎?」

投資人很感興趣,就會買進更多股票。PER 的計算公式如下,投資人股票買得越多,股價就會越高,股價越高,PER 肯定會上漲。

> **PER ＝總市值(股價 x 股數)／淨利**

但是近期人們對於元宇宙的關注度大幅下滑,元宇宙相關公司沒辦法達成出色的業績表現,這些公司的股票因為無法滿足高 PER 的高度期待,股價相應走跌。2021 年市場上推出許多檔只投資元宇宙相關企業的「元宇宙 ETF」,這些 ETF 大多都跌了 70%。

前面案例裡的 B 公司,當前淨利是 100 億韓元,總市值是 1 兆韓元,這表示投資人預估這檔股票的淨利會大幅成長,投資人期待 B 公司明年的淨利會增加到 200 億韓元,幾年內增加至 500 億,甚至超過 1,000 億韓元。但假如 B 公司的淨利卻只停在 130 億韓元,投資人會因此大失所望,開始質疑「這家公司的價值真的有 1 兆韓元嗎?」後續 B 公司的總市值可能會下滑至 3,000 億韓元。公司淨利成長 30% 是非常亮眼的表現沒錯,但因為 B 公司達不到投資人

的期待，所以股價下跌了 70%。

讓我們來統整一下到目前為止我們所學的內容吧。

PER 等 P 家族指標，可以反映出投資人的期望值。P 指標的數值不高，表示期待不高；數值很高，表示期待很高。

「股票收益與期待背道而馳啊。」這是媽媽的總結。

在我看來，這點不管在哪都一樣。在人際關係裡，如果我們對一個人懷抱著期待，不管他做得再多，我們都很難感到滿足；但如果我們一點期待也沒有，只要他稍微做了點什麼，我們就會被感動。就像是，平時很惡劣的主管，突然說了一句溫暖人心的話，我們會因此感動；但總是和藹可親的主管，突然大聲的說了點什麼，我們就會說「原來他是這種人」為此感到失望。

換句話說，高 PER 是平常考試都考 100 分的學生；低 PER 是平均分數只有 50 分的學生。平常都只考 50 的學生，突然考了 65 分，在家裡就會被稱讚說：「你這次有認真讀書呢。」但是一個 100 分的學生，因為追劇而考了 90 分，在家裡卻可能被說是「家族之恥」，被父母毒打一頓。股票運作的原理也是這樣，期望值過高的話，總

有一天會因為無法滿足期待,而使股價受到「打壓」。

十分位數測試的重要性

討論小型股分析的時候,我也有提到十分位數測試,我會再度提到十分位數測試,是因為我想再度強調它的重要性。媽媽之前不是建議過我嗎?說我的書複習的部分不夠多。

前述提到的十分位數測試,真的是投資時非常重要的一環。我把 Quantus 裡有的 100 多個指標,全都做了十分位數測試。

目的是想知道,這 100 多個指標中,哪一些在投資上,是有實質作用的指標。只要執行十分位數測試,一眼就能看清我所分析的指標,是否可以實際對投資報酬率造成影響。

讓我們再來看一次,第六堂課我們做過的總市值指標的十分位數測試結果吧。

韓國總市值十分位數測試結果（2003～2022）

單位：%

組別	收益率(%)
第1組(小型股)	44.61
第2組	27.43
第3組	21.07
第4組	14.73
第5組	10.53
第6組	7.97
第7組	5.02
第8組	5.97
第9組	5.71
第10組(大型股)	6.66

顯而易見，總市值較低的公司（第1～3組）收益較高，總市值位於中段班（第4～7組）和總市值較高的公司（第8～10組）收益較低。由此可見，總市值是一個非常適合運用在投資上的指標，因為我們可以從上圖引導出一個結論──「投資近20年來收益較高的小型股」。

利用這種方式，驗證這裡所有的指標，我們就可以清楚看出哪些指標適合運用在投資上、哪一些不適合。

例如，方才我們分析過了「PER」的十分位數測試結果。很多投資人都會說「低PER的公司比較好」，但我們需要去驗證這句話實際上正不正確，這個指標實際上對投資有沒有效。我們不能對別人的說法照單全收，因為金融市場上實在有太多「迷信」了。PER指標的十分位數測試結果如下。

韓國PER十分位數測試結果（2003～2022）

單位：%

組別	報酬率
第1組(低PER)	29.66
第2組	24.12
第3組	20.32
第4組	19.97
第5組	13.63
第6組	13.73
第7組	9.12
第8組	8.74
第9組	2.92
第10組(高PER)	5.3

以韓國為例，測試結果指出，第一組（低PER的公司）報酬率非常高，然而高PER的公司報酬率卻非常低。我們得出的結論是：「PER指標對投資相當有幫助，特別是，投資低PER的股票，可以獲得高收益。」

量化投資非常簡單，我們只要按照這種方式，了解哪些指標在實戰投資上有效用，結合幾個不同的指標，建立投資策略就可以了。

混合各種指標，建立投資策略的方法

Quantus頁面上出現的14個價值指標（PER、PBR、

PSR、POR、PCR、PPFCR、PRR、PGPR、PEG、PAR、PACR、NCAV、股息殖利率、股東收益率）的十分位數測試結果，都可以得出它們是「有效指標」的論證。

「有效指標為數超過10個以上，那麼只要相互搭配，不就可以創造出無限多個投資策略嗎？」

沒錯。建立投資策略的時候，我們可以只用1個指標，也可以用2個、4個、8個……。所以說，光是Quantus上的100多個指標，就能夠建立出數萬種策略。

讓我們一起來看看P指標裡幾個「不錯的指標」吧。

從下方的十分位數測試結果可以看到，除了PER以外，PSR、PGPR、POR、PBR也是相當不錯的指標。

韓國PSR十分位數測試結果（2003～2022）

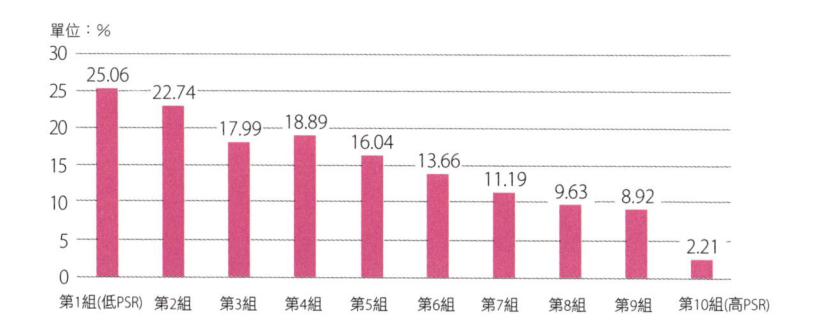

單位：%

組別	報酬率
第1組(低PSR)	25.06
第2組	22.74
第3組	17.99
第4組	18.89
第5組	16.04
第6組	13.66
第7組	11.19
第8組	9.63
第9組	8.92
第10組(高PSR)	2.21

韓國PGPR十分位數測試結果（2003～2022）

單位：%

組別	數值
第1組(低PGPR)	25.33
第2組	23.79
第3組	20.59
第4組	20.09
第5組	17.32
第6組	13.74
第7組	10.91
第8組	9.41
第9組	7.04
第10組(高PGPR)	-0.84

韓國POR十分位數測試結果（2003～2022）

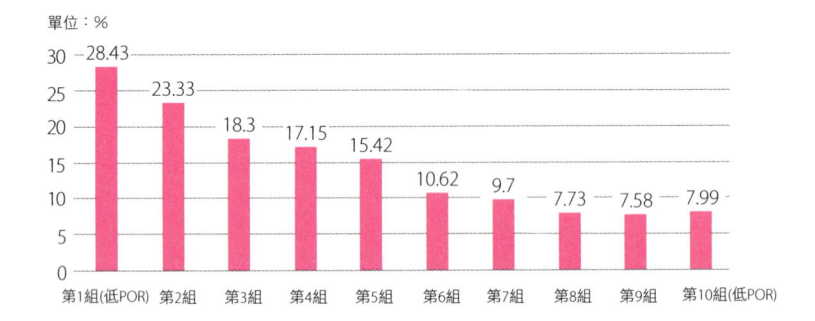

單位：%

組別	數值
第1組(低POR)	28.43
第2組	23.33
第3組	18.3
第4組	17.15
第5組	15.42
第6組	10.62
第7組	9.7
第8組	7.73
第9組	7.58
第10組(低POR)	7.99

韓國PBR十分位數測試結果（2003～2022）

單位：%

組別	報酬率
第1組(低PBR)	25.93
第2組	21.87
第3組	19.44
第4組	20.1
第5組	18.81
第6組	19.98
第7組	10.17
第8組	9.66
第9組	5.01
第10組(低PBR)	1.99

讓我們利用至今學習的內容，試著建立一檔投資策略吧。舉例來說，我們可以建立如下述這樣的策略。

投資策略

小型價值股策略

1. 小型股（總市值排行倒數 20%）
－套用所有基本過濾器
2. 計算 PER、PGPR、POR、PSR、PBR 等 5 個指標的個別排行
3. 計算出 5 個指標的平均排行
4. 投資平均排行中表現最優的前 20 檔股票
5. 每季執行一次再平衡

韓國小型價值股策略回測結果

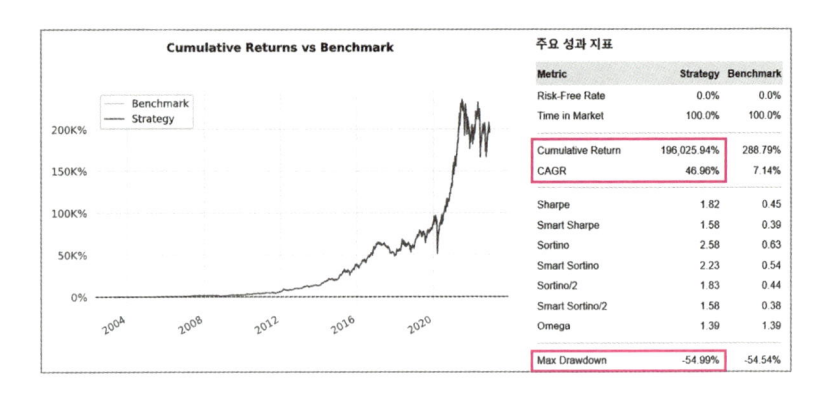

Metric	Strategy	Benchmark
Risk-Free Rate	0.0%	0.0%
Time in Market	100.0%	100.0%
Cumulative Return	196,025.94%	288.79%
CAGR	46.96%	7.14%
Sharpe	1.82	0.45
Smart Sharpe	1.58	0.39
Sortino	2.58	0.63
Smart Sortino	2.23	0.54
Sortino/2	1.83	0.44
Smart Sortino/2	1.58	0.38
Omega	1.39	1.39
Max Drawdown	-54.99%	-54.54%

回測的結果顯示，這檔策略的年均複合成長率也有47％左右，但是它也跟小型成長策略有類似的缺點。

1. **10 年會出現一次 50％左右的虧損**
2. **2 年約會出現一次 20％左右的虧損**
3. **20 年來總共發生了 9 次單月虧損 10％以上的情況**

所以說，這不是一檔可以投入所有資金的策略，但對於資產配置中分配給股票的占比而言，是一檔不錯的策略。

我一直在強調的是，我書裡提到的策略，不過是無數優秀策略的其中之一而已。各位讀者也可以套用相同的方式，組合不同的指標，打造出一套屬於自己的「優秀」策略，沒有一定要跟著我的策略走。

聽完這段話之後,看透了多數投資人心態的媽媽,說了一段話:「我現在知道你為什麼要求我多多嘗試自己執行回測了。其實讀者大可買了你的書,翻到最後一頁,直接投資你最後推薦的策略就好了。但如果不親自動手,就不知道這檔策略是如何建立起來的,也不知道為什麼要使用這些指標。如果沒有親手嘗試,只是盲目跟隨,當投資策略狀態不佳的時候,就會隨之放棄,然後怒罵你的建議行不通吧。」

其實 P 家族的指標,在十分位數測試的結果都不錯。但我為何偏偏選了 PSR、PGPR、POR、PER,其實是為了便於講解。

讓我們再複習一次下頁的損益表吧。

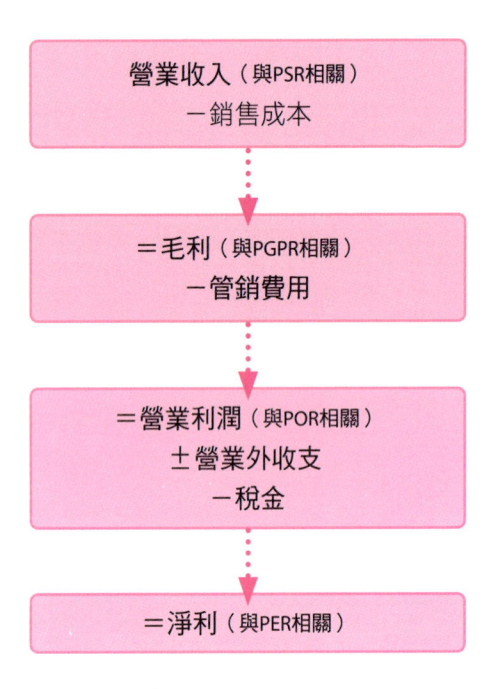

```
┌─────────────────────┐
│ 營業收入（與PSR相關）│
│   －銷售成本         │
└─────────────────────┘
          ↓
┌─────────────────────┐
│ ＝毛利（與PGPR相關） │
│   －管銷費用         │
└─────────────────────┘
          ↓
┌─────────────────────┐
│ ＝營業利潤（與POR相關）│
│   ±營業外收支        │
│   －稅金             │
└─────────────────────┘
          ↓
┌─────────────────────┐
│ ＝淨利（與PER相關）  │
└─────────────────────┘
```

損益表的核心指標簡單說明如下。

PSR 是總市值除以營業收入

PGPR 是總市值除以毛利

POR 是總市值除以營業利潤

PER 是總市值除以淨利

這並不代表其他指標的威力不夠強大。這次讓我們運用 Quantus 頁面上，包含總市值在內的 14 個指標，來建立投資策略吧。

Quantus上可以分析的價值指標（P家族）

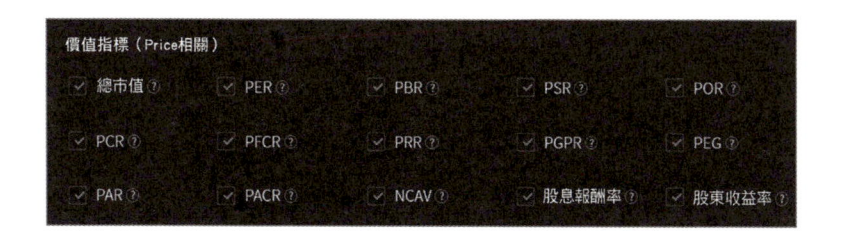

價值指標（Price相關）				
☑ 總市值 ⑦	☑ PER ⑦	☑ PBR ⑦	☑ PSR ⑦	☑ POR ⑦
☑ PCR ⑦	☑ PFCR ⑦	☑ PRR ⑦	☑ PGPR ⑦	☑ PEG ⑦
☑ PAR ⑦	☑ PACR ⑦	☑ NCAV ⑦	☑ 股息報酬率 ⑦	☑ 股東收益率 ⑦

「如果全都勾，那為什麼還需要 Quantus？」媽媽問道。

勾選多個指標的話，Quantus 會幫每一個指標做排序，然後排出平均排行榜。

這個問題很多人問，我們再複習一次吧。A 公司的 PER 排行是第 162 名、PBR 第 182 名、PSR 是第 762 名……等，我們可以評估每間公司在每個不同指標的排行榜，然後基於這些排行，除以指標的數量，就可以得出平均值。Quantus 已經讓我們知道，投資這些平均排行榜上表現出色的公司，並且定期再平衡，可以獲得何等的投資績效。

包含所有14個指標在內的小型股策略回測結果
（2003～2022）

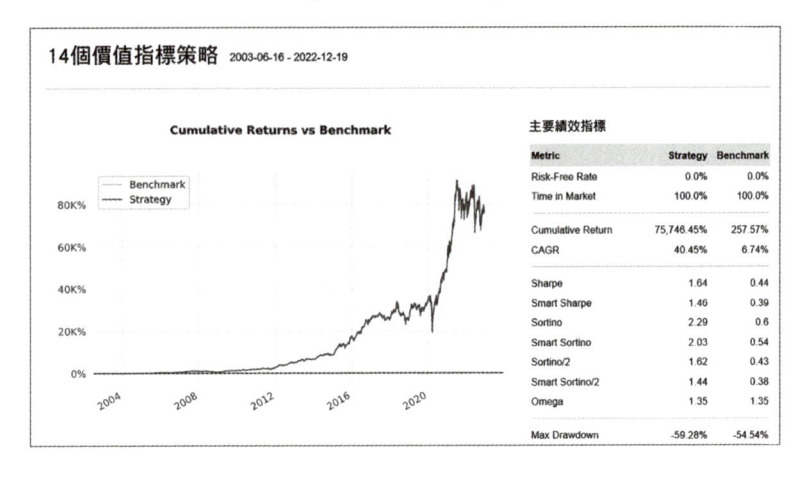

```
14個價值指標策略  2003-06-16 - 2022-12-19
```

Metric	Strategy	Benchmark
Risk-Free Rate	0.0%	0.0%
Time in Market	100.0%	100.0%
Cumulative Return	75,746.45%	257.57%
CAGR	40.45%	6.74%
Sharpe	1.64	0.44
Smart Sharpe	1.46	0.39
Sortino	2.29	0.6
Smart Sortino	2.03	0.54
Sortino/2	1.62	0.43
Smart Sortino/2	1.44	0.38
Omega	1.35	1.35
Max Drawdown	-59.28%	-54.54%

就算隨便把 14 個指標都放進去，這檔策略也還是有 40％的年均複合成長率，跟我們剛剛看到的「小型價值股策略」差距不大。如果只用最有名的 PER 和 PBR 指標建立的策略，表現會是如何呢？如果再加上 PSR，總共使用 3 個指標的話，結果又會怎麼樣？

這是給媽媽的作業，就當作是複習加考試，下一堂課我會公布結果。

在這之前，我們必須要先做十分位數測試，才知道各項指標是否有效，所以我建議媽媽，可以試著自己對 Quantus 裡的 100 多個指標進行十分位數測試。當然，媽

媽看起來不太願意,所以她問我:「你都已經跑過所有指標的十分位數測試了,我為什麼還要自己再驗證一次這些指標有沒有效?」

你們怎麼知道我在書裡有沒有說謊呢?投資要養成習慣,親自去驗證和確認所有事情,而且我也不能在紙本書上,公開所有驗證的結果。

執行回測的時候,各位很可能會有下列這些疑問。

1. 特定的指標,在美國和韓國都可以通用嗎?
2. 小型股和大型股都適用嗎?
3. 如果混合兩項指標,結果會很不一樣嗎?
4. 如果針對總市值 X 億韓元以上或以下的公司執行回測,結果會是如何?
5. 如果混合 2 個、3 個、4 個指標,會得出什麼結果?
6. 如果基於這些指標或策略,只選擇在牛市時投資,結果會如何?
7. 如果基於這些指標或策略,只在特定時期(例如 11〜4 月)投資的話,結果會如何?
8. 如果買了指標表現出色的公司,但是股價卻開始走跌,若不等再平衡的時機點到來,直接停損會怎麼樣呢?

這世界上沒有任何作者，可以透過一本書，回答上述所有的問題。這些問題都必須要各位親自執行回測，才會得到答案。回測的經驗越豐富，就會累積更多的知識和經驗，量化投資的實力也會隨之成長。

低 PER 就是好股票嗎？

如我先前所述，不可以因為姜桓國說低 PER 的股票比較好，就聽信於他，買進低 PER 的股票。有很多其他的投資大師，或是投資績效比我好很多的偉大投資人，他們不做低 PER 投資，而且認為這種投資方式毫無意義，最具代表性的例子就是威廉・歐尼爾（William J. O'Neil）和尼可拉斯・達華斯（Nicolas Darvas）等傳說級投資人。所以究竟姜桓國是對的，還是這些投資大師是對的？

在韓國執行十分位數測試的話，低 PER 股票的收益較高、高 PER 的股票收益較低，所以至少在近 20 年來的韓國市場，歐尼爾和達華斯是錯的。

當然，這不過是個平均值。高 PER 股票裡有高收益的股票，相對來說，低 PER 的股票裡也有獲利不佳的股票。

歐尼爾和達華斯找到了屬於自己的方法，可以從高 PER 的股票中挑選出寶石（有很多情況下這些寶石並非寶石，不過他們會透過快速停損，把虧損降到最低），從而達成偉大的投資報酬率。

媽媽已經事先讀過我推薦她看的達華斯著作——《我如何在股市賺到 200 萬美元》。媽媽問我：「達華斯為什麼要忽略低 PER 的股票呢？」

達華斯曾經認真鑽研低 PER 和低 PBR 股，「集中」投資在這些股票上，結果卻是一場空，這對他來說也許是慘痛的經驗吧。所幸他東山再起，就像書名一樣，他賺到了 200 萬美元（1950 年代 200 萬美元的價值，與現在不可同日而語）。但他主要是透過投資淨利快速成長、股價大幅上漲的股票來獲利，從此之後，他繼續投資這類型的公司，再也沒有碰過低 PER 的股票了。

使用跟達華斯一樣的投資方式可以賺到錢，不過前面我們也針對營業收入、營業利潤、淨利等成長指標做過十分位數測試了，不是嗎？等同於我們已經驗證過，只要堅持購買這類型的公司股票，也可以成為有錢人。

聽完這席話，媽媽說：「看來第一次的經驗最重要，

如果經歷過失敗，以後就不會想再嘗試投資這個領域的股票了。」

幸好股票賺錢的方式有很多種，達華斯也找到了適合他自己的方法，這個方法也很好，而且我們也從他的身上，學習到許多有關這個領域的知識。但是他曾經的痛苦，讓他主張「我們不需要低 PER、PBR 股票」，我認為是不對的。只要做過十分位數測試，就知道達華斯的說法並不正確，低 PER 的股票在美國的獲利表現也很優秀。事實上，有研究針對 1950 年代，達華斯還在世時的低 PER 股進行了十分位數測試，研究結果指出，當時低 PER 股的超額收益遠高於 21 世紀。

假如達華斯當年買進的低 PER 股有上漲，達華斯也許就不會去買成長股和動能股了，他可能會成為價值投資或是低 PER 股的信徒。所以說，第一次的投資經驗很重要。

股票投資有很多走往成功的道路。在特定的股票領域取得成就，成為佼佼者的投資人，很可能會對其他領域提出完全錯誤的言論，就像達華斯也對低 PER 股發表了錯誤的言論一樣。這也是讓新手投資人覺得股票很困難的主因之一。

「股票投資成功的方式有很多，選擇其中一種，制定

出相應的策略，然後利用自己累積的實力，熬過這個策略表現不佳的時期。」媽媽得出了這樣的結論。

人生也是如此。企業家、投資人、公務員、上班族，所有人都能在自己的道路上功成名就。不過事業有成的成功人士，在談論公務員要如何成功的時候，也可能會提出錯誤的觀點。他們雖然事業有成，卻不太了解公務員的生態。但是當一個人在某個領域上成為佼佼者之後，往往會誤以為自己對於其他領域也瞭若指掌。

「不僅如此，一樣是事業有成的企業家，有些人是因為他非常重視員工薪資、福利、勞動義務，對員工慷慨解囊，因此功名成就；但有些人卻是透過壓榨員工而成功。股票不也一樣嗎？」媽媽補充說道。

達華斯確實是一位在股票上取得佳績並功成名就的偉大投資人，不過他在書裡談及的各種內容，也不一定全都是對的。例如，他建議投資人購買淨利快速成長的公司、在美國股價大幅上漲的股票，這些是對的；然而他說低PER股對於收益毫無幫助，就是錯的。他書裡的內容有對有錯，但是他專注在對的部分，建立投資策略，買入適合的股票，所以成為了富翁。

我們不應該對於他的說法照單全收,應該一項一項試著回測,確認他說的話是否屬實,才能成為優秀的投資人。

「回測真的很重要啊!把這段內容收錄在這本書裡,說不定讀者看完,就會親自去嘗試回測,歸納出屬於自己的見解了吧?這段內容你一定要收錄進去啊!」媽媽強調。

讓回測成為生活的一部分,
對於所有事情保持懷疑、進行驗證

回測其實可以更廣泛地被大眾應用。我已經養成習慣了,不管是上節目還是看書,每當我聽到某個投資高手的理論,回到家之後,我就會試著做回測。例如,我最近去上某個電視節目,待機的時候,我偶然聽到另一位來賓說:「9、10月很適合買配息股。」錄影結束回到家後,我做了回測,發現9、10月的收益並不理想。

他的說法跟事實有所出入。12月份是配息股漲幅最高的月份,1月則是收益最低的月份,9～10月

的報酬率也不怎麼樣。驗證這件事，只花了我 5 分鐘，結論是那個人的說法是錯的。「不過，他為什麼會這麼想呢？」我問媽媽。

「利用這種方式，操縱人們進行交易，藉此賺取手續費？」媽媽說道。從媽媽的言談裡，可以看到一般民眾對於在金融公司上班的人，大多抱持著什麼樣的看法。雖然媽媽的想法可能是對的，但我並不想假設對方有出於不良的意圖。我認為可能是幾年前，其他人看到9～10月配息股大幅上漲，就開始主張「9～10月配息股會大漲」。隨後，其他人可能就不假思索，把這句話搬來用了，這些人沒有想過要花 5 分鐘的時間做回測。

股市上流傳著很多像「9～10月配息股會大漲」的謬誤。所以不要輕易相信任何人的話，不管聽到什麼可以在股票市場上賺錢的說法，都要親自進行回測。就算是姜桓國已經做過的回測，也絕對不要相信他。一定要養成生活習慣，親自回測。近期已經有很多優秀的軟體可以使用。

「不只是金融市場。有關健康的常識，也充滿了

許多謠言和迷信，沒有科學根據，也沒有回測結果。」媽媽補充說道。

其實，我們也不應該相信沒有回測結果的醫學常識。如果有人主張「糖對身體有害」，必須先讓數千人吃糖，然後再進行統計分析，驗證它對健康所造成的影響，這樣才能引導出有意義的結論。除非有足夠的樣本數，能夠在統計學上呈現出有意義的結果，否則所有結論都應該被視為是一種迷信。這種未經驗證的迷信在醫療領域很多，投資領域更多。

可以被量化的所有事物，都應該進行回測。被稱為專家的人、在股票市場上獲利滿滿的人，也經常會有說錯話的情況，方才達華斯的故事就演繹給我們看了。

還有另一個例子是「利率上漲不利於股市」的假說。有些時候確實如此，但也有很多時候不是這樣。韓國銀行、聯準會等機構，都已經累積了數十年，甚至數百年的利率數據，當然也還有股票數據。只要把這些數據下載下來，就可以找到利率上漲的時候，股票指數運作的狀況。確認這些數據後，我們立刻就可以發現，利率上漲的時候股市雖曾經下跌，但也有很

多時候股市並沒有走跌。

不過這群被稱為專家的人，卻經常只拿出符合自己觀點的數據，來支持自己想說的話。養成回測的習慣很重要，只有這樣，我們才能去證實別人說的話是否屬實。

「不做回測就不能累積經驗和能力，會像蘆葦一樣任人擺布，最後讓自己的投資變成一鍋大雜燴。」媽媽說道。

做驗證並不需要花太多時間。從下載資料到驗證，通常只需要 5～10 分鐘。

此時，媽媽說出了一句至理名言：
「從現在開始，我決定愛上回測了！」

截至目前，我們已經學到了，進行個股投資時，選擇下述這類的公司，報酬率會更高。

1. 營業收入、毛利、營業利潤、淨利成長率高的公司
2. 被低估的公司（P 指標較低的公司）

我們可以推測出，滿足上述兩個條件，高成長率、被低估的「成長價值股」應該是非常不錯的投資標的。舉例來說，如果投資 PER、PBR 較低，營業利潤、淨利成長率高的公司，會有什麼結果呢？

結果會非常不錯。我們也可以再多加 1 個指標，就算再加 2、3 個指標，結果也都差不多。我給媽媽出了一個功課，要她在下一堂課之前，建立一檔混合了成長指標與價值指標的投資策略。

如果你的目標是賺錢，看不懂績優股也沒關係

注意：這個章節的難度較高，如果你的目標是賺錢，看不懂也沒關係！

令人驚訝的是，不買績優股，完全不會對量化投資的獲利造成任何影響。我們只需要投資有在成長且被低估的小型股，就足夠了。但是包含媽媽在內，好像很多投資人都很好奇「績優股」究竟是什麼，所以我決定在書裡收錄有關績優股的內容。

重點中的重點是──「大型股＝績優股」這個公式是錯誤的。各位只要記得這個重點，未來就可以避開多次巨大損失。

　　「看 YouTube 的時候，常常看到『績優股』。我現在已經知道被低估的股票和成長股是什麼了，那績優股呢？我一直都很好奇。」媽媽問道。

　　其實「績優股」很難解釋，它的概念很含糊不清。「你覺得績優股是什麼樣的股票？」我反問媽媽。「成長價值股，是有在成長但被低估的股票；那績優股就是，有在成長且被高估的股票？」媽媽回答。

　　績優股跟估值毫無關聯。注重公司營運、通常具有「競爭優勢」、「經營團隊優秀」、「高品質」的公司，就被稱為績優股（聽起來已經有些含糊了吧？）。那麼什麼樣的公司品質比較好呢？如果要分析一家公司是不是優質企業，必須從多方面切入。

1 成長性

　　我們剛剛一直提到的「營業收入與利潤的成長」，也是判斷績優股的重要因素之一。商品或服務賣得比去年更

多、賺到的更多，那就是績優股。

指標：營業收入、毛利、營業利潤、淨利成長率等。

2 獲利能力

這些指標是投資金額相對於收益的分析指標，也是巴菲特投資時，最重視的指標。

假設 A 炸雞店與 B 炸雞店，兩者的淨利都是 1 億元，但是 A 店的老闆只投資了 1 億元，而 B 店的老闆投資了 10 億元。那麼，哪一家炸雞店比較好呢？當然是 A 炸雞店。因為相較於投資的金額，它的獲利更高。我們稱之為「獲利能力強」。

ROE 與 ROA 是評估公司獲利能力的著名指標，除此之外還有 GP/A、GP/E（編按：此兩指標計算方式為毛利／總資產〔A〕；毛利／淨資產〔E〕，與 ROA、ROE 兩指標相當類似，差異在於 GP/A 或 GP/E 注重本業獲利的能力強弱，ROA 或 ROE 則是整體獲利能力）。此外，還有用來衡量公司收入相較於利潤的指標，我們很常聽到的營業利潤率、淨利率，都屬於這個範疇。

指標：ROE、ROA、GP/A、GP/E、毛利率（GPM）、營業利潤率、淨利率（NPM）。

③ 穩定性

就算是一家很會賺錢的公司，如果在景氣不好、買氣不佳的時期倒閉，對於投資人來說也是硬傷。要如何確定一家公司「不會倒閉」，穩不穩定呢？

我們通常用負債比率、債務比率等做為主要指標，來衡量「資產負債比」，以及一家公司的盈利能力與發展方向。如果一家公司可以即時償還債務的利息與本金，就是一家安全的公司。

指標：負債比率、債務比率、營業利潤與債務成長率等。

④ 波動性

獲利穩定、股價穩定的公司，通常被稱為績優股。

指標：Beta（編按：指個股波動與大盤的連動性，以1為基準，若大於1則代表波動程度高於大盤，小於1則低於大盤）、利益波動性、價格波動性等。

⑤ 股息支付率

評估公司配息占盈餘多寡的指標。通常來說，配息較高的企業，股票報酬率會高於選擇保留資金的公司。

指標：股息支付率（配息／淨利）等。

6 效率

衡量投入資金與營業收入比例的指標。假如有兩個人，分別投入1億元創業，A第一年的營業收入是10億元，但B卻不到1億的話，基於保障利潤的前提下，A公司的表現更好。

指標：資產週轉率等。

投資新手應該很難理解上述這些是什麼意思吧。「所以我們得分別確認好這6個方面的指標，再計算平均值嗎？」媽媽問道。

分析績優股的指標時，利用十分位數測試來分析全部的指標，是很好的方法。但是在進行量化投資教學的時候，我意外發現很多人也會把價值股與成長股的概念混為一談。績優股很難解釋，而且必須對財務報表和企業經營有相當程度的了解，所以我近期很少提到這方面的話題。

重點是「成長＋價值股投資」與「成長＋績優＋價值股投資」的報酬率，其實相差無幾。因此，即便我們不知道績優股是什麼，也完全不會對獲利造成任何影響。

但是令人最感到遺憾的是，有很多投資人誤以為「績優股＝大型股」。很抱歉，其實大型股裡有不少非績優股，甚至很多是垃圾般的公司。

即便是大型股，如果上述這些指標的表現不盡人意，那它就不是績優股，而是次等股；即便是小型股，只要前述這些指標表現優異，那它就是績優股。績優股跟市值完全沒有關聯。

但是大多數人都無法區分績優股與大型股，往往誤以為大型股就是績優股。媽媽找到了一個很適當的比喻：「就像是只用外貌判斷一個人，或者是只看到他的某一面，就去推測這個人的個性和品行一樣。」

所以其實我不太喜歡「績優股」這個字，因為「績優股＝大型股」這個錯誤的等式，已經深植在太多人心裡了。除此之外，我們在研究小型股的時候有學過，投資大型股的報酬率通常不高。

我說過：「不了解績優股的指標，也不妨礙獲利。」但是透過十分位數測試，我們可以看到大部分的績優股指標都和股票收益不成正比。舉例來說，ROE 高的公司絕對是優良企業無誤，但是 ROE 高的公司，股票報酬率也不

會高出平均值太多。還有，營業利潤率雖然是企業經營成長的重要指標，但投資營業利潤率表現優秀的公司，卻很難創造出超額收益。

韓國ROE十分位數測試結果（2003～2022）

單位：%

第1組(高ROE)	第2組	第3組	第4組	第5組	第6組	第7組	第8組	第9組	第10組(低ROE)
17.22	17.74	17.13	15.73	14.29	14.61	13.64	13.05	10.84	10.41

韓國營業利潤率十分位數測試結果（2003～2022）

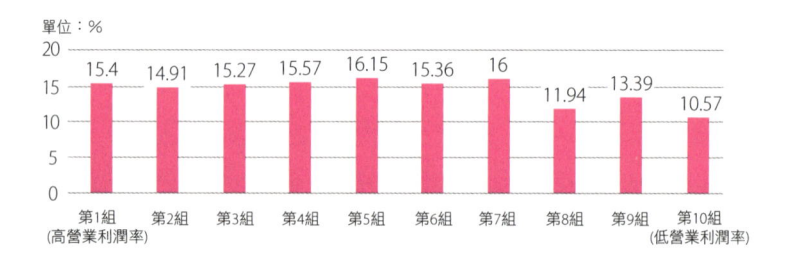

單位：%

第1組(高營業利潤率)	第2組	第3組	第4組	第5組	第6組	第7組	第8組	第9組	第10組(低營業利潤率)
15.4	14.91	15.27	15.57	16.15	15.36	16	11.94	13.39	10.57

　　第1組的報酬率雖然勝過第10組，但是卻跟身為「平均值」的第5組相差無幾。所以說，這些指標的實用性並不高。

　　因此，十分位數測試非常重要。營業利潤率的公式是「營業利潤／營業收入」，對於公司營運而言，無非是至

關重要的指標。大家都有聽過「那家公司的利潤是多少？」這句話吧？「利潤」代表著營業利潤率或淨利率。賣出 1 萬韓元的炸雞時，營業利潤是 300 元還是 500 元，對於公司營運來說非常重要。

但是投資營業利潤表現良好的公司，卻無法創造超額收益。沒有做過十分位數測試的多數投資人，可能都會犯下錯誤，以為「營業利潤率高的公司就是好公司，投資報酬率當然也比較高」，因此而買進營業利潤高的股票。所以不管是什麼指標，都一定要親自做過十分位數測試。

以下是我們必須了解的績優股相關內容。

1. 績優股指標裡，有很多指標跟股票報酬率毫無關係。
2. 大型股可能是績優股，但如果把所有大型股都當成績優股，那誤會就大了。

姜桓國眼中，價值投資的問題

各位也許都經常聽到「價值投資」這四個字吧。價值投資由班傑明・葛拉漢（Benjamin Graham）提出，

是巴菲特用來累積大量資產的方法。價值投資人認為，股票是公司的一部分，股價可能遠低於企業價值，也可能遠高於企業價值，在股價低於企業價值時買進，等到股價高於企業價值時賣出，就獲得高收益。到目前為止，還很難反駁這套理論。

但是，什麼是企業價值？「企業未來現金流的現在價值」。可惜之處在於，要預測一家公司未來現金流實在太困難，或許根本就不可能。就連巴菲特也在股東信中說道：「只有極少數公司的現金流，可以某個程度上被預測得到，大部分的公司都不太可能被預測。所以我非常清楚，哪些公司可以被預測，哪些公司不行。」

連巴菲特都這麼說了，那姜桓國呢？我根本預測不到任何一間公司的未來現金流，而且我也完全不想這麼做。我為什麼要去分析農心或樂天七星（編按：韓國樂天集團旗下的飲料製造商）明年、後年、未來幾年可以賺多少錢？

為了避免這種狀況，量化投資人找出對股票投資有幫助的指標，並針對韓國 2,000 家公司的指標進行

排行,然後買進排行在前段班的公司股票。

在一般投資人耳裡,價值投資人了解公司,他們分析產業、競爭對手,甚至做到宏觀分析,看起來比這些只憑著幾個指標買股票的量化投資人聰明多了。不過,這些憑幾個指標就投資的量化投資人,他們創造出來的報酬率,反而比價值投資人更高。有些人憧憬著偉大的價值投資人,但他們的年均複合成長率也不過 15 ~ 30%,可是我們只要單純買進低 PER、低 PSR 的小型股,就可以做出比他們更高的報酬率,不是嗎?

所以量化投資人對價值投資人的看法是:「在非量化投資方面,他們確實很會投資,不過有一條可以輕鬆賺錢的路,為什麼他們要去走一條如此艱困的道路呢?」

好的,我們已經探討完成長股、低估股和績優股的定義了。今天的作業有兩份。

作業 1. 針對 Quantus 裡的 100 個指標進行十分位數測試

首先，要無腦地分析過所有的指標，你才能培養出感覺，知道哪些指標有效。原則上，同時適用於韓國和美國的指標，就是強力的指標。2023 年網站導入中國數據後，如果連在中國也可以通用，那這個指標就是重中之重。這些指標的背後，很可能有一個對所有人類都有效的共同因子。如果某些指標只適用於特定市場，那很可能只是偶然。

作業 2. 運用幾個不錯的指標進行回測，建立投資策略

我們可以利用作業 1 的指標，建立出不錯的策略。做作業前，媽媽問我：「Quantus 裡的『權重』是什麼意思？」

選擇指標－權重

在「選擇指標」裡勾選指標的話，就會產生像上圖這

樣的加權畫面。這裡我們可以針對不同的指標，設定不同的權重。

我會建議各位把所有指標的權重都設定為「1」，但如果你想要提高特定指標的權重，也可以這麼做。

「權重不同的話，結果會不同嗎？」媽媽問道。學校考數學跟英文，但全校排行的時候，英文的加權是 2、數學的加權是 1 的話，英文成績比較好的學生，在綜合排名上會更具備優勢。如果在 Quantus 上調高特定指標的權重，也會產生相同的效果。

媽媽是否能建立出一檔不錯的投資策略呢？

預習‧複習

第八堂課的作業

▶ 複習第八堂課的內容
　—了解低估股相關指標
▶ 針對 Quantus 裡的 100 個指標進行十分位數測試
▶ 運用幾個不錯的指標進行回測，建立投資策略
　（混合成長指標、價值指標，建立投資策略）

第九堂課

「我學會怎麼找出好股票了！」

完成個股實戰策略

QUANT

新建立的投資策略，成果如何？

隔一個星期，我跟媽媽又見面了。「你試著建立投資策略了嗎？」我一問，媽媽把她認真建立的投資策略拿給了我。媽媽經由十分位數測試，分析了哪些指標可以同時運用在韓國和美國市場，並且利用這些指標，建立了下述這些策略。她的所有策略都套用了基本過濾器（社會7大惡行篩選器）與排行倒數20%的小型股。

媽媽建立的策略

編號	使用指標	2003～2022年均複合成長率（%）
1	PER、PBR、PSR	39.9
2	POR、PRR、PAR	34.2
3	PER、PBR、POR	42.0
4	PER、PBR、PRR	35.3
5	淨利成長率（YoY）營業利潤成長率（YoY）、毛利成長率（YoY）	50.6
6	PER、PBR、營業利潤成長率、毛利成長率（YoY）	48.0
7	PBR、POR、淨利成長率、營業利潤成長率（YoY）	47.0
8	PRR、淨利成長率（YoY）、營業利潤成長率（YoY）	39.5

除了這些以外，還有其他幾個策略，但因為報酬率不太好，就先省略掉了。

媽媽有一個星期的時間，我以為她至少會做個一萬次左右的回測，但她只做了20～30次（？），讓我有些失望。不過，我們先進入講解的環節吧。

1～4號策略只用了低估指標（P家族），策略是購買非常便宜，而且被低估的公司。

5號策略只用了成長指標。

6～8號包含了低估與成長指標。

媽媽問我：「你推薦哪一個？」其實對我來說，不管是只用低估指標的策略、只用成長指標的策略，或是同時運用價值和成長指標的策略，都很不錯。

1. 被低估的股票
2. 成長股
3. 兩者折衷後的成長價值股

上述所有的策略都很好，最終就是取決於我們要選價值還是成長，但這取決於每個人的交易風格。有的人偏好被低估的股票，也有人非常熱中於成長指標，不太看低估

指標。這個問題真的沒有答案,這三種方法的收益都很類似。

我個人喜歡某個程度上兩者兼具的成長價值股。年輕時受到葛拉漢的影響,喜歡投資被低估的股票,但現在我覺得成長也很重要。

表達完我的看法後,媽媽說她要選跟我同樣的投資風格。「我跟你一樣吧。6～8 號是成長價值股策略,那我就選裡面投資報酬率最高的 6 號吧。」

OK,6 號看起來還不錯,是由 2 個很常見的價值指標和 2 個成長指標組成的策略,我用媽媽的名字,把這個投資組合叫做林喜淑策略(媽媽策略)。

投資策略

林喜淑策略

1. 小型股(總市值倒數 20%)
    一套用所有基本過濾器
2. 計算 PER、PBR、毛利成長率(YoY)、營業利潤成長率(YoY)個別的排行

3. 計算 4 個指標的平均排行
4. 投資平均排行最優秀的 20 支股票
5. 每季重新再平衡 1 次

策略統整如上，現在我們就透過回測，來分析這檔策略吧。

林喜淑策略韓國回測結果

韓國回測結果

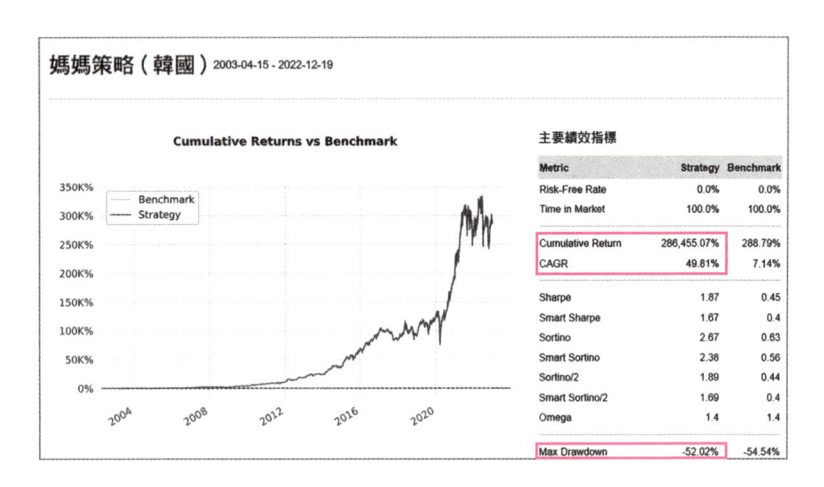

媽媽策略（韓國） 2003-04-15 - 2022-12-19

Metric	Strategy	Benchmark
Risk-Free Rate	0.0%	0.0%
Time in Market	100.0%	100.0%
Cumulative Return	286,455.07%	288.79%
CAGR	49.81%	7.14%
Sharpe	1.87	0.45
Smart Sharpe	1.67	0.4
Sortino	2.67	0.63
Smart Sortino	2.38	0.56
Sortino/2	1.89	0.44
Smart Sortino/2	1.69	0.4
Omega	1.4	1.4
Max Drawdown	-52.02%	-54.54%

年均複合成長率（CAGR）是 49.8％。如果使用這個策略投資 20 年，累積報酬率（Cumulative Return）是 286,455％，本金會增加 2,865 倍。但是 MDD 卻足足有 52％。

近1、3、5、10年的報酬率

	媽媽策略	基準指標
1Y	5.9%	-22.05%
3Y (ann.)	32.55%	2.31%
5Y (ann.)	27.62%	-1.04%
10Y (ann.)	31.74%	1.64%
All-time (ann.)	49.81%	7.14%

近 20 年的報酬率很高，但近期呢？近 1、3、5、10 年來，做為基準指標的 KOSPI，報酬率表現不佳，但即便如此，媽媽建立的策略，報酬率依然非常高。近幾年來，也都持續保持著每年 30％左右的超額收益。

年報酬率

EOY Returns vs Benchmark

Year	Benchmark	Strategy	Multiplier	Won
2003	34.00%	29.53%	0.87	-
2004	10.51%	37.64%	3.58	+
2005	53.96%	281.77%	5.22	+
2006	3.99%	48.25%	12.08	+
2007	32.25%	146.68%	4.55	+
2008	-40.73%	-25.03%	0.61	+
2009	49.65%	155.09%	3.12	+
2010	21.88%	69.24%	3.16	+
2011	-10.98%	36.45%	-3.32	+
2012	9.38%	70.59%	7.52	+
2013	0.72%	29.14%	40.72	+
2014	-4.76%	53.14%	-11.16	+
2015	2.39%	88.66%	37.15	+
2016	3.32%	40.21%	12.11	+
2017	21.76%	-12.94%	-0.59	-
2018	-17.28%	11.57%	-0.67	+
2019	7.67%	33.30%	4.34	+
2020	30.75%	61.76%	2.01	+
2021	3.63%	37.42%	10.32	+
2022	-21.01%	1.49%	-0.07	+

除了 2003 年和 2017 年以外，媽媽策略每年的報酬率都高於 KOSPI 指數。2008 與 2017 年則是出現了虧損。

痛苦時光

Worst 10 Drawdowns

Started	Recovered	Drawdown	Days
2008-06-12	2009-04-09	-52.02%	301
2020-01-20	2020-06-05	-43.60%	137
2018-05-16	2019-04-08	-27.86%	327
2022-06-07	2022-12-19	-27.76%	195
2021-07-16	2022-03-23	-22.24%	250
2019-04-15	2019-11-04	-22.09%	203
2017-02-02	2018-04-30	-21.22%	452
2011-08-02	2011-10-27	-20.83%	86
2006-05-16	2006-11-01	-19.29%	169
2007-09-18	2008-05-07	-18.01%	232

這檔策略在 2008～2009 年，跌幅也超過 50％，總共發生過 8 次 20％左右的虧損。這表示，這檔策略每 2.5 年就會發生 20％以上的虧損。

月報酬率

年	JAN	FEB	MAR	APR	MAY	JUN	JUL	AUG	SEP	OCT	NOV	DEC
2003	0.00	0.00	0.00	3.20	6.68	1.31	0.39	8.10	-3.41	-1.59	2.61	9.72
2004	-2.20	3.46	4.81	-1.60	-0.15	-1.40	2.08	4.69	3.03	5.60	11.36	3.47
2005	27.47	35.48	-3.54	1.37	9.50	6.08	19.51	0.22	18.78	13.56	15.95	3.91
2006	-2.02	1.81	2.57	8.48	-4.29	-2.94	-1.69	10.58	0.03	5.79	14.32	9.32
2007	4.21	26.79	10.59	11.85	15.97	-0.95	14.33	10.43	14.21	-4.51	-5.46	0.94
2008	-4.66	8.22	-0.92	7.01	5.93	-2.52	-3.08	-7.73	-5.82	-28.49	-4.26	15.11
2009	13.06	3.71	15.44	32.07	17.68	-4.20	11.62	3.52	-0.80	-3.91	6.83	7.57
2010	-2.64	6.27	20.44	8.42	-7.11	0.62	11.42	2.11	4.32	10.59	-4.92	7.41
2011	1.40	0.79	8.88	5.18	-7.66	1.20	16.00	-3.65	-9.44	16.64	-0.82	6.55
2012	7.03	31.58	-1.23	-8.41	0.26	5.86	-0.27	13.42	9.29	-1.26	2.13	1.21
2013	2.31	9.80	7.88	3.26	4.92	-9.19	6.23	2.17	2.90	-0.80	-1.29	-0.95
2014	0.62	17.18	1.23	11.49	8.43	-1.65	9.91	2.40	1.44	-3.53	-1.17	-0.86
2015	5.91	19.92	7.28	6.73	-4.07	9.33	-1.86	-2.22	0.72	11.11	6.63	8.04
2016	-4.76	-0.44	10.41	6.17	1.23	-0.60	7.06	-1.50	10.31	-3.84	6.84	4.89
2017	6.19	-4.32	1.31	-1.41	2.82	-1.93	-4.74	0.53	-11.39	0.74	-0.19	-0.28
2018	10.15	-3.40	5.57	9.90	4.32	-8.25	-2.81	6.16	1.07	-15.32	4.90	1.93
2019	12.45	3.44	1.79	2.91	-6.59	3.54	-8.62	4.06	6.45	2.26	1.95	7.18
2020	-2.34	-5.34	-15.52	19.15	6.50	-1.63	10.08	9.71	6.76	7.23	8.81	10.31
2021	3.55	4.16	12.08	13.01	5.37	6.83	-3.52	-4.45	2.40	2.17	-18.73	13.99
2022	-2.86	4.52	12.20	-0.26	-0.36	-14.16	6.10	1.14	-15.99	12.17	7.18	-3.64

從月報酬率上看來，一個月跌5%、10%的情況也不少。

林喜淑策略美國回測結果

這個策略如果用在美國，會怎麼樣呢？讓我們來看一下美國回測的狀況吧。

美國回測結果

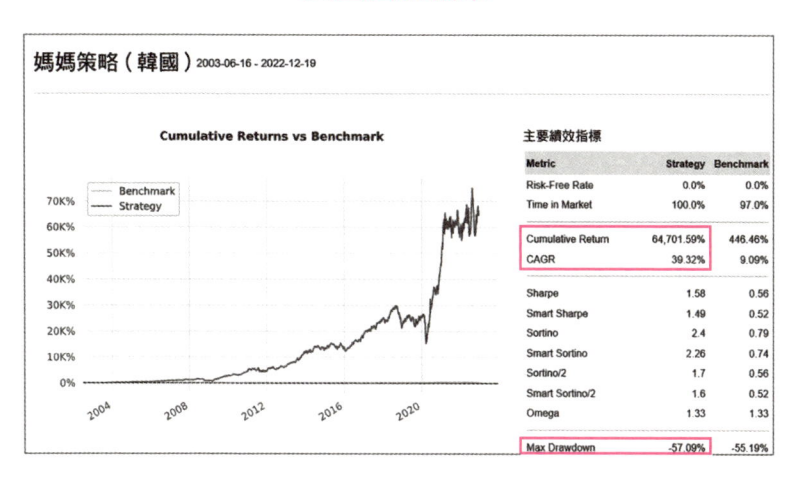

媽媽策略（韓國） 2003-06-16 - 2022-12-19

Metric	Strategy	Benchmark
Risk-Free Rate	0.0%	0.0%
Time in Market	100.0%	97.0%
Cumulative Return	64,701.59%	446.46%
CAGR	39.32%	9.09%
Sharpe	1.58	0.56
Smart Sharpe	1.49	0.52
Sortino	2.4	0.79
Smart Sortino	2.26	0.74
Sortino/2	1.7	0.56
Smart Sortino/2	1.6	0.52
Omega	1.33	1.33
Max Drawdown	-57.09%	-55.19%

年均複合成長率（CAGR）是 39.3%。如果使用這個策略投資 20 年，累積報酬率（Cumulative Return）是 64,702%，本金會增加 647 倍。雖然比不上韓國，但這樣的獲利表現已經很出色了。

不過美國的 MDD 是 57%，比韓國更高。

近1、3、5、10年的報酬率

	媽媽策略	基準指標
1Y	11.84%	-16.02%
3Y (ann.)	36.56%	7.67%
5Y (ann.)	21.7%	9.15%
10Y (ann.)	25.93%	12.25%
All-time (ann.)	39.32%	9.09%

近 20 年的報酬率表現不錯,但近期呢?

媽媽建立的策略,近 1、3、5、10 年來,獲利都勝過做為基準指標的 S&P500,持續維持著超額收益。

月報酬率

EOY Returns vs Benchmark

Year	Benchmark	Strategy	Multiplier	Won
2003	10.70%	106.80%	9.98	+
2004	11.04%	124.17%	11.25	+
2005	5.17%	27.24%	5.26	+
2006	15.70%	68.61%	4.37	+
2007	5.49%	30.92%	5.63	+
2008	-38.15%	-30.36%	0.80	+
2009	29.40%	209.21%	7.12	+
2010	13.92%	60.81%	4.37	+
2011	2.42%	4.10%	1.69	+

2012	13.49%	36.78%	2.73	+
2013	33.92%	84.09%	2.48	+
2014	15.14%	14.93%	0.99	-
2015	1.24%	3.02%	2.43	+
2016	11.28%	31.25%	2.77	+
2017	21.72%	36.56%	1.68	+
2018	-5.75%	-12.50%	2.17	-
2019	32.05%	17.15%	0.54	-
2020	18.02%	80.53%	4.47	+
2021	29.71%	27.64%	0.93	-
2022	-18.90%	9.39%	-0.50	+

雖然在 2014 年、2018～2019 年、2021 年，這個策略的報酬率低於 S&P500，但除了這些時間以外，報酬率一直都高於 S&P500 指數。在 2008、2018 年這兩個年度則是發生虧損。

痛苦時光

Worst 10 Drawdowns

Started	Recovered	Drawdown	Days
2008-06-18	2009-06-11	-57.09%	358
2018-09-04	2020-06-08	-49.05%	643
2011-07-22	2012-02-20	-25.93%	213
2022-08-17	2022-12-19	-24.46%	124
2015-10-27	2016-05-31	-20.49%	217
2021-11-12	2022-04-19	-17.49%	158
2022-05-06	2022-08-03	-17.37%	89
2005-03-08	2005-07-20	-17.06%	134
2012-05-02	2012-09-07	-16.59%	128
2007-11-01	2008-04-30	-16.39%	181

就算是美國的成長價值股，也會有失利的時候。這檔策略在2008～2009年、2018～2020年，都跌了50％左右，總共發生過5次20％左右的虧損。也就是說，這檔投資組合每4年就會發生一次20％以上的虧損。

月報酬率

	JAN	FEB	MAR	APR	MAY	JUN	JUL	AUG	SEP	OCT	NOV	DEC
2003	0.00	0.00	0.00	0.00	0.00	1.76	8.13	22.23	4.42	10.18	18.07	13.19
2004	21.18	-0.22	7.43	10.48	0.19	19.39	6.81	-5.96	2.12	4.07	12.39	8.84
2005	0.58	6.71	-5.09	-7.49	3.42	6.36	7.43	5.50	0.08	-1.95	4.54	5.56
2006	10.52	2.95	6.74	6.07	-4.15	1.56	6.81	7.70	0.22	9.99	3.34	2.61
2007	1.34	3.23	2.07	-1.18	8.22	0.05	2.27	0.08	6.00	15.70	-7.82	-0.97
2008	-4.06	3.80	1.57	8.88	16.00	-1.73	-4.17	0.73	-18.01	-15.11	-13.91	-4.10
2009	6.07	-14.69	34.70	34.57	0.96	18.06	14.66	6.32	17.31	1.19	5.51	3.59
2010	-0.08	4.60	13.23	3.27	-2.50	-3.59	2.11	-0.55	15.17	9.20	3.89	5.50
2011	16.97	0.47	5.68	-2.39	-4.71	-1.18	6.62	-12.45	-8.90	9.58	-2.78	0.65
2012	19.92	2.85	4.27	4.17	-12.70	0.28	3.39	7.43	6.96	-4.18	0.75	1.69
2013	12.06	3.93	6.69	0.91	2.45	-1.94	15.93	-3.61	10.29	9.03	7.09	1.55
2014	0.39	2.79	0.20	-1.27	8.71	7.74	-0.20	1.59	-7.03	4.86	-1.88	-0.88
2015	-2.65	9.97	-1.97	8.10	-3.22	-2.45	-4.58	-1.10	2.76	7.14	-5.69	-1.83
2016	-9.55	5.63	3.18	3.96	8.74	-1.19	7.51	-2.84	1.90	1.14	7.56	2.93
2017	8.23	1.00	1.39	1.14	5.59	1.04	1.36	-2.07	7.25	1.09	3.93	2.09
2018	-1.16	-3.58	1.99	3.47	10.40	1.21	1.77	3.69	-0.81	-8.90	-5.47	-13.62
2019	8.72	4.52	2.16	0.82	-3.69	0.86	0.87	-11.19	6.99	1.04	2.42	3.87
2020	1.96	-10.92	-23.67	28.75	10.44	16.88	14.28	6.93	-2.57	-1.83	19.08	12.58
2021	11.46	16.32	1.34	0.02	1.67	2.13	-5.13	1.63	0.01	0.87	-5.08	1.32
2022	-3.72	6.17	4.98	2.91	1.58	-12.86	15.71	4.10	-18.38	11.10	7.12	-4.34

總共發生過12次單月跌幅10%的情況。在2008年9～11月，還曾經連續3個月下跌10%以上。

完成回測後，媽媽問說：「就這樣嗎？」感覺是量化投資太簡單，讓她有點失望。我的教學持續到這裡，很不簡單了吧？

其實還沒結束。建立好整體投資組合後，我們還必須實際執行投資。但我理解媽媽的感受，我總說，只要花2

個星期,就能教會小學生什麼是量化投資。我真的不能理解,為什麼還會有人選擇非量化投資,明明量化投資這麼淺顯易懂,又可以帶來驚人的績效。我雖然試著推敲各種理由,來理解非量化投資人,但其實在我內心深處,我根本無法理解他們。為什麼大部分的投資人,都不選擇簡單到不行的量化投資呢?!

量化投資高手與菜鳥的差別

量化投資很簡單。就算是幼幼班的學生,只要組合幾個指標,就可以創造出報酬率比巴菲特更高的投資策略。但是如此簡單、人人都學得會的量化投資,為什麼還是有高手和菜鳥之分?他們之間的差異是什麼呢?

「遇到危機情況的時候,菜鳥無法堅持執行策略,但老手可以。」這就是最核心的差異。

例如,媽媽建立的林喜淑策略(韓國)雖然年均複合成長率幾近50%,不過我們也可以看到,在最糟糕的時期,它的虧損也不容小覷。

虧損最嚴重的時期

Worst 10 Drawdowns

Started	Recovered	Drawdown	Days
2008-06-12	2009-04-09	-52.02%	301
2020-01-20	2020-06-05	-43.60%	137
2018-05-16	2019-04-08	-27.86%	327
2022-06-07	2022-12-19	-27.76%	195
2021-07-16	2022-03-23	-22.24%	250
2019-04-15	2019-11-04	-22.09%	203
2017-02-02	2018-04-30	-21.22%	452
2011-08-02	2011-10-27	-20.83%	86
2006-05-16	2006-11-01	-19.29%	169
2007-09-18	2008-05-07	-18.01%	232

近 20 年來發生過 2 次走跌 50％左右的情況，有過 8 次虧損 -20％以上的時期。每 2～3 年會發生一次 20％以上的跌幅。

即便整體收益不錯，但這段期間裡，還是會有很多糟糕的情況發生，這種時候，菜鳥大部分都會放棄這個投資策略。我的學生裡，有很多人會在虧損高達 -20％或 -5％的時候，陷入恐慌。但是透過模擬，我們可以發現，-5％的虧損，每 2～3 個月就會發生一次。也就是說，菜鳥每 2～3 個月就會陷入誘惑，糾結要不要放棄量化投資策略，

回到非量化投資。

媽媽問我「堅持」是什麼意思。「堅持是指持續執行每季再平衡,長達 20 年的意思嗎?」

沒錯。如果機械式地執行 20 年,每季都做再平衡的話,必須要執行 80 次再平衡,才能夠獲得年均複合成長率 50％的報酬率。但如果執行了 2～3 個月,卻因為股票出現 5％的虧損而收手,那就只剩以下幾個選擇了。

1. 放棄投資,無法獲利。
2. 按照自己的意思投資,但你的年均複合成長率很可能不是 50％,而是 -50％。

高手執行量化策略的時候,就算進入無法獲利或虧損的時期,也只會說:「啊,又來了。」對此一笑置之,然後繼續堅持下去。但菜鳥沒見過世面,會以為:「天啊!這個方法果然行不通!」於是選擇放棄,改採其他投資方式,甚至直接放棄投資。

那麼,決定能否堅持的差距是什麼?我認為是「回測的差距＋投資經驗」。

媽媽對孩子的信任是無限的,所以她能夠直接照著我

的策略走。但是大多數人可能都沒這麼信任我,所以各位必須要親自去研究,特別要去鑽研「獲利表現不佳的時候會跌多少％？」、「多久會跌一次？」、「一個月內可能跌幾％？」等問題。如果只是按照別人的建議,糊裡糊塗地選擇一檔策略開始投資,等到困難來臨的時候,就很可能會讓人想放棄。

「我原本一直認為,回測很難,但是用完 Quantus 這類的軟體後,發現並不難。只是,我會覺得:『別人都做過了,我為什麼還要再做一次？』,會認為這樣好像很浪費時間。重點在於要說服人們做這件事,心理偏誤這種詞彙太抽象了,人們不會買單。大多人都會說:『我才不是這樣的人！』誤以為心理偏誤只會發生在別人身上。所以你一定要告訴大家,回測跟我們的利益有直接關係,是累積投資能力的核心所在,一定要親自嘗試。你一定要再三強調,回測 100 次究竟有多重要。沒有回測,就不會有甜美的果實可以吃。」媽媽留下了這段話。

再強調一次,要成為投資高手,就必須得要親自無數次嘗試回測,第九堂課就在這裡結束了。

預習・複習

第九堂課的作業

▶ 複習第九堂課的內容

　－完成個股策略

　－了解回測的重要性,並親自執行

QUANT

第十堂課

「課程結束！照著這樣投資就行了！」

非量化投資與建立投資組合

QUANT

如果你還想做非量化投資

目前,我們已經討論過資產配置、市場時機、個股量化投資,還建立了林喜淑策略,最後我們要來建立一個綜合投資組合。但是,基於服務讀者的立場,我還是要先簡單講解非量化個股投資。

日常生活中,我們也會因為某些契機,產生不想採用量化策略,而是想要投資某檔個股的想法。比如當我們去購物,發現有某樣產品的銷量非常好;或是使用到非常優秀的線上服務,發現身邊的人也都接二連三開始使用這項線上服務的時候,我們可能會對這間公司的前景產生信心。

舉例來說,我的朋友很熱衷於瑜珈,她說自從2015年,她就知道Lululemon會成為一家非常優秀的公司,但是她當時對股票完全沒興趣,所以沒有買Lululemon的股份。我們談論這件事的時候是2020年中旬了,距離2015年到當時,Lululemon的股價已經成長了5倍以上。就像這個例子,我們可以在日常生活中,找到有潛力的股票。

曾經跟我一起錄過《3PROTV》(編按:韓國的財經知識平台)的朴根亨(音譯)部長曾說:「如果你對遊戲股有

興趣，那就實際認真地去玩玩看。一家公司，如果擁有讓人沉迷，讓玩家願意掏錢的遊戲，就是會賺錢的公司。」朴根亨部長不斷反覆強調，遊戲分析師或交易遊戲股的經理人，通常都是一些完全沒玩過遊戲的人，如果你認真玩過遊戲（？），你就可以超越這群只讀公司新聞稿的人。也就是說，只要研究這個世界，把它跟股市串連起來，就能賺到錢。

實際上，韓國90％以上的投資人，都是以非量化的方式，投資特定的個股。我並不覺得這樣的投資方式不好，我們在日常生活中，也可以充分找到投資靈感，發掘潛在股票。不管是看新聞、購物、和朋友聊天，我們都能獲得很多靈感。

「不過你完全不看公司的業務內容，不是嗎？你只看數據啊。」媽媽反問我。

因為這個方法比較適合我。我對這個世界如何運作不感興趣，也不在乎什麼公司在做什麼，對最新趨勢更沒興趣。所以我只看數據，利用量化投資賺錢。

非量化投資最重要的風險管理

基於自身判斷,想利用非量化投資的方式,投資幾檔自己認為還不錯的個股時,最重要的是什麼呢?

答案是「風險管理」。即便我們認為某家遊戲公司、某間服飾公司肯定會成功,但卻還是經常會遇到股價走跌的情況。這種時候,千萬別執意繼續持有。這裡面可能存有「被我們忽略的風險」,就算在我們看來這家公司的股票很棒,但只要股價走跌,就要承認自己的錯誤,先停損比較好。停損之後,還是可以再進場啊,不是嗎?

有很多投資人,梭哈1億賺了5億後,下一場投資裡又把5億全部梭哈,最後連1億都沒能保住。我們必須要避免這種情況發生。

在個股投資裡,比起思考「要買哪一檔股票」,更重要的是思考「要怎麼交易?」個股投資最重要的原則是——「不在同一檔股票上損失超過總資產的0.5～2%」。

我出了一道題目給媽媽:「如果總資產是1億韓元,不想損失超過總資產的1%的話,我們可以在你找到的個股上投資多少錢?」媽媽回答:「100萬韓元嗎?1%的話,

是指只能投資 100 萬韓元在一檔個股上嗎？」

錯了。我說的是，不要在一檔股票上虧損超過 100 萬韓元，不是說只能投資 100 萬，我想說的是「必須做好停損」。舉例來說，如果投資 1,000 萬韓元，當股價下跌 10%的時停損，就會損失 100 萬韓元。

打從一開始就只投資 100 萬韓元的話，就算股票被下市，也只會虧損 100 萬，但就算股價上漲，獲利也不會太多。但如果投資 1,000 萬韓元的話？在虧損 10%的時候停損，最高的虧損額也就只有 100 萬韓元（總資產的 1%），不過假如這檔股票上漲了 50%或 100%，只要股價走勢良好，就可能進帳數百萬，甚至 1,000 萬韓元以上。但是，一定要好好利用停損，把虧損限制在 100 萬韓元。

那麼如果分別投資 5 間公司的話，要怎麼辦呢？每間公司投資 200 萬韓元，設定好標準，只要虧損 10%就停損。最糟的情況下，就算同時對這 5 間公司進行停損，最多也就只會虧損 100 萬韓元（總資產的 1%）。

「所以說，擁有 1 億元，想買 5 檔股票，每檔股票就只能投資 200 萬嗎？」媽媽問道。

預料之內的問題。如果股票走跌的話，就快速把那 200 萬停損，反之如果有股票上漲，就可以加碼投資 200 萬元。這種投資方式被稱為「金字塔投資法」（pyramiding）或「加碼」（add-up），在韓國有時候也會被說成「加倉」，就是先買一點，等股價上漲再加碼買進的投資方法。

「量化策略要怎麼做風險管理？我好像都沒聽你提過停損？」對於風險管理感興趣的媽媽問道。

首先，量化策略通常會分散投資 20 檔左右的股票，但即便如此，還是免不了 50～60% 的 MDD。

恕我再次強調，當 MDD 超過 20% 的時候，想回本的心態，會使人們失去判斷能力，所以我們前面學過利用資產配置和市場時機，降低 MDD 的方法。例如，資產配置中，分別投資股票、債券和實質資產，然後只利用股票的比重，投資量化個股策略。

聽完這段話，媽媽說：「聽起來很複雜，大部分的投資人都會以為量化投資很難，所以選擇無腦買進三星電子的股票。」

就是這類型的投資人，才更應該看看這段內容。我說

的就是那些不做量化投資，選擇投資 1 ～ 5 檔「看起來還不錯」的股票的投資人。我再舉一個用 1 億韓元投資一檔個股的案例做總結。

從總資產 **1 億韓元**中，拿出 **1,000 萬韓元購買股票**，並採取以下行動：

- **情況 1**：當股價跌至 900 萬韓元（虧損 -10％）應立即停損（虧損 100 萬或總資產的 -1％）

- **情況 2**：股價上漲至 1,000 萬韓元（漲幅）應加碼買進──當股票相較最高點下跌 10％時，全部賣出（上調賣出的價位）

  例 如果一開始買在 1,000 萬韓元，並在 1,200 萬韓元時加碼買進，賣出的價位就會調整為「股價從最高 1,200 萬韓元下跌 10％的時候」也就是 1,080 韓元。

  ──加碼買進後，若股票又上漲到 20％，就再加碼。

總資產1億韓元，第一次買進1,000萬

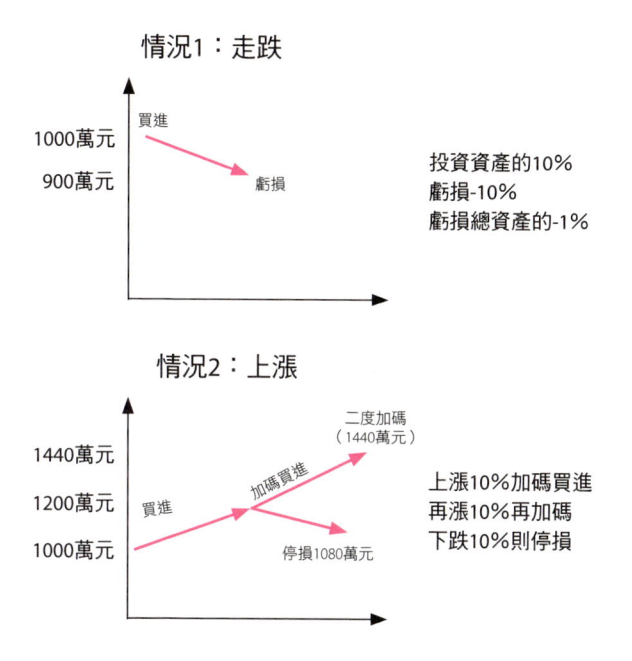

情況1：走跌

1000萬元（買進）
900萬元（虧損）

投資資產的10%
虧損-10%
虧損總資產的-1%

情況2：上漲

1440萬元　二度加碼（1440萬元）
1200萬元　加碼買進
1000萬元　買進
停損1080萬元

上漲10%加碼買進
再漲10%再加碼
下跌10%則停損

為什麼要把虧損控制在 2%以內

「為什麼虧損一定要控制在總資產的 0.5～2%？」這點很有討論的價值。傑克・史瓦格（Jack Schwager）在著作《金融怪傑》等書裡，對數位著名的投資人進行訪談，他提到：「保守的投資人，每次交易只允許產生總資產 0.5%以下的虧損，成功的投資人，甚至從未虧損超過 2%！」

有非常多投資人,會「梭哈」在一檔股票上,一旦失敗,就會虧損 10%、20%、30%,所以我希望各位能夠深刻了解,這世界上偉大的投資人們,都是怎麼做投資的。

再強調一次,「聰明投資個股」是絕對可以做到的事,只不過要做好面對錯誤的準備。不管那檔股票看起來有多好,下跌的時候,絕對不能虧損超過總資產的 1%。

媽媽似乎有所頓悟,她說:「人們會失敗,就是因為沒有照著做吧。」我也這麼認為。可以從個股投資上獲利的贏家們,大多都是用這種方式投資。但輸家們呢?如果他們有 1 億元,就會把這 1 億「梭哈」在 1 檔或 5 檔股票上。股價下跌應該停損的時候,他們絕不停損,反而從其他地方籌錢,加碼買進(我們稱之為攤平)。多數情況下,他們甚至會因為好勝心與自尊心而欠下債務。

理想的情況,當然是股票可以回本,但很多情況下,股價也可能再也回不去了。如果一檔股票跌到 -70%,就會賠掉所有的資金,甚至還得還債。實際上,攤平後股價回本的機率非常高。10 檔股票裡,7～8 檔股票都可以在走跌後再次回本。不過一直用「梭哈+不停損+攤平」的方式投資,總有一天會遇到一檔「回不去」的股票。

**10 檔下跌的股票裡，有 7～8 檔會回本，
但如果不小心投資到剩下的 2～3 檔股票，全部的財產便會不翼而飛。**

不過投資的資歷越長，投資到「回不去」的股票，機率就越接近於 100％。所以用這種方式投資的人，終究會自取滅亡。讓我們看看下方的圖表吧。

在回本率80％的情況下，「堅持下去」可以成功回本的機率

投資次數（次）	回本機率（％）
1	80
2	64
3	51.2
5	32.7
10	10.7
20	1.1
30	0.12

如果我們只買一檔股票，「堅持下去」回本的機率是 80％。Bravo！但是如果這件事發生兩次的話呢？兩次都可以安全回血的機率是 64％，那三次呢？51.2％。假如「堅持」了 10 次的話，10 檔股票都能全數回本的可能性只有

10.7％。其中一檔股票「回不來」的機率高達90％。如果「堅持」20次的話，20檔股票全部回本的機率只有1.1％；30次的話，想全部回本的可能性只剩下0.12％。

所以說，越是長期使用「梭哈＋不停損＋攤平」，就越無法避免失敗。

值得一提的是，「每次投資最多只能損失總資產的0.5～2%」這個準則可以被廣泛應用於我們的人生。

舉例來說，有些人會在退休後嘗試創業，例如開炸雞店等。到了退休的年紀，我們除了可以領退休金以外，還會有一部分的存款，大多數人都會有大約3～5億韓元（編按：約700萬到1,200萬新台幣）的資產。但是卻有很多人，從這5億元裡拿了3億出來開炸雞店，最後血本無歸。一口氣投入60％的資產，簡直是場災難！還有一些人，退休之後會把全部的資產拿來創業，甚至還舉債，投資金額超過總資產的100％。這麼做，一旦失敗就沒有退路了，大家都知道，創業成功的機率並不高。

帶著5億韓元退休，可以做些什麼？不管做什麼生意，至多都不可以虧損超過1,000萬韓元，守住這條底線，不能損失超過總資產的2％以上。也許各位會問，哪裡有這

種生意可以做？網路上有很多小額創業的機會。如果你找不到這種生意做的話，倒不如一開始就別做比較好。

媽媽說：「那麼比起開炸雞店，推車餐車賣炸雞更好吧！」許多專家都建議，剛開始創業，要先從小額開始。但是大部分的退休人士在創業時，卻把大部分的退休金拿來投資，甚至還舉債，投資超過淨資產的100％。在這種情況下，倘若生意失敗，就會陷入無法挽回的窘境。

相形之下，如果挑戰一個最多只會虧損1,000萬韓元的生意，就算賠掉了，也只不過是1,000萬韓元而已。這種生意，就算失敗10次，手邊也還是有很充足的資金。只要第11次能成功，就可以賺回所有小額虧損。嘗試這10次的過程裡，還會累積知識和智慧，成功的機率也會越來越高。

「不過0.5～2％的準則是誰想出來的啊？」媽媽問道。偉大的投資人們，早就都知道這個準則了。《金融怪傑》等相關書籍和訪談，也經常提到這一點。就算再三強調，大部分的投資人還是視而不見，因為大多數人都對風險管理不感興趣。人類本來就不是會自然而然進行風險管理的動物。

關於這部分的內容，我是在海龜交易（turtlecampus.co.kr，編按：是著名的公開交易系統，涵蓋交易系統各方面，不留給交易者一點主觀想像決策的餘地）的講座上學到的。這些內容非常重要，所以我稱這門課的講師金智哲（Iron Kim，音譯）為「師傅」。

媽媽看似有些無言：「你看那麼多投資書，卻是在那個講座上學到這一點的？」

我雖然看了很多書，但卻不知不覺間忽略了這一點。我明明看過，但卻從來不覺得重要，所以也就沒有記住，只是匆匆看過而已。不過神奇之處在於，經過師傅的提點後，我重新看那些以前看過的書，才發現投資高手們大多數都有強調過這個準則。師傅提醒了我那些我所錯過的投資重點。

「首先，我得持續練習，要知道自己有多少資產，然後事先了解我可以承擔的虧損範圍。」媽媽說道。

我再強調一次：「每次投資只能虧損總資產的 0.5～2%。」這個準則可以廣泛應用在我們的一生，一定要銘記在心。

我們再把這個準則應用在「應試準備」上吧。人類普

遍壽命是 100 年，100 年的 1～2% 是 1～2 年，我們可以在這段時間，全力以赴，應對考試。但如果失敗了，就承認自己失敗了，去嘗試其他事情會更好。韓國有多少人，因為不願意放棄，花了 5 年、10 年考試，結果成為「考試廢人」？嘗試 1～2 年，不行就放棄，我們還可以嘗試很多其他的事情。

待人處事上，我們也得謹慎投資，盡快整理掉「不對」的關係。把時間、金錢、精力更多得投資在「對」的人身上。俗話不是說了嗎？「江山易改，本性難移。」

為什麼人們無法停損？

其實投資非常簡單，只要手邊持股走跌總資產的 0.5～2% 就停損，如果上漲就加碼買進，並在股價對比最高點，下跌一定程度的時候賣出就可以了。

如果落實執行這個準則的人變多了，可以從個股上獲利的人，肯定會大幅增加。所以，我問媽媽：「你覺得人們為什麼沒辦法停損？我跟你都很輕易地就能停損，但我幾乎沒看過身邊的人停損。為什麼會這樣？」

「因為覺得可惜！如果這個錢不是自己的，停損肯定很簡單。但停損就代表虧損啊！假如股價已經跌50%了，只要再等一下，損失有可能會減少成 30%。總歸來說，就是不想虧錢。」

我也是這麼認為。所有投資的前提都是獲利，由於投資充滿不確定性，人們會傾向把現在的情況，解釋成對自己有利的情況。所以人們會尋找藉口，合理化自己的行為，堅持自己的立場。即便股價現在走跌了，即便這家公司看起來有些詭異，但只要不賣掉，人們就認為股價「總有一天」會華麗回歸。

「我打從一開始就下定決心了。我雖然想要透過投資賺錢，但我的前提是，我也有可能賠錢。但是大多數人都不這麼想，他們認為無論如何至少都要賺個 10 塊錢也好。特別是他們認為，自己買進的股票絕對不會賠！不過這嚴格說來，就是種錯覺。」媽媽說道。

這件事真的很神奇。人們看過無數次其他人賠錢，但卻認為：「我買的股票不能賠，所有的股票都要賺。」這幾乎是一種幻想。不過這 20 年來，我觀察

了大量投資者,得出的結論是,人類好像就是一種愛幻想的動物。

我從事投資很久了,也知道我們不可能準確預測投資的結果。投資 10 檔股票,裡面如果有 6～7 檔賺錢,那就已經非常優秀了。在 6～7 檔股票裡獲利,在 3～4 檔裡股票賠錢。**重點是,不要太快賣掉正在獲利的股票,讓它們持續獲利,用來抵銷其他股票的虧損**。只要反覆操作,資產肯定會持續成長。所以我並不期待自己的每一次投資,都能夠取勝。事實上,也不可能大獲全勝。

為什麼人們看著周遭人因為投資而虧損,卻無法容忍自己買進的股票發生虧損呢?在這方面,媽媽的心態很好:「本來期待著要賺錢,結果卻虧錢了,肯定會有點失望。不過市場在改變,這一次的虧損,搞不好會為我帶來下一次的獲利。」這個心態很重要。股票投資必須獲利沒錯,但沒有必要一定要在哪一檔特定的股票上獲利。投資 100 檔股票,停損了 30 次又怎麼樣?其他 70 檔股票有賺錢就好了啊!

終於！媽媽的投資組合誕生了！

我們真是走過了一段漫漫長路啊！

我們研究了資產配置，學習季節性、趨勢追蹤、市場時機和個股策略。現在我們終於要來探討，投資組合具體應該要如何架構。為此，我提出了幾個方案給媽媽。

方案1　韓國型全天候＋股票部分採取個股投資

這是我在《無腦量化投資》裡提出的方式。

基本上，我們會以韓國型全天候策略執行投資，股票部分的比重，會使用媽媽自行開發的林喜淑策略。

方案1：韓國型全天候＋股票部分採取個股投資

資產類型	投資標的	比重
韓國股票	林喜淑策略（韓國）	17.5
美國股票	林喜淑策略（美國）	17.5
韓國債券	KOSEF國庫債10年（148070）	25
美國債券	TIGER美國債10年期貨（305080）	25
黃金	ACE KRX黃金現貨（411060）	15

這個投資方式的年均複合成長率預計會稍微超出 15%，MDD 大約在 10%左右。

方案2　靜態資產配置結合動態資產配置

資產部分跟方案 1 一樣，其餘的資產則會透過動態資產配置，分成幾個方式進行投資。這個策略的年均複合成長率，預期會有 10 ～ 15%，MDD 低於 10%。

方案2：50%靜態資產配置＋50%動態資產配置

資產類型	投資標的	比重
靜態資產配置	同方案1（韓國型全天候＋股票部分採取個股投資）	50
動態資產配置	BAA	16.6
	變形雙動能	16.6
	債券動態資產配置	16.6

方案3　量身定做型策略

自由搭配靜態資產配置、動態資產配置和個股投資。

「你用的是哪一個策略？」媽媽問道。

我回答，我用的是方案 3。媽媽便提出請求：「講解一下你是怎麼投資的吧。」

我寫這本書的時候（2022年10月），預期2022年11月～2023年4月股票市場會有所好轉，所以我想提高個股量化投資的比重，以獲取超額收益。

雖然個股量化策略的MDD比較高，但我之所以願意承擔風險，是因為我在季節性章節裡提到過的「三大宇宙之力」——第一點，美股經常在數字2結尾的年份迎來低點；第二點，美股經常在舉辦期中選舉的那一年迎來低點；第三點，11～4月的報酬率通常遠高於5～10月的報酬率。由於這3個因素重疊，2022年10月我打算大幅提升股票的投資比例。我認 這個投資策略，可以大幅提升獲利的機會。

這裡，我想聊一下我對於「機率」的看法。大多數人都認為忽略機率是理所當然的事，就算我提到機率，人們也常說「因為諸如此類的原因，這次股價走勢的機率可能會跟預期有所出入。」就算近10年來，同樣的狀況下股價有8次都是上漲的，但人們卻好像還是會以各種理由，認為這次的走勢很可能不同。如果實際情況真的跟預期的不同，他們會成為英雄，但如果預估錯誤，他們就會裝傻，然後繼續預測其他事情，反正沒有人會記得過去的預測。

但是實際投資的時候，我總覺得應該把賭注押在勝率比較高的地方。就算這次的情況看似有些不同，但也不能忽視 80％的機率，去賭剩下 20％的勝率。當然，這次可能會跟過去不同，但是反向押注，長期看來就是一種自殺行為。

以機率的特性來說，當然免不了會有出錯的時候。機率如果是 80％，10 次裡就會有 2 次錯誤。我下注的時候，也有可能剛好就是這 2 次。所以說，我們需要做好準備，設置好安全措施，就算這次錯了，也不至於大幅虧損。這個安全措施可以是設定停損點，也可以是基於趨勢追蹤之上的市場時機，還可以是資產配置。所以我認為，投資的重點是：

1. 必須下注在勝率較高的那一邊。
2. 準備好應對措施，避免機率出錯時，發生鉅額虧損。

賺大錢雖然重要，但我投資的核心要點在於，就算機率出錯，也要把虧損限制在我能承受的範圍內，所以我們才學習了這麼多限縮 MDD 範圍的方法。

2022 年 11 月到 2023 年 4 月，姜桓國的真實投資策略

序論有點太長了，不過具體來說，2022 年 11 月到 2023 年 4 月，我所用的投資策略如下：

1. 基本上是個股量化策略 60％、動態資產配置 40％
- 個股策略是在美國與韓國，使用「無腦小型股成長價值策略」進行投資。
- 動態資產配置是 BAA、變形雙動能、債券動態資產配置各 13.3％。

> **投資策略**
>
> **無腦小型股成長價值策略**
>
> 1. 小型股（總市值倒數 20％）
>   —套用所有基本過濾器
> 2. 分別計算 PSR、PGPR、POR、PER、營業收入、毛利成長率、營業利潤、淨利成長率（YoY）等 8 個指標的排行
> 3. 計算出 8 個指標的平均排行

4. 投資平均排行最優秀的 20 檔股票
5. 每季再平衡 1 次

順帶一提,這個策略的報酬率跟 MDD 和林喜淑策略差距不大。如果想了解更詳細的內容,請參考我的著作《無腦量化投資》或 YouTube 頻道。

2. 2022 年 10 月底開始投資

- 但是 2022 年盤勢太差了,所以我沒有在 10 月底一口氣投資 60%,只投資了 20%

3. 11 月底視情況,採取下述行動。

- 11 月底的時候,針對 10 月底買進且有獲利的股票,進行 20% 的加碼。
- 假如 S&P500 指數跌破 3,432 點,就針對整個投資組合進行停損。我預估在這個情況下,虧損額會落在總資產的 1～2%。
- 如果我沒有獲利,S&P500 指數也沒有跌破 3,432 點,我就不加碼也不停損,繼續持有 10 月底買進的股票。

4. 12 月底視情況，採取下述行動。

- 假如 10 月底和 11 月底買進的股票在 12 月有獲利，就加碼 20％。
- 假如 S&P500 指數跌破 3,432 點，針對整個投資組合進行停損。
- 我預估在這個情況下，虧損額會落在總資產的 5〜6％。
- 如果 12 月裡，我的股票投資組合沒有獲利，S&P500 指數也沒有跌破 3,432 點，我就不加碼也不停損，繼續持有 10 月底買進的股票。

5. 在 2023 年 4 月把 12 月底持有的投資組合全數賣出。

這部分的內容請看下頁圖說。

姜桓國的投資計畫（2022.11～2023.4）

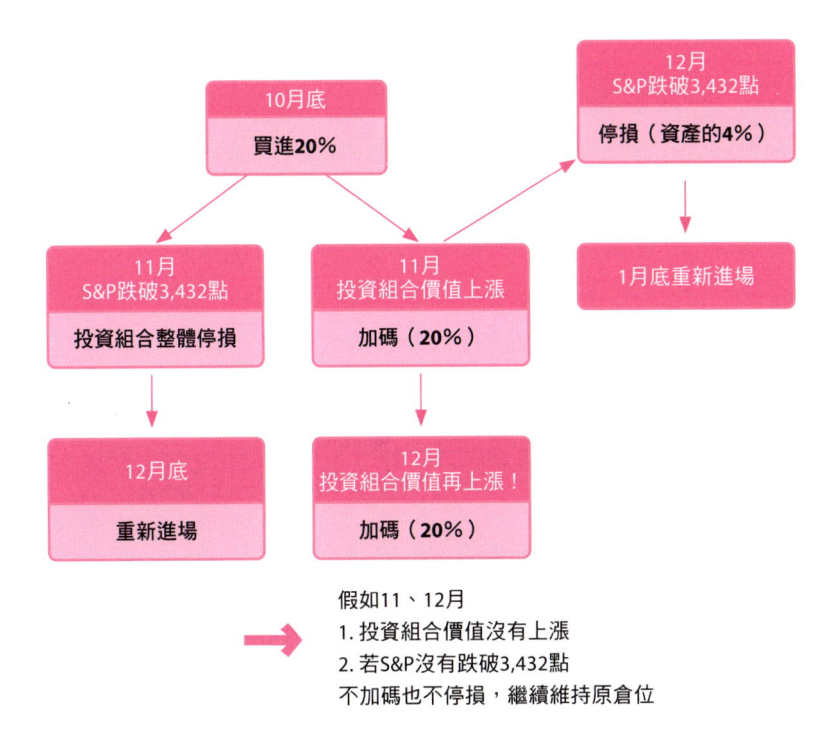

```
                    10月底                      12月
                   買進20%              S&P跌破3,432點
                                       停損（資產的4%）
       ┌─────────────┼─────────────┐
       ▼             ▼             ▼
    11月          11月         1月底重新進場
 S&P跌破3,432點  投資組合價值上漲
 投資組合整體停損   加碼（20%）
       │             │
       ▼             ▼
    12月底         12月
    重新進場     投資組合價值再上漲！
                 加碼（20%）
```

➡ 假如11、12月
1. 投資組合價值沒有上漲
2. 若S&P沒有跌破3,432點
不加碼也不停損，繼續維持原倉位

　　媽媽問我為什麼不使用《無腦量化投資》裡，操作比較簡單的「韓國型全天候＋股票部分採取個股投資」而要使用這麼複雜的方法？這個問題問得很好。

　　《無腦量化投資》裡提出的「韓國型全天候＋股票部分採取個股投資」是為「不會停損的初學者」所打造的投資組合。

這個投資策略簡單易懂，不需要投資太多時間，中間也不需要停損，是為追求年均複合成長率15％以上、MDD15％以下的投資人所設計的。

但是我並不害怕、也不抗拒停損，不是嗎？此外，韓國型全天候投資組合中，股票的投資比例只有35％，但就像我在第五堂課季節性部分提到的一樣，我看好2022年底～2023上半年的市場，所以想要提高個股的投資比重。實際上KOSPI和KOSDAQ從2022年10月26日，我開始投資的時候，一直到2023年4月21日，分別上漲了13.1％和27.2％。

執行投資策略最重要的事

執行量身定做型策略時，最重要的不是「姜桓國怎麼投資？」也不是「這個策略在2022年11月到2023年4月這段期間，有獲利嗎？」（當然是賺了）我甚至不認為，我的量身定做型策略有比方案1跟方案2更好。

重點在於，我在買股票之前，已經事先決定好什麼時候要賣出了：確立股票上漲、下跌、盤整時，我分別要採

取什麼行動，這就是所謂的「投資計畫」。計畫一旦決定好了，不管發生什麼情況，都要跟著計畫走。這是投資裡最重要的事。

總結下來，我的策略是從 10 月底開始投資，上漲的話就加碼，S&P500 指數崩跌的話就停損，盤整的話就繼續持有，然後在 4 月底的時候，賣出所有的股票。

基本上，人們在投資以前、在還沒把手邊的資金投入之前，都能保持一定程度的思考能力。但我到目前為止，都還沒看過投資之後，還能保持客觀思考的人。當然，我也沒有辦法達到這種境界。簡單來說，投資人在投資前都是人類，投資後就會變成猴子。不管投資前的 IQ 再高，投資後大家都會不約而同，一起變成 IQ 只有 50 的猴友。

所以說，在我們還能保有人性思維的時候，買進股票前，就要先決定好，當某種情況發生時，我們要如何賣出手邊持有的資產。

「可是未來根本不能被預測，我們要怎麼事先做好決定？」也許有人會提出反駁的意見。但是，其實股票變動的情況只有幾種而已。

1. 上漲
2. 下跌
3. 盤整

我們可以根據這三種情況，建立自己的投資計畫，然後堅決執行這項計畫。這是「成為猴子後，還是能夠持續進行像人類一樣的投資」的唯一辦法。

我再強調一次，我並不認為「姜桓國量身定做策略」是出類拔萃的策略，因為類似的策略有不下數百種。

但是我從 2022 年 11 月到 2023 年 4 月，對於每個投資情境都有著明確的計畫。各位請銘記，不管是沒有計畫，或是有計畫卻不按牌理出牌，這些人手上的資金，最終都會流向那些已經未雨綢繆的人手裡。

最終給媽媽的投資組合建議

「好，所以你建議我用哪一個策略？」媽媽問道。

其實我認為方案 1（韓國型全天候＋股票部分採取個股投資）是最穩健又最簡單的方法，我建議媽媽，重點是

在未來的幾年累積經驗，親自嘗試個股投資策略、動態資產配置等各式各樣的策略。只有花幾年的時間，在實戰經驗中練習，才能熟練地處理各種狀況，媽媽也才能掌握更多樣的投資技巧。

媽媽稍加思考，她說：「好，就照著你說的方式做吧！」講了大半天，繞了又繞，竟然還是又繞回了我的投資策略！

這部分我真的很好奇。其實量化投資，只要稍微改幾個指標、稍微改變策略，就可以得到數百種績效不相上下的投資策略，我的策略也只不過是其中的一種而已，但為什麼就連媽媽，還有我課堂上的學生，大多數人都還是選擇使用我的策略？如果是我，我就會想要打造一檔獨一無二的投資策略。我問媽媽，為什麼會有這種情況？

媽媽說：「這裡面包含很多原因。」她給了我一串系統性的答覆。

① **惰性**：大部分的人都是懶惰的。但是你在書裡面，不是給出了答案嗎？雖然你的策略，只不過是無數種優秀策略裡的其中一種。但倒過頭來說，就是「優秀」的策略啊？所以你才會把這個策略收錄在書

裡。我們只不過是不想自己去研究投資策略罷了。

② **信任**：雖然你一直強調，我們可以放入跟你不一樣的指標，建立自己的策略。但你從事量化投資已經超過 15 年了，不過看了你的書才開始從事量化投資的讀者，投資經驗並不豐富，所以乾脆照著你的方式做。

③ **權威**：你是韓國最著名的量化投資人，人們總是傾向追隨權威，所以大家只是在追隨身為權威的你所制訂出來的策略。

哎呀，我一直好奇的另一個問題終於得到了解答。

量化投資的報酬率，
未來還能繼續保持嗎？

課程結束之前，媽媽提出了一個關鍵的問題——「人們最想知道的，應該是量化投資驚人的報酬率，未來還能繼續保持嗎？」

所以針對自己選擇的策略，我們必須仔細觀察它近 1、

3、5、10 年的收益。我所用的那些指標，有效性可以至少可以追溯回 20 年、30 年前，但重點在於「相較於這些指數，這檔投資組合近期有沒有辦法繼續維持超額收益？」。

對於我這種量化投資人來說，我當然認為量化投資的報酬率未來依然可以持續保持下去，而且我所說的並非毫無根據。

1 資產配置

第一堂課提到「景氣四季」的時候，我說過，資產配置可以降低 MDD。這個理論未來會改變嗎？我認為幾乎不可能。經濟會依照高成長、低成長、高物價、低物價的模式，不斷循環，每個季節都會有收益高跟收益低的資產。所以說，同時投資股票、債券、實質資產、美元，還有讓「投資組合增值＋低 MDD」的這套理論，未來依然會持續存在。

2 小型股投資

從古至今，擅長股票投資的人都是極少數，而且其中有一大部分的人，從事機構投資人的工作。但是機構投資人管理的資金規模十分龐大，他們事實上不可能投資小型

股。所以小型股市場上,絕大多數都是投資知識不足、容易情緒化的散戶,所以我們可以推測,這個市場未來依然會持續處於非效率狀態。

③ 價格與收益動能

市場之所以會形成「趨勢」,是因為早期的「反應不足」與晚期的「過度反應」。投資人會突然智慧大增,所有利多、利空都可以反映在價格上,市場變成100%的效率市場?可能性太小了。

④ 被低估的股票

人們都會本能上地誤以為,現在不起眼的公司,以後永遠都會不起眼;現在成功的公司,以後會永遠平步青雲。但是,這世界的運作方式並沒有那麼簡單。葛拉漢引用過古羅馬詩人賀拉斯(Horatius)所說過的話:「正墜落之人(股票)會找回它原本應有的位置,正坐享光榮之人(股票)將會殞落。」不受歡迎、被低估的股票,會找回它原本應有的位置,估值過高的股票將會走跌,這個現象未來應該還是會持續發生。

除此之外,有一篇由兩位德國教授所發表的論文〈全球異常:一旦公開,就不復存在?〉(Heiko Jacobs,

Sebastian Müller - Anomalies across the globe: Once public, no longer existent? -Journal of Financial Economics, 2020），他們針對 241 個已公開分享的量化指標與投資策略進行分析，調查了它們向大眾公開前與公開後的收益。

我們往往會擔心，當一個好的投資策略公諸於世、被人們大量使用，會導致策略的收益下滑。但是這兩位教授的研究結果，卻和我們想像中不同。在美國，投資策略公開後，指標和策略的收益確實下滑了，但是在除了美國以外的地方，卻沒有發生這種現象。

媽媽看到這裡的時候，疑惑地問道：「為什麼？只有美國比較特殊嗎？」

不管在美國或是其他國家，機構投資人都是推動市場的投資人。但是在美國，有一種機構叫做**避險基金***，掌握著高達 3 兆美元以上的資金。避險基金必須要利用投資人的資金獲利，才能拿到績效獎金。績效獎金普遍都是收益的 20%，甚至有些基金還提供更高額的獎金。所以這些基金有著強烈的動機，拚命獲利，讓績效獎金得以最大化。

> **避險基金***
> 一種從少數投資人籌集資金加以運作的私募基金

「那麼，除了避險基金以外，其他金融機構就沒有收取績效獎金嗎？」媽媽再次發問。

除了避險基金以外的其他機構，大多都透過管理「部分資產」賺取管理費用，而不是按比例領取績效獎金。所以重點在於，透過「業務能力」，打造出一個可以說服投資人的好故事，以增加投資人投入的資產規模，讓資金增值並不是重點。所以這些機構，不會付出太多心血，去閱讀論文、認真研究投資策略、想辦法讓資產最大化。他們只要達到「一般水準」或跟股價指數差不多的收益，就不會受到太大的批評。

最後再提一件事，5年前我寫過一本書，叫做《你做得到！量化投資》。最近，我把這本書裡面提到的投資策略，又拿出來重新分析，確認這個投資策略，是否可以繼續維持超額收益。書已經出了5年，但是這本書裡面最有名的「姜桓國超級價值投資策略」，以及其他策略，近5年來（2017～2022年）依然繼續創造著超額收益。

媽媽說：「你說完這些話之後，我也去分析過各種策略近1、3、5、10年的報酬率，尤其是小型股策略，相較於股價指數，超額收益並沒有大幅減少。」

所有懷疑都得到解決了嗎？到這個階段，我們已經學會了所有開始量化投資前所需的知識了。現在，就讓我們正式開始投資吧！

預習・複習

第十堂課的作業

▶ 複習第十堂課的內容
　—了解投資時限制虧損範圍的重要性
　—建立完整的投資組合
▶ 立刻開始投資吧！

林女士從2022年11月開始按照投資組合進行投資。她在6個月內，以本書出版的時間點為準，已經進帳約800萬韓元（編按：約19萬新台幣）的獲利了。林女士的量化投資正在一點一滴地進步中，我會繼續為她加油！

> 課堂後記
>
> 從兒子身上學習
>
> 量化投資的新世界

對我來說,學習就是不斷體驗新的世界。面對新世界的時候,我們往往會感到陌生或膽怯,即便如此,我還是會保持好奇和樂觀期待的心情,開始新的學習之旅。在這個過程中,除了能夠體驗發現新事物的樂趣以外,也還是會面臨到困難與挑戰。不過重點是,一旦下定決心要學習,就要貫徹始終。

我一輩子都在教導別人,但現在決定接受別人的教導。在年過 65 歲,被稱為「老人家」的年紀,我需要鼓起一些勇氣,才敢踏入那個被資本主義社會經常提及、但我從未真正了解過、也從未感興趣的「投資」領域。而且

我下定決心要學的，還是所謂的量化投資。當我說出，我想學量化投資的時候，兒子很乾脆地說：「那我們就試試看吧！」。2022 年早秋的某一天，兒子突然開始幫我上起了量化投資課。這本書，是一個已經退休的老母親，開始向她年輕且身為量化投資專家的兒子，學習如何投資的故事。

我們通常是在家吃完午餐後，開始上這堂一對一的量化投資課，授課時間約莫 2～3 個小時。第一天上課的時候，老實說，我既高興又興奮。當年，他還不到兩歲的時候，我是第一個教導他語言和數學的人。但這個兒子已經長大了，他可以輕輕鬆鬆解釋金融術語和經濟學，甚至教導我，我怎麼能不高興呢？我一直認為「我們可以在任何地方、向任何人學習」，但是能夠有機會從兒子身上學習，對我來說真是意外的幸運和快樂。

第一堂課上，老師問我為什麼想學量化投資，我簡短地回答：「賺錢！」我覺得我給出了一個非常實際的答案，老師聽完也很滿意的樣子。但當時我還有一個沒有說出口的原因，稍後我會再告訴各位。

開始上課之前，我就是一個單純只在意股票交易賺錢

與否的投資新手。我在經濟學與投資方面的知識很匱乏，對量化投資幾乎是一無所知。既然我就只是個新手，除了量化投資的問題以外，我打算把這段時間以來，所有我在交易股票的過程中，感到好奇，或是過去交易時遇到的問題，全盤托出。「只有提問的人才能學到東西」也是我的教育理念之一。我有時候會問一些奇怪的問題，所幸老師都很真誠地接納了我的問題，並誠實地給予了我答覆，讓我這位老學生還能保有一絲面子。課堂上，我最開心的時候，就是老師跟我一起探討我的問題的時候。我看得出來，老師很認真在思考要怎麼回答我的問題，這也是我為這堂課所做出的貢獻吧。

我事先閱讀了老師的選書、聽老師的講座、複習課堂上的內容並解題，在這個過程中，我逐步學習到了量化投資的特性、各種策略及量化投資理論的沿革、量化投資的方法。我開始適應量化投資的「內容」與「方法」，也了解到我們必須去考慮許多會對投資造成影響的因素，促使我開始以更寬廣的角度看待投資。最後我意識到我們可以根據不同的看法和判斷基準，建立各式各樣的量化投資策略，投資不可以仰賴專家的判斷，要透過自己學習與累積經驗，自己做出最後的決策，並為自己的決定負責。開始

上課之前，我以為量化投資很簡單，但上課的過程中，我開始體悟到量化投資的樂趣。我內心澎湃，我將帶著這份領悟，實際踏上量化投資之路。

現在，我要說出第一堂課上，我沒有告訴兒子的另外一個原因了。答案是：「我想更了解你一點。」學習的過程，也是我和兒子互相了解的時間。我想要透過上課，更加了解我的老師。他放棄了從事12年的好工作，灌注時間和熱情，研究和教授量化投資。媽媽想要更了解自己的兒子，和他一起分享生活。我真心感謝我的兒子姜桓國，他給了我這個機會，慷慨分享他的想法與經驗，以親切又富有智慧的方式，教導我這位年邁的學生。

未來在量化投資的路上，我會經歷許多事情，也會有越來越多問題可以問他。希望這些問題能夠成為契機，讓兒子再幫我上一堂量化投資的進階課程。

2023 年 春
姜桓國之母 **林喜淑**

林喜淑為德國漢堡大學教育哲學系博士暨教育學者

富能量 104

一輩子只懂儲蓄的 66 歲林女士，靠股票賺大錢！
평생 저축밖에 몰랐던 66 세 임 여사, 주식으로 돈 벌다

作　　　者：姜桓國（적의 주식 통장）	發　　　行：遠足文化事業股份有限公司
譯　　　者：蔡佩君	（讀書共和國出版集團）
協力編輯：林映華	地　　　址：231 新北市新店區民權路 108-2 號 9 樓
責任編輯：林麗文	電　　　話：（02）2218-1417
內文排版：王氏藝術有限公司	傳　　　真：（02）2218-8057
封面排版：王氏研創藝術有限公司	電　　　郵：service@bookrep.com.tw
	郵撥帳號：19504465
總　編　輯：林麗文	客服電話：0800-221-029
主　　　編：蕭歆儀、賴秉薇、蕭歆儀、林宥彤	網　　　址：www.bookrep.com.tw
執行編輯：林靜莉	
行銷總監：祝子慧	法律顧問：華洋法律事務所　蘇文生律師
行銷經理：林彥伶	印　　　刷：呈靖印刷
出　　　版：幸福文化／	初版日期：2024 年 8 月
遠足文化事業股份有限公司	定　　　價：460 元
地　　　址：231 新北市新店區民權路 108-3 號 8 樓	
網　　　址：https://www.facebook.com/	ISBN：9786267427743
happinessbookrep/	9786267427705（PDF）
電　　　話：（02）2218-1417	9786267427712（EPUB）
傳　　　真：（02）2218-8057	

國家圖書館出版品預行編目 (CIP) 資料

一輩子只懂儲蓄的 66 歲林女士靠股票賺大錢 / 姜桓國著 .-- 初版 .-- 新北市：幸福文化出版社出版：遠足文化事業股份有限公司發行 , 2024.08
　面；　公分
譯自：생 저축밖에 몰랐던 66 세 임 여사, 주식으로 돈 벌다
ISBN 978-626-7427-74-3(平裝)
1.CST: 股票投資 2.CST: 投資技術 3.CST: 投資分析

563.53　　　　113006884

평생 저축밖에 몰랐던 66 세 임 여사, 주식으로 돈 벌다
(66-year-old Ms. Lim, Who Had Only Known Saving Her Entire Life, Made Money Through Stocks)
Copyright © 2023by 강환국 (Hwan-Kuk Kang, 姜桓國)
All rights reserved.
Complex Chinese Copyright © 202X by Happiness Cultural ,a Division of WALKERS CULTURAL ENTERPRISE LTD.
Complex Chinese translation Copyright is arranged with PAGE2BOOKS
through Eric Yang Agency

Printed in Taiwan 著作權所有侵犯必究
【特別聲明】有關本書中的言論內容，不代表本公司／出版集團之立場與意見，文責由作者自行承擔